THE POWER OF ETHICS

倫理の力

複雑化する世界を生きぬく方法

スーザン・リオトー 著
SUSAN LIAUTAUD
海後礼子 訳
KAIGO REIKO

潮出版社

倫理の力

複雑化する世界を生きぬく方法

ルカ、オリビア、パーカー、アレクサ、クリスト、そしてバーナードへ――
この本を捧げます。

そして、倫理的選択をしようと奮闘するすべての方へ――
心からの称賛を贈ります。この本があなたの支えとなり、あなたの最高の物語《ストーリー》を生み出す
勇気の源となりますように。

The Power of Ethics
CONTENTS

装幀：
黒瀬章夫（Nakaguro Graph）

はじめに　倫理の先端領域

女性は三〇代前半、背が高く、髪は黒い。まっすぐに見つめる強い視線の持ち主だ。廊下を歩いてくる彼女を見ると、深い傷跡が何か所もあり、顔の骨が折れてきちんと治らなかったことが見て取れた。パートナーか、家族によると思われる虐待の跡だ。わたしは握手をしようと手を差しだした。

それは、一九八九年のことだった。当時、わたしは二六歳で、コロンビア大学で法律を学んでいて、学生による公益活動支援グループの代表を務めていた。活動内容は、資金を集め、非営利組織にささやかな助成金を出すことだった。助成候補のひとつに、虐待により危険な状態にある女性たちを支援する、すばらしい活動を行っている地元の団体があった。わたしたちは、この団体のプログラムについて学んでおり、記憶によれば、その晩、この勇敢な女性の体験を語ってもらうために招いたのだった。

グループの全員が集まっている教室のドアを前にして、わたしはいったん立ち止まった。「少しだけお待ちいただけますか？　準備ができているか、確認しますので」

わたしは教室に入って、集まった少人数のグループを見つめ、説明した。今日のゲストスピーカーは、自分たちには到底理解できない苦しみを経験しており、こちらから質問をできるようなものではない、と。クラスメートたちに前もって、彼女の傷の深さを理解してほしかったのだ。そのあ

と一時間にわたって、わたしたちは彼女の体験談を聞かせてもらった。
法律の条文から、裁判所の命令執行に至るどこかで、法制度は彼女の期待を裏切り、命の危険にさらした。彼女の求める法的措置――加害者の接近禁止命令――は、度重なる重大な身体的危害と、継続的で深刻な精神的苦痛を報告したあとでないと適用が困難だったことを、わたしたちは学んだ。危害を避けるために法の保護を求めるには、まず危害を受けたことを証明しなくてはならない。そのことは、わたしには非論理的で不当なことに思えた。なぜそんなことがありうるのか、わたしは理解に苦しんだ。

わたしはそれまで育ったなかで、大抵の場合、法の支配はわれわれを守り導いてくれており、公平で、効果的で、さらには慈悲深いものとまで思っていた。この頃になってようやく、たとえ法律が明確で、裁判所へのアクセスがあったとしても、法のシステムが及ばない部分があることに、わたしは気づき始めたところだった。また、たとえ法の保護が及ぶ範囲であっても、さらに高い規範を守ることは、わたしたちひとりひとりにかかっているのだと理解し始めた。

当時のわたしは、それを倫理《エシックス》とは呼んでいなかったし、もちろん、将来、倫理学の研究者になろうなどとも考えていなかった。それでも、個人として、集団として、自分たちの選択をより良いものする方法は模索していた。

わたしの長年のモットーは、倫理的意思決定がわたしたちを人間性のもとにつなぎとめる、というものだ。それは、常に人間を真っ先に、そして中心に置くことの助けとなる。わたしの切なる願いは、本書『倫理の力　複雑化する世界を生きぬく方法』（原題：The Power of Ethics）を読んだすべての方が、人間中心の選択ができるようになり、その選択を現在も将来も誇りに思えるようになることである。

8

わたしたちは今、倫理的な意思決定の意味がかつてなく増した、重要な局面を迎えている。倫理の視点をもってひとつひとつの判断を下すことの大切さは、二一世紀を生きるわたしたちにとって、日々の生活すべてに関わっている——自分やまわりの人の健康を守るために専門家の勧めに従うかどうか、といったことから、自身や、あるいは友人が倫理的誤りを犯した、といった場面までだ。今わたしたちが生きるのは、倫理的な失敗（もしくは成功）の影響が非常に大きく増幅される世界だ。誤った行為は幅広く、また予想外の形で拡散し、根深く残り、以前よりもはるかに多くの人や組織に影響する。しかし、直観に反するようだが、実際には、わたしたちは倫理的な判断をする機会をこれまでより多く与えられているのである。その機会を活かすためには、先端領域ではどのような力が倫理を動かしているのかを理解しなくてはならない。

当時はそんな認識はなかったものの、冒頭のコロンビア大学法科大学院での出会いは、倫理の先端《エッジ》というものについて、わたしの初期の思考を形にしてくれる助けとなった。先端は法の導きや保護がもはや届かない領域である。そこでは、唯一、倫理だけがわれわれの行動を測る規範である。この先端は常に変化しており、倫理が唯一の手引きである領域は広がり続けている。そこでは、これまで想像もしていなかったような人々、会社、技術革新、現象が交差し合い接続し合う可能性を秘めており、実際にそれが現実化している。たとえば、ソーシャルメディアは、家族や友人を結び、仕事の機会をもたらし、異なる文化を学ぶのに役立つ。しかし、同じメディアが、不正確な医療情報や、憎悪やいじめの温床ともなり、それらを非常に広範囲に拡散する。

なぜ先端領域は移りかわり、また、なぜそこでは予想外の相互接続が起きるのだろう？　まず、法律が技術革新の変化の速さについていけず、おくれを取るということが一点。次に、わたしたちが現在、数々の世界のシステムを揺るがすリスク——気候変動、フェイクニュースの台頭、感染症の世界的流行など——に直面しているという状況。さらには、技術革新と世界的リスクが掛け合わさって、現代に特有の危険と古くからの危険をともに増幅させているという事情がある——大衆迎合《ポピュリズム》と過激思想が、民主主義や古くからの民主的慣行、制度に対する攻撃の燃料となり、人種差別や性的搾取を目的とした人身売買といった社会的病理が、新技術によってターボチャージされて台頭する。

もし、日々の意思決定に倫理を取り入れることができれば、わたしたちは世界のなかでの自らの位置についてよりよく考えることができる。人間関係や社会に及ぼす影響をよりよいものへ変えていくことができる。反対に、わたしたちの意思決定、つまり、ひとりの市民として、リーダーとして、組織として、国家としての意思決定に倫理が抜け落ちることは、それ自体がもっとも危険に過小評価されている世界規模のリスクである。それは、存亡の危機であり、その他、あまりに多くの危機を引き起こす。

∞

わたしは二〇一四年からスタンフォード大学で倫理学の講義を担当している。「先端の倫理」と題したその講義の初回には、ひとつの質問から始めることにしている。「What's the story?（それはどういう話？　そこにはどんな事例がある？）」と。ニュースや職場、家族や友人たちとの間で、

わたしたちが遭遇する数限りない問題の内側では、実際には何が起きているのかをたずねるのだ。倫理が機能しないとき、その背後にどんな力が働いているのかを理解しなければ、倫理の失敗を防ぎ、改善できる見込みは薄い――そして、倫理の成功を生み（そして感化する）能力は限られたものとなる。

そして、講義の最終回に、もうひとつの質問で締めくくる。「What's your story?（あなたの話／見方はどうなの？）」と。倫理をどれだけ意思決定に組み込み、現実に根ざしたものにできるかどうかが、わたしたちのストーリーと、わたしたちが関わるすべての人々、会うことすらないかもしれない人々のストーリーを決定づけると、信じているからだ。

わたしたちは、日々、影響が不透明な問題や、長期的な影響をもたらす問題について、判断を迫られる。選挙でどの候補者も気に入らない場合、どうすればいいのか？ 自分の子どもの写真をフェイスブックでシェアするべきかどうか？ 唾液サンプルを容器に入れてＤＮＡ診断に発送する前に、どんなことを考えるべきなのか？ 高齢の親のために介護ロボットを導入すべきかどうか？ その影響は見えづらいこともあるが、まず初めのステップは、何を探るべきかを知ることだ。

倫理的な意思決定は、完璧を求めることではない。また、非難や批判の矛先を探すことでもない。むしろ、問題解決への前向きで慎重なアプローチを身につけてもらおうと思っている。また、人として避けては通れない判断の過ちから、立ち直り、回復するための強固な基盤を手に入れてほしい。

この本では、どんな問題にも通用する四つのシンプルなステップを学べる。それらは強みとなり、習慣の一部となるはずだ。また、倫理を動かす六つの力――二択の消失、力の拡散、伝染、崩れかけた柱、境界の曖昧化、真実の歪曲――を深く理解できるだろう。これらは、わたしたちが出会う倫理的問題にほぼ例外なく作用している。仕事で成功したいときや、子どもを育てるとき、大きな

ニュースについての会話に加わるとき。友人との関係に悩むときや、倫理をあなたの精神に取り込みたいと思うときなどなどだ。それら六つを見分けることは、すぐにあなたの習慣となることだろう。

わたしは倫理の現実主義者であり、倫理の楽観主義者である。この本のページには、わたしがこれまで数十年にわたって学び、研究し、実践してきたことを詰め込んである。これらの問いを一緒に探求したたくさんの学生たちや、クライアント、同僚、リーダー、その他の人々との出会いとともに。

わたしにとって『倫理の力』を書くことのゴールは、倫理を民主化することだ。わたしたちはみな、より効果的で倫理的な選択をすることができる。わたしたちはみな、家庭や、職場や、社会にある問題に声をあげることができる。わたしたち自身のため、そして、現在、未来に、人生が触れ合うことになるすべての人々のために、日々の意思決定によって、よりよい世界を築いていこうではないか。

Chapter 1

Banished Binary

第 1 章

二択の消失

二〇一九年三月一〇日、涼しく、よく晴れた日曜の朝のことだった。ヤレド・ゲタチュウ機長とアフメドヌル・モハメド副機長は、エチオピア航空３０２便、エチオピアのアディスアベバのボレ空港からナイロビへと向かう二時間の飛行のため、操縦室に入った。二九歳のゲタチュウ機長は、エチオピア航空史上、最年少で機長に就任した期待の若手であったが、すでに八一二二時間の飛行を経験し、「すばらしい飛行記録」を保持していた。ゲタチュウ機長と二五歳のモハメド副機長は、共にアフリカ最大のパイロット養成機関であるエチオピア航空学校の出身だった。この日ふたりが操縦する飛行機は、真新しいボーイング７３７ＭＡＸ型機。世界最大の航空宇宙企業の最新機種で、納入からわずか四か月の機体だった。

　午前八時三七分、管制塔が機長らに離陸許可を与えた。３０２便は滑走路を加速していき、飛び立った。機内には、三五か国からの一五七名が乗っていた。乗客のなかには、環境活動家、教育者、ＮＧＯ代表、リタイア後の旅行者、九か月から三三歳までの四人の子をもつ母親などが含まれていた。

　エチオピアの調査官によれば、離陸後まもなく操縦室に警告音が鳴った。機首が気流に対し七五度まで上がり、失速と墜落の危険が生じていることを警告するものだった。突然、コントロールパネルの左側と右側の速度・高度計が異なる数字を示し始め、スティックシェイカーと呼ばれる失速

警報装置が作動して、機長の握る操縦桿が激しく振動し、失速の危険が迫っていることを伝えた。

　だが、それは誤報だった。機体はなんの問題もなく飛行していたのだ。機首の二か所に設置されたＡＯＡセンサー（訳注：迎え角センサー。迎え角とは主翼が受ける気流の角度のこと）のうちのひとつが故障し、自動失速防止システムが作動したのだ。ＡＯＡセンサーは、たわみ、ひび割れ、凍結、そして鳥の衝突《バードストライク》による破損が起こることが知られている。ＣＮＮの調べによれば、航空と航空機の安全を所管するアメリカ連邦航空局（ＦＡＡ）に提出されたＡＯＡセンサーの故障、修理、交換、調整の報告は、二〇〇四年以降で二一六件ある。二一六という数は、一見、多くないように思われるかもしれないが、これらの安全装置は操縦士の状況認識を決定づけるものとして非常に重要である。しかし、ボーイング社はここで極めて重要な決定を行った。ＭＡＸ８型機では、ふたつあるＡＯＡセンサーのうち、片方の異常値で自動失速防止システムを作動させるに足ると考えたのだ——誤作動防止のため、もう一か所のセンサーも異常を示して初めて失速防止システムが働くのではなく。

　ＭＣＡＳ（操縦特性補助システム）と呼ばれるこのソフトウェアシステムは、飛行機の機首が上がりすぎ、飛行の安定性が失われる危険があるとＡＯＡセンサーが示したときに自動で作動する。ＭＣＡＳは機体の尾翼を調整し、機首を下げさせる。ボーイング社が、もし二か所のＡＯＡセンサーがそろって異常を示すことをＭＣＡＳ作動の条件としていれば、このあとに続く悲惨な結果は避けられていたかもしれない。

　３０２便が高度八一〇〇フィートに上昇した時点で、ＡＯＡセンサーの誤ったデータがＭＣＡＳに入力され、機体は機首を下げ、急降下を始めた。ゲタチュウ機長は必死で機体を立て直そうとした。ＭＣＡＳは繰り返し自動で機首を下げさせた。機長らは、四か月ほど前にインドネシアのライ

オン航空６１０便を襲ったのと同じ混乱状況に直面していた。ボーイングの同型機によるこの墜落事故では、スティックシェイカーが音を立てて振動し、コントロールパネルの表示が異常をきたし、ＡＯＡセンサーが誤報を発した。機長は一二分もの間、混乱のうちに自ら操縦する機体と引っ張り合いを行うこととなった。ライオン航空６１０便は、二一回、上昇と下降を繰り返したのち、ジャワ海に墜落し、乗員乗客一八九名全員が死亡した。

ライオン航空の墜落事故を受けて、連邦航空局は緊急耐空性改善通報を発行した。７３７ＭＡＸ８、９型機において、ＡＯＡセンサーの故障が自動的「機首下げトリム」システムを作動させる危険があると、操縦士らに警告するものだった。ボーイング社も操縦士らに宛てた通知を出し、ＡＯＡデータ異常の際の既存の対処方法を周知した。それは、コントロールパネルの一連のスイッチを切ることで、システムをシャットダウンし、「機首下げ」コマンドを停止する方法だった。ＭＣＡＳの名称はそこで触れられていないが、７３７ＭＡＸにそのようなシステムが存在することさえ、操縦士たちはこのとき初めて知ったのだった。

モハメド副機長は指示どおり、一連のスイッチを切り、ＭＣＡＳをシャットダウンした。ゲタチュウ機長は操縦桿を引き、手動で機首を上げようとしたが、尾翼に働く空気力学的な力に阻まれ不可能だった。「いっしょに引いてくれ」。ゲタチュウ機長は副機長に命じた。ふたりは力を合わせ、八〇キロ以上の力と格闘した。尾翼を電動で操作し、制御を取り戻す必死の試みで、ふたりは再びシステムを起動した。すると、またしてもＭＣＡＳが作動した。アディスアベバを発って六分後、３０２便は時速五七五マイルで荒野に突入した。その衝撃の大きさにより、救助ヘリは墜落現場の確認に苦労することになった。地面が深さ一〇メートルほどえぐれ、機体が埋もれてしまっていたのだ。生存者はいなかった。

この３０２便の事故に世界が注目したのは、その悲劇的結末だけではなく、ライオン航空墜落事故と不気味な共通性が見られたせいだ。機体に対する不信感が広まり、すぐに、その矛先はボーイング社とアメリカ連邦航空局（ＦＡＡ）の意思決定にも向けられることとなった。

この危機に対するボーイング社とＦＡＡの反応は、世界各国の政府の対応とは劇的に異なり、また現実ともかけ離れたものだった。３０２便墜落の翌日の三月一一日月曜日、ボーイング社は遺族に向けて哀悼の意を発表したが、同時に、７３７ＭＡＸは「安全に飛行できる機体」であると主張した。ＦＡＡは緊急耐空性改善通報の続報を出して、データを解析中であるとし、「結果、必要な措置があることがわかれば適切に対処する」が、現段階では「結論を出し、対応を取るだけの」情報が得られていない、と述べている。しかし、二件の墜落事故は、エチオピア航空が所有する複数のＭＡＸ型機の運航を即座に停止し、中国民用航空局が国内九六機すべてのＭＡＸ型機を運航停止とするに十分だった。他の航空会社や各国政府もこれに追従した。

二日後の三月一二日火曜日には、イギリス、ドイツ、フランス、オーストラリア、マレーシア、シンガポールが自国領空内でのＭＡＸ型機の飛行を禁止した。またオマーン、ノルウェー、韓国の航空会社が軒並み、所有するＭＡＸ型機を運航停止にした。しかし、アメリカ国内では違っていた。ボーイング社は当時、アメリカ最大の製造企業であり、輸出企業だった。二〇一八年、ボーイング社は総売上高一〇〇〇億ドルの記録を達成していた。世界で一四万五〇〇〇人を雇用し、国内の一万三〇〇〇社の供給会社と取引があり、そのなかにはＭＡＸのエンジンを製造するゼネラル・エレクトリック社なども含まれる。

火曜日の朝に、ボーイング社の最高経営責任者デニス・マレンバーグはドナルド・トランプ大統

領に個人的に電話をかけ、心配する必要はなく、「ＭＡＸ旅客機は安全だ」と伝えている。

わたしは、このニュースを見て恐怖を感じ、また、犠牲者やその家族、親しい人たちを思って胸が痛んだ。その一方でこの件は、わたしの目には、意思決定の誤りと倫理軽視が網の目のように絡み合って生じた悲劇として映った。事故後、その判断を下した人物たちが責任を取ろうとする様子がないことに、わたしは警戒を強めた。そこで、わたしは自分たちの判断について、考えてみることにした。わたしたちは、いつ、どのような状況でなら、７３７ＭＡＸに乗るべきだろうか？　わたしたちはどうやってリスクを評価したらいいのか？　マレンバーグはのちに記者に答えて、彼自身は「間違いなく」そのリスクを取り、自分の家族をＭＡＸ型機に乗せる、と述べている。けれど、わたし自身にとっては、答えは間違いなくノーである。

三月一三日水曜日の朝までに、領空内でのＭＡＸ型機の飛行を禁止した国は六〇か国以上に上った。それでもＦＡＡはかたくなに立場を変えなかった。その前夜の声明では、ＦＡＡは引き続きデータを評価中であるとし、「飛行停止を命じる根拠がない」こと、「措置の必要性を示す」データが存在しないことを発表している。

はっきりさせておこう。証拠とデータを評価することは必要不可欠である。それは、この二件の墜落事故のような悲劇のあとでも、また通常時の安全性のリスクや新たな技術を監視するためであっても変わらない。しかし、五か月のあいだに同型機に乗っていた三四六人の命が失われたあと、ボーイングとＦＡＡが直面していたもっとも重要な問い――７３７ＭＡＸを飛ばし続けるべきか否か？――にとって、データは無関係だった。平均値や事故発生の確率を推定することが論点であってはならなかった。人命が失われる可能性を排除する、それだけに焦点が置かれるべきだったのだ。

それを達成できる判断はただひとつ——同型機を飛ばさないことである。その決定は、結局、水曜の午後になって当時のトランプ大統領によって下された。大統領はＦＡＡに対し、「安全」は「すべてに優先する」として、ボーイング７３７ＭＡＸ８とＭＡＸ９型の全機を運航停止にするよう命じた。

その後の数か月で事故調査委員会は、ボーイング社が安全面以外にも問題を抱えていたことの証拠を数多く見いだすことになる。一〇三年の歴史をもつこのアメリカの企業は、倫理的に道を踏み外していたのだ。人命軽視に特徴づけられるこのスキャンダルで、ボーイング社は安全上の問題や技術上の欠陥を無視しただけではない。企業として、あらゆるレベルの意思決定に倫理が欠けていた。その結果、大きな尊敬を集めてきた大企業への信頼は崩れ去ったのである。当時、ボーイング社のウェブサイトには、こう謳われていた。「わたしたちの企業倫理に対する考え方はシンプルです——いつでも、例外なく、正しいことをすること」。しかし、例外は繰り返された。そして、ボーイング社のもっとも貴重な財産、顧客の信頼が失われたのだった。

∞

このボーイングの悲劇は、われわれの時代への警鐘だ。近年、急速に意思決定から倫理が失われつつあることの明らかな指標であり、またそれがもたらしうる深刻な結果を示している。なぜ、今、倫理はかつてなく重要なのか？　法が現実に追いつかず、境界が曖昧化するとき——わたしの言葉では「先端《エッジ》」にいるときに——どうしたらわたしたちは良い判断を下せるか？　先端は法の保護の外側で、わたしたちは倫理だけを頼りに判断を下さなくてはならない。たとえ、法が効果的に機能

しているとしても、それは最低限の共通項であって、もっとも高潔な行動の規範ではないし、ある程度高い規範とさえいえない。倫理は法より高く、より広く働かなくてはならない。

この章では、二元論を遠ざけることの重要性を紹介する。これは、先端での倫理的判断に影響する六つの力のうちのひとつ目である。二元論の判断というのは、明確な二つの選択肢からひとつを選ぶことをいう。たとえば、ボーイング社が、人命を守るか、利益を追求するか、という二択に直面したように。しかし、ほとんどの倫理的判断、とくに先端での倫理的判断では、わたしたちは二元論を打ち消す必要がある。倫理上の問いを単純化しすぎ、イエスかノーか、黒か白か、善か悪かのどちらかを選ぶドリルにしてしまう傾向を抑えなくてはならない。わたしたちはしばしば短絡的に、ある人々や、行動や、行為を、「倫理的」か「非倫理的」か、のように分類しようとする。このあと見ていくように、この手の倫理的ラベル付け、あるいは簡略化は、倫理的意思決定とはいえない。

二者択一の判断には、たとえば、ドローン技術を自国政府に売るか、売らないか、といったリスクと利点の詳しい議論が必要なものもある。一方で、ごく単純な答えが出せる二択の問いもある。たとえば、「各種のソーシャルメディアは、性的人身売買を許容すべきか？」や、「教師はクラスでのいじめを許可するべきか？」といった質問には、二元論的答え、つまり明らかな「ノー」が必要とされる。

しかし、倫理の先端で直面する倫理的課題は、黒か白かの二元論で割り切れないことが多い——中間のグレーが何段階もあり、さまざまな方面にそれぞれリスクと利点がある。世界が変化していき、倫理的線引きが揺らいでいるなかで、わたしたちは単純な答えが存在しない倫理的ジレンマの板挟みになることがよくある。「……するべきか、否か」といった問いを、オープンエンドで断定

を求めない現実的な問いに差し替える必要がある。それが、わたしがボーイングについて立てた「いつ、どんな状況でなら……するべきか？」という問いだ。倫理上のジレンマを多元的な形で検討することは、より現実に即した判断をする助けになる。学生たちによくいうことだが、現実から切り離して「倫理をする」ことはいくらでもできるが、その結果は、生きていくなかで現実として受けいれることになる。

　わたしたちの判断のほとんどは、二者択一ではないはずだ。しかし、ボーイング社の事例から始めるのは、いまもなお、善か悪か、イエスかノーかの問題が存在していることを明らかにするためだ。ボーイング社の一件は、真の二元的判断の例であり、また、その判断を誤った例でもある。問いは、単純明快だった。そして、その問いにかかっている重みは、これ以上ないものだった。

　ボーイング社の判断を詳しく検証していく前に、７３７ＭＡＸがどのようにボーイング社の凋落を引き起こしたかを理解しておく必要がある。話は二〇一〇年にさかのぼる。最大のライバルであるフランスの航空機メーカー、エアバス社が、燃料を最大二〇パーセント節約できる新しい旅客機の開発を発表したのだ。ボーイング社は、長年の顧客であるアメリカン航空が、このエアバス社の新型機を二〇〇機、購入予定だと知って、慌てて競争に参入した。

　新しい飛行機を生み出すには一〇年もの時間が必要で、パイロットのトレーニングの費用もかさむ。そこで、ボーイング社は既存の７３７型機に、新しい低燃費のエンジンを搭載することを考えた。二〇一一年八月、ボーイング社取締役会はこの改良型７３７型機を二〇一七年に導入することを承認した。これがのちにＭＡＸと呼ばれることとなる。まだ作り始めもしないうちに、ボーイング社はこの新しい低燃費旅客機を四九六機、受注している。

ボーイング社の技術者たちはすぐに、巨大な最新型エンジンを、一九六七年に誕生した機体に搭載すると、深刻な問題が生じることに気づいた。ひとつには、７３７型機は機体がとても低く、より大きなエンジンを翼の下に納めるにはスペースが足りなかったのである。そのため、新しいエンジンは翼の上にはみ出し、また従来よりも前方に設置されることになった。しかし、そのことがエアロダイナミクス（航空力学）を狂わせた。離陸時に急上昇するとき、機首が上がりすぎる傾向が生まれ、失速を招きやすくなったのだ。当初、技術者たちは翼の形を変えることや、翼に小型の金属板を取り付けるといった発想で、エアロダイナミクスを調整しようと試みた。それが成功しなかったため、ソフトウェアによる回避策として、ボーイング社はＭＣＡＳ（操作特性補助システム）を開発した。ＭＣＡＳは当初、二つのデータによって働く仕組みになっていた。ＡＯＡセンサーひとつとＧ力である。機体の迎え角（ＡＯＡ）とＧ力がともに高すぎれば、ＭＣＡＳは尾翼を微調整して機首を下げさせるよう働く。しかし、技術者たちは、高速飛行時だけではなく低速時にもエアロダイナミクスが不安定になる場合があることに気づいて、Ｇ力をＭＣＡＳの作動条件から外した。これにより、単一のＡＯＡセンサーの異常値のみで、ＭＣＡＳは作動することになった。

　ＦＡＡはＭＣＡＳとその単一のセンサーによる作動を、ボーイング社が提出した初期の「システム安全性分析」に基づいて認証した。その後、ボーイング社の技術部門はＭＣＡＳをより強力にし、積極的に働くようにしたが、ＦＡＡの認証書類に変更点を反映させることはしなかった。ＭＡＸ型機が顧客のもとに届いたときには、ＭＣＡＳは当初の四倍の角度まで尾翼を動かすことができ、自動でシステムをリセットし、機長が機首を持ちあげるたびに、機首を下げさせることができるようになっていた。ボーイング社幹部の証言によれば、乗務員はすでに「安定板の暴走（runaway stabilizer）」と呼ばれる、これも機首が下がる原因となる状況に対処する訓練を受けていた。この

ため、ボーイングの経営幹部はパイロットたちがＭＣＡＳの誤作動にも同じ手順で対処し、解決することができると「想定した」。その手順とは、コントロールパネルの一連のスイッチを切り、システムをシャットダウンするというものだ。

　ボーイング社の誤った想定は、いくつもの失策につながっている。第一に、この想定のもとには、テスト時にはボーイングのベテランパイロットたちが四秒で、機首下げの危険を察知し、一連のスイッチを切り、機体のコントロールを取ることができたという事実がある。しかし、このテストでは、操縦室の混乱した状況や、その他の異なる状況が反映されていない。米国家運輸安全委員会（ＮＴＳＢ）は、二〇一九年の勧告書で、ＦＡＡに対し、新たな設計基準を開発し、パイロットが効率的に対処するためのシステム診断ツールを装備することを求めている。またＮＴＳＢは、「業界の専門家は一般に、航空機システムは人為的ミスの影響が限定的になるように設計されるべきだと認識している」と指摘している。

　加えて、ボーイング社は（ＦＡＡによる承認を得て）、（単一センサーにより作動するＭＣＡＳを搭載した）ＭＡＸ型機をパイロットへの追加訓練を行わず、また、操作マニュアルでもＭＣＡＳに言及せずに納入した。二〇〇九年に旅客機をニューヨークのハドソン川へ無事に着水させたことで知られる、チェスリー・〝サリー〟・サレンバーガー元機長は、二〇一九年六月の米議会小委員会で述べている。「これらの事故以前に、米国の航空会社で、このシナリオをシミュレーター訓練で経験したパイロットはいなかったのではないか」。さらに、パイロットたちは航空機の設計に「内在する欠陥」の穴埋めをさせられるべきではない、と主張した。

　判断ミスを生んだ原因の一部は、ＦＡＡが安全認証プロセスにおいて、より多くの権限をボーイング社に与えるようになっていたことだ。企業の技術者を認証プロセスに参加させることは、ある

程度、理にかなっている。ボーイング社は、ＦＡＡが詳細を管理するには人材も時間も足りないような部分について、協力できる専門知識をもっているからだ。従来、認証のための技術者はＦＡＡによって指名され、ＦＡＡの担当部門に直接報告し、ボーイング社が賃金を支払っていた。しかし、二〇〇四年にこの仕組みは変更された——技術者たちはボーイング側で任命され、報告を行い、ボーイング側がＦＡＡに提出する内容を最終決定することとなったのだ。この変更で、ボーイング側は支配力を増し、認証する技術者の独立性は低下した——ボーイング社はそれを自らが有利になるよう利用した。

　ニューヨーク・タイムズ紙とシアトル・タイムズ紙の調査では、ボーイング社のトップはエアバス社の先を越すことに必死で、製造スピードとコストにこだわるあまり、技術者たちは「通常の二倍のペース」で計画書を求められ、管理職たちは「厳しい締め切りと厳密な予算」に従って動いていた。内部告発によれば、同社は悲惨な墜落事故を防げたかもしれない安全対策を、三度にわたり、それぞれ別個の機会に却下したという。

　ボーイング社の意思決定プロセスはゴールを急ぐあまりに崩壊し、その後もそれが続いた。二〇一七年、ＭＡＸ型機が納入されて何か月もたったあとで、ボーイング社は「ＡＯＡ不一致警報（ディスアグリー・アラート）」に不具合を発見した。これは、ふたつのＡＯＡセンサーの測定値が異なる場合にパイロットに伝える標準機能で、どちらかのセンサーに故障の可能性があることを伝えるものだ。ボーイングが発見した不具合とは、ＭＡＸ型機の不一致警報が誤って、別料金が必要なオプション機能「ＡＯＡインジケーター」と結びつけられていたことだった。つまり、航空会社が有料オプションを購入しなければ、不一致警報は働かないことになっていたのだ。ボーイングは顧客にもパイロットにもこれを通知しなかった。代わりに、二〇二〇年に予定されたソフトウェアの

アップデートまで、修正を持ち越すことにしたのだ。

この不一致警報により、ライオン航空とエチオピア航空のパイロットたちはＡＯＡセンサーのひとつが故障している情報を得られた可能性があり、問題をより早く認識する助けになった可能性がある。だが、どちらの航空会社も有料オプションを採用しておらず、警報は働かなかった。有料のＡＯＡインジケーターを採用したのは、ＭＡＸ型機の購入者の約二割だった。二割しか、この安全機能を利用できなかったことになる。アメリカ国内でＭＡＸ型機を購入した航空会社三社を見ても、アメリカン航空とサウスウェスト航空はオプション機能を採用したが、ユナイテッド航空は採用していない。

ＭＡＸ８型機は二〇一七年に運用を開始してまもなく、ボーイング社史上最速で売れた機体となった――目覚ましい成功だった。だが、すぐにパイロットたちが自らの機体と格闘するようになり、墜落事故が起き始めた。ＭＡＸ型機は、ボーイング社の世界でもっとも尊敬され、成功した航空機メーカーとしての地位を固めるはずだった。だがそれは、倫理の緊急事態に光を当てるものとなったのだ。

∞

では、ボーイング社が直面した、三つの重要な二択の判断を見てみよう。

ひとつ目は、二〇一七年に同社幹部が、安全機能（ＡＯＡ不一致警報）を標準搭載せず、有料オプションとしたことに気づいたときだ。その時点での二択は、「公表して修正するか、しないか？」だった。

ボーイングのとった見解は、不一致警報の警告は「補足情報」であり、安全機能ではない、というものだった。これは、過去の737型機では当たっていたかもしれないが、MCASシステムの強力な性能を考えれば、必要不可欠な安全機能であり、パイロットに重要な情報を提供するものであることを理解しているべきだった。ボーイング社は公表も修正もせず、三年後のソフトウェアのアップデートで対応することに決めた。

ふたつ目は、インドネシアで最初の墜落事故が起きたあとである。この時点での二択は、「原因が究明されるまで機体をリコールして修理し、それに基づいてパイロットを訓練するか、それとも、飛ばし続けるか？」だった。ボーイング社はMAX型機を飛ばし続けただけでなく、理不尽にも、非はパイロットたちにあるという立場をとった。「わが社は、パイロットと彼らがどう反応するかについて、業界標準の想定を採用した」と、ボーイング社のチーフエンジニア、ジョン・ハミルトンは、二〇一九年一〇月の米国上院公聴会で証言している。MCASの誤作動の状況は、安定板の暴走時と似ていたため、ボーイング社幹部はパイロットたちが一連のスイッチを切り、MCASをシャットダウンする方法を知っているはずだと想定した。だが、サレンバーガー元機長が同年、この公聴会よりも前に議会で語ったように、パイロットには「不用意なトラップが仕掛けられていない」機体で飛ぶ権利がある。

パイロットたちが対処法を知っているはずだったかどうかにかかわらず、ボーイング社のソフトウェアの不具合は、一八九人の死者を出す一因となった。この二択には、単純明快な答えがあった——機体をリコールし、安全機能を修正し、パイロットを訓練することだ。

三つ目の判断は、ボーイング社とFAAの双方が直面したものだ。エチオピアで二機目の墜落事故が起きた時点での二択は、「MAX型機を飛ばし続けることを許可するか、しないか？」だった。

最高経営責任者マレンバーグは運航停止にする代わりに、トランプ大統領に電話をし、安全を確約した。ボーイング社は７３７ＭＡＸ型機を飛ばし続けることを主張し、ＦＡＡはそれを許可した——世界の六〇か国以上が正しい答えを出していたというのに。

このボーイング社の危機は、単純明快な二項対立でさえも、倫理が欠けていると判断を誤ることを示している。人命がかかっているときでさえ、わたしたちが二択の問いに正しい答えを出せないならば、より曖昧な先端領域で、二択で割り切れない判断を迫られるときには、より大きな困難が生じるはずだ。

曖昧な領域では、複雑な倫理的問いのほとんどで、二元的考え方を打ち消すことが必要となる。そうでなければ、過度に単純化された「正しいか、誤りか」にこだわる解決策につながり、現実に根ざした答えにならないからだ。これまで世界中で繰り広げられてきた、非現実的な二項対立——イギリスはＥＵ（欧州連合）に留まるべきか、離脱するべきか、アメリカは南のメキシコとの国境に壁を建設するべきかどうかなど——には、よりニュアンスのある問題解決が必要なのだ。

一見、二者択一のようでいて、実は多元的な対応を必要とする問題の例を挙げてみよう——あなたの友人が配車サービス「ウーバー」のアプリを携帯電話から削除して、あなたにもそうするべきだといってきたとする。この会社はドライバーを搾取してきた過去があるし、地元の法律をかいくぐっている、というのだ。「削除するか、残すか」は二元論の問いである。これに対して、二者択一を抜け出して、考えてみよう——いつ、どんな状況なら、このアプリを削除するべきか？　友人の勧めに従う前に、考慮に入れたほうがいい人や要素は、ほかにはないだろうか？　たとえば、あなたはタクシーがあまり見つからない地域に住んでいて、あなたにとってはウーバーのほうが便利

かもしれない。あるいは、あなたの知りあいの教師や、ひとり親など、勤務時間が柔軟なウーバーで働き、副収入にしている人がいるかもしれない。その人たちには、どんな影響があるだろう? 配車サービスは、都市部であってもタクシードライバーから避けられるエリアで、流しのタクシーがいない地区の住民にも役立っている。これらの要素はあなたの判断にどう影響するだろう? 「削除するか、残すか」の二択の代わりに、あなたはアプリを入れたままにして、地元のタクシー会社や、公共のバス、地下鉄などが利用できないとき、あるいはお酒を飲んで自分で運転できないときにだけ使うことにしよう、と考えるかもしれない。

倫理的な問題を単純化しすぎて、即決でどちらか一方を選ぶと、チャンスとリスクを見逃すことになる。自分の判断の元になるかもしれない情報に気づかず、またその問題に関わるさまざまな人々、この例でいえば、教師やひとり親の存在が見えなくなってしまう。そして、自分やほかの人々の行動が影響を及ぼす可能性を無視して、たとえば、ある会社のずさんな安全管理に支持を与えてしまうかもしれない。

わたしたちは皆、二元的考え方を乗り越えて、どんなときにも良い選択をする力がある。二〇一八年に、わたしはエミー賞受賞放送作家でプロデューサーのノーマン・リアにインタビューをする機会を得た。彼のメッセージは、いつまでも忘れられない――わたしたちはよく、投票に行かないとか、間違ったことが行われていても声をあげないとか、使い捨てプラスチックボトルの水を買う前に考えない、などの選択をする(傍点は訳者による)。自分ひとりのすることに、何かを変える力などないと思うのが人間だ。けれど、と、リアは力説した。「ぼくらは、自分のすることすべてが影響をもつことを理解しなくてはいけない。一人ひとりが重要なんだ」

わたしたちの選択は重要なのだ。日々の習慣や人間関係に影響し、人生の軌道を決め、ほかの

人々にも影響力をもつ。ひとつひとつの選択が積み重なって効果を増していく。次に見ていくストーリーは、倫理的意思決定で二者択一を乗り越えることの力と、多元的なビジネスモデルについて、教えてくれる。

∞

二〇〇七年九月、サンフランシスコのアパートメントを共同で借りていた、ともに二七歳のブライアン・チェスキーとジョー・ゲビアは、家賃の支払いに苦労していた。ちょうどこのとき、サンフランシスコではデザイン業界の大規模な会議が開かれ、ホテルが軒並み満室になっていた。チェスキーとゲビアはリビングルームに空気で膨らませるマットレスを三台置いて、宿泊者のために朝食を作って出し、この即席の宿を「エアベッド&ブレックファスト」と呼んだ。

一年後、ネイサン・ブレチャージクが三人目の共同設立者として加わって、エアビーアンドビー（Airbnb）を立ち上げた。これは個人のホームオーナーの「ホスト」が、自宅のソファや、ベッドルームや、あるいは家をまるごと、「ゲスト」に短期レンタルするためのオンラインマーケットである。旅行者は宿泊費用を節約しながら、地元の人と交流する機会を得られる。ホストは副収入が手に入る。エアビーアンドビーは、宿泊希望者に物件を紹介し、手続きや支払いを処理し、ホストがゲストのオンラインプロフィールを見て、受けいれるかどうかを決められるようにする。

当初、投資家たちは、人が他人をわが家に泊めようとするかどうか懐疑的だったが、二〇二〇年にはエアビーアンドビーは約二六〇億ドルの価値をもち、掲載物件は七〇〇万件――狭小住宅一万四〇〇〇件、お城四九〇〇件、ツリーハウス二四〇〇件などを含む――、世界一〇万都市に広がっ

ていた。しかし、それでも、個人の自宅の短期レンタルは——たとえそれがお城であろうとも——ホテルでもなければ、厳密にいって住宅でもない。エアビーアンドビーはその曖昧な領域に進出したのだ。

　エアビーアンドビーは、いわゆるインターネットと従来のビジネスを組み合わせるブレンドエコノミー（blended economy）の一種である。エアビーアンドビーのような、インターネットベースの企業は、顧客（この場合は、旅行者）とサービス提供者（物件の持ち主）をインターネットで結びつける。そのため、旅行代理店やフロント係のような人間による仲介など、ホスピタリティ産業の一部門を不要にする。

　うまく働けば、リフト（配車サービス）、タスクラビット（雑用サービス）、トゥロ（レンタカー）、ローヴァー（ペットシッターサービス）といったブレンドエコノミー企業は、便利でタイムリーに必要な物やサービスとつないでくれる。しかし、これらは融合型ビジネスモデルを基盤としているがゆえに、これまで出会ったことのない倫理的判断を要する問題を数多く伴っている。

　二〇一七年の大統領の日（二月の第三月曜日）の週末に、ＵＣＬＡ法科大学院で学んでいた二五歳の女性ダイン・スーは、カリフォルニア州のビッグベアの山々を旅行した。エアビーアンドビーでキャビン（山小屋）を予約しており、婚約者、友人ふたりと彼らの犬二匹とともに連休を過ごそうとしていた。

　一か月前にスーはキャビンを二名で予約した。だが、後日、ホストのタミー・バーカーにメッセージを送り、追加二名と犬二匹が加わってもいいか問い合わせている。バーカーは、一泊五〇ドルの追加料金で、変更を了承している。

一行はビッグベアに向かう途中、悪天候に見舞われ、二時間のはずのドライブが、雨、雪、通行止め、洪水警報などもあって五時間の過酷な道のりとなってしまった。スーがようやく到着できそうだとショートメールを送ると、バーカーから追加ゲストには同意していないと返事がきた。スーは、バーカーが失念したものと思い、メールのスクリーンショットを送った。それに対するバーカーからの返答に、スーはショックを受けた。「一年で一番の繁忙期の週末に四人と犬二匹が五〇ドルで泊まれると思うなんて……クスリでもやっているんじゃないの」

バーカーは予約をキャンセルし、学生たちを山中に放りだした。スーが、エアビーアンドビーに報告すると脅すと、バーカーはこう反撃した。「やるならやったらいい。あなたが地上で最後のひとりだとしても、貸すものか。ひと言で十分だ。アジア人め」。そのすぐあとに、こうメールしている。「この国が外国人に指図されるのを、わたしは許さない」

そのときたまたま、地元テレビ局の取材班が悪天候の取材で近くにきていて、スーの身に何が起きたのかインタビューをした。映像には、涙ぐむ若い女性が雪のなかで立ちつくす姿が記録されている。「わたしは三歳からこの国で育ちました。アメリカはわたしの故郷なんです。自分のことをアメリカ人だと思っています。それなのに、この女性はわたしがアジア人だからといって差別しました……とにかく、とても傷つきました」

スーだけではなかった。その二年近く前の二〇一五年三月に二五歳のグレゴリー・セルデンも似たような経験をしている。エアビーアンドビーで、フィラデルフィアの宿泊先を予約しようとしたときのことだ。ホストは予約が埋まっていると返答した。だが、セルデンはその物件がウェブサイト上で予約可能のままになっていることに気づいた。黒人であるセルデンは、ジェシーとトッドという二つの名前で架空のプロフィールを作成し、白人男性の写真を添え、同じ日にもう一度、問い

合わせをしてみた。すると、二件とも受理されたのだ。セルデンはその経験について、ツイッターにハッシュタグ「#airbnbwhileblack」をつけて投稿した。すると、「エアビーアンドビーのホスト従事者、代表者、従業員、社員から、まったく同じ差別的対応をされた個人によるリツイートが数千件」に及んだ。

二〇一五年一二月に、ブルームバーグは、エアビーアンドビーのプラットフォームで人種差別の問題が広がっていることを明らかにした、ハーバード大学ビジネススクール（経営大学院）の刊行前論文を取り上げた。研究者たちは、「ゲストの氏名以外はすべて同一の」架空プロフィールを二〇件作成した。半分は黒人風の名前（「ラキーシャ・ジョーンズ」や「タイローン・ロビンソン」など）にし、もう半分は白人風の名前（「グレッグ・オブライエン」や「アン・マーフィー」など）にした。そしてこの架空アカウントを使って、バルティモア、ダラス、ロサンゼルス、セントルイス、ワシントンDCの約六四〇〇件の物件のホストに問い合わせをした。

黒人風の名前の借り手は、白人風の名前の借り手と比べて、受理される確率が一六パーセント低かった。このときの架空プロフィールでは写真は省略してあったのだが、研究者たちはエアビーアンドビーのプラットフォームは人種差別を助長していると判断した。予約を受けつけるか断るかを決める前に、写真を見たり、個人情報を閲覧したりできる場合が多いからだ。

自分がモーテル（車で移動する人のための手軽なホテル）の受付にいって、宿泊できるかたずねたと考えてみてほしい。フロント係は、あなたに申込書を記入させ、上司に見せるための写真を撮らせてほしいという。フロント係はいったん席を外して、戻ってくると、上司があなたの宿泊を拒否しましたと告げる。このシナリオは、スタンフォード大学法科大学院の法律雑誌スタンフォード・ロー・レビューで、元学生マイケル・トディスコが巧みに分析したものだが、この行為はアメ

リカの一九六四年公民権法（公共宿泊施設での差別の禁止）に明白に違反している。しかし、エアビーアンドビーでは、毎日数百件も起きていたものと思われ、罰則もほぼ存在しなかった。

グレゴリー・セルデンやダイン・スーの経験したことは、誰の責任だろう？　また、エアビーアンドビー社には、ホストやゲストによる間違った行いを防止し、対応するために、どんな責任があるだろうか？　ホストの差別行為について、エアビーアンドビーを非難したい誘惑には駆られるが、しかし、この新しい融合型ビジネスが直面しているのは、それまでには存在しなかった問題であり、多元的な倫理上の問題なのだ。一九六四年公民権法第二編は明確に「人種、肌の色、宗教、国籍に基づく差別」を禁じている。条文によれば、「すべての人は、公共の宿泊施設において、物やサービス、施設、特典、利便性、宿泊を、完全かつ平等に享受できるものとする」とあり、ここでいう「宿泊施設」には、「イン（宿）、ホテル、モーテル、その他、一時滞在の客に宿泊を提供する施設」が含まれる。しかし、法文上、個人宅は含まれない。個人には自宅に誰を呼ぶかを自分で決める権利がある。エアビーアンドビーは、違法なことは何もしていなかったのだ。しかし、違法かどうかは、倫理上の基準としては適切ではない。

新たなものを生み出し、刷新する人々（チェスキー、ゲビア、ブレチャージクのような創設者たち）とその会社に投資する人々には、（全責任ではないものの）倫理的に意思決定をする非常に大きな責任がある。規制はいつも刷新に追いつかない。政府や自治体がすでにある法を改正したり、新たな法を制定したりするのに手間取るためだ。市民や社会には、新しい技術やサービスを経験し、利益やリスクを判断するための時間が必要だ。

エアビーアンドビー創立時の使命《ミッション》は、すべての人がすべての土地に絆の感覚をもてるようにすることだった――「どこにでもあなたの居場所がある世界を、わたしたちは夢みています」（現在も、

よく似た使命が掲げられている。「誰もが、どこにでも居場所のある世界を創り出すこと」）。帰属感は高潔なゴールだが、創立者たちはこう問うことを怠っていた――「**いつ、どのような状況で**この技術は、人種やその他に基づく差別を許容し、さらには助長するだろうか？　ホテルや宿泊所では歓迎される法的権利をもったゲストが、エアビーアンドビーの宿泊施設では歓迎されていないと感じるのはどういうときか？　ゲストに居場所がないように扱われるのはどういうときか？」

こうした先端の領域では、企業はどのような場面で法律が意思決定の十分な指針にならないかを積極的に予想して、倫理的意思決定に力を入れることで、法の要求する以上のことを率先してやらなくてはならない。わたしたちも、消費者として、あるいは従業員として、親として、市民として、同じことをしなくてはならない。

∞

これから紹介する倫理的意思決定のためのフレームワークは、あらゆる判断に倫理を組み込むために有効だ。個人、組織、政府や自治体にも有効であり、個別の問題や状況に当てはめることができる。

まず、このフレームワークは先端領域にある問いを、二択にしてしまう過度な単純化を避けるための訓練になる。「やるか、やらないか」ではなく、さまざまなニュアンスを帯びた一連の思考を生み出すからだ。ときには、非常に大きな利点やリスクが生じて、その場で「イエスか、ノーか」という答えが導かれる稀な例もある――ボーイング社の安全性に関する判断や、人種差別の例などだ。しかし、先端領域ではほとんどの場合、わたしたちの判断はもっとグレーで、細部への注目が

必要だ。二元論を乗り越え、また倫理に影響を与える残り五つの力について理解すれば、どんな倫理的課題にも取り組む準備ができているはずだ。

　これから紹介する四ステップのフレームワークは、多国籍企業から、ハイテクベンチャー企業、国際ＮＧＯ、学校、病院まで、世界各地のさまざまな規模や分野の組織でテストしてきたものだ。個人でいえば、最高経営責任者、学生、倫理的に複雑なニュースを取材するジャーナリスト、委員会の同僚、研究の被験者、クライアント企業のあらゆる立場の従業員などに試してきた。学生たちは、検事局での夏休みのインターンから、国際的な銀行での初仕事まで、新たな職場でこのフレームワークをどう活用しているか、話してくれる。わたしがアドバイザーを務める企業やＮＧＯのリーダーたちは、このフレームワークを多様性・包括性のポリシーや職場・組織内での人間関係についてガイドラインを定める際に利用しており、またあらゆる立場の従業員、職員が必ず意思決定に倫理を取り入れるようにするため、役立てている。

　このフレームワークはどんな判断にも応用がきく。仕事上のジレンマ（勤務先のポリシーに同意できないときには、辞職するべきか？）から、個人的悩み（高齢の家族から、車のキーを取り上げるべきか？）、また、自分の選択がどのような大きな意味をもつかを整理してみること（このＴシャツを買うことは環境破壊につながるか、それとも、外国の貧しい労働環境の改善につながるか？）にも使える。

　またこのフレームワークを使うことで、ほかの人の判断や行動を評価し、理解することもできる。あなたが投票した（しなかった）政治家や、あなたが所属する会社や組織のリーダーについて、また、仕事や働きぶりはすばらしいと思うが、プライベートの行動には問題がある公人についてでもいい。繰り返すうちに、どんな倫理上の問題に対しても、常に反射的にこのフレームワークに即し

て考えるようになるだろう。

思い出しやすい四つのステップと、その四つの言葉から引き出される問いが、考えを明確にしてくれる。その四つとは、原則（principles）、情報（information）、利害関係者（stakeholders）、影響・結果（consequences）だ。

問一　「自分にとっての原則《プリンシプル》は何か？」
個人として、組織の一員として、あなたはどういう人間で、どんな立場を取るのか？

「原則《プリンシプル》」は、自分が何者なのかを定義し、世の中に向けて、わたしたちから何を期待すべきか、またわたしたちが他の人間にどう行動することを期待しているのかを表明するものだ。原則は、人生のあらゆる側面での倫理的選択に適用される。

原則とは、たとえば「寝る前にチョコレートは食べない」とか、「休憩室は禁煙」などの固定されたルールではない。複雑な問題の筋道をつけるための永続的指針で、原則があるからこそ一貫性のある選択ができる。だからこそ、倫理的判断が必要になる前に、しっかりとした原則をもっておくことが大切なのだ。わたしたちは原則を変えないし、状況によって、そのとき一番都合のいい原則を当てはめることもしない。個人や組織の原則は、それに関わるすべての人に適用されるべきものだ。

ボーイング社は、「不朽の価値」として、「誠実さ」、「品質」、「安全」、「多様性と包括性」、「信頼と尊敬」、「企業市民」（訳注：Corporate Citizenship　企業が社会の一員としての義務を果たすこと）、「関係者の成功」の七つを挙げている。額面どおりであれば、賞賛すべき原則だ。日々、何百

万もの人々の安全を預かる責任をもったグローバル企業にふさわしく思われる。ボーイング社のリーダーたちがこの原則のすべてを適用し、尊重していたならば、最初の墜落事故の直後、あるいは遅くとも二件目の墜落事故のあとには、ＭＡＸ型機を飛行停止にしていたはずだ。また、不一致警報は特別オプションではなく、必須の安全機能としていただろう。つまり、ボーイング社は問題なく決断に倫理を反映させることができていたはずなのだ。先端以外の領域での意思決定では、ほとんどの場合、原則のすべてに適う答えを出すことができる。

　しかし、ボーイング社は、自社の原則のどれひとつとして意思決定に組み込むことができなかった。それどころか、すべての原則よりも、利益と、競争での優位性を優先したのだ。利益追求のため、ボーイング社は手抜きを行い、従業員に圧力をかけ、規制当局を骨抜きにし、自社の飛行機は安全だと言い張った。ボーイング社の推計では、ＭＡＸ型機の危機による損失は、二〇一九年だけで一四六億ドルに上ったという。原則同士が対立する場合には、解決が非常に難しいことがある。しかし、この件では、原則を犠牲にする必要はどこにもなかった。安全を達成するために、どの原則も捨てる必要はない。すべては、欲望と市場支配のために犠牲にされたのだ。

　二〇一五年にエアビーアンドビーが、ホストたちによる人種差別の問題に気づいた時点の、彼らの原則は、「ホストになろう。ミッションを称えよう。すべてのフレームが重要だ。シリアル起業家になろう。シンプルにしよう。冒険を受けいれよう」というものだった。

　これらはほぼ理解不能で、原則としての役目を果たさない。ひとつひとつが意思決定や行動のはっきりとした指針になっていないのだ。全部合わせてみても、エアビーアンドビーの個性を形成していない。そして、この会社に関わるすべての人に適用できるものでもない。「ホストになろう」は、最高財務責任者や監査人にも当てはまるだろうか？　「シリアル起業家になろう」は（同社が資金

集めのためにシリアルを売っていた過去にちなんでいるとしても)、ただ宿泊先を探しているだけの客にとって、なんの意味があるだろうか？

フレームワークは決して、社会に有益で便利な新開発《イノベーション》を否定したり、必要もなくブロックしたりするために使われてはならない。だが、原則の意味がはっきりしないと、そこから導かれる判断は一貫性がなくなり、不要な矛盾を生んでしまう。エアビーアンドビーは、自らの原則に沿って活動しようとしたが、すべてのゲストに絆と居場所を提供するというミッションを達成するために大切な基準を取りこぼしていた。ボーイングが挙げていた「尊敬」や「多様性と包括性」などは、どこにもない。ボーイングと違って、エアビーアンドビーのリーダーたちには倫理意識があり、原則を守ろうと努力していたが、原則のほうが不明確で判断の基準にならなかった。エアビーアンドビーの創立者たちの認識では、その原則はリスクを最小限に抑えつつ機会を最大化できるもののはずだった。敬意をもって行動し、差別を排除することは、イノベーションの妨げにはならないはずだ。

先端領域では、原則同士が対立することがある。ひとつの決断をするとき、どの選択肢にも正しさと誤り、チャンスとリスクの側面が存在するからだ。相反する原則に胸が痛むことさえある。たとえば、ホームレスの子どもが地下鉄の駅の売店からポテトチップスを万引きするのを目撃したとしよう。あなたは、正直さの原則に従って、売場の人に知らせるだろうか？　それとも、思いやりの原則をとって見逃すだろうか？　この事例を引き合いに出したわたしの元学生は、盗まれたポテトチップスの代金を自分で支払うことにしたそうだ。これは、相反する原則に折り合いをつけるいい方法だったといえるだろう。

毎年、わたしはスタンフォード大学での受講生に、自分にとっての原則トップ7をたずねている。正直や好奇心といった自身の在り方を挙げる人もいれば、教育や家族といった優先事項を挙げる人

2019年、スタンフォード大学「先端の倫理」受講生の挙げた原則（多数順）

正直（Honesty）
誠実（Integrity）
親切（Kindness）
思いやり（Compassion）
忠実（Loyalty）
共感（Empathy）
本物（Authenticity）
敬意（Respect）
責任感（Responsibility）
好奇心（Curiosity）
説明責任（Accountability）
謙虚（Humility）
献身（Dedication）
家族（Family）
自律（Autonomy）
成長（Growth）
自己認識（Self-awareness）
立ち直る力（Resilience）
賢さ（Wisdom）
挑戦（Challenge）
平等（Equality）
学び（Learning）
幸福（Happiness）
能率（Efficiency）
能力（Competency）
感謝（Gratitude）
一貫性（Consistency）
信頼性（Reliability）
開放性（Openness）
人とのつながり（Community）
友情（Friendship）
利他主義（Altruism）
配慮（Care）
楽観主義（Optimism）
公正（Fairness）
自由（Freedom）
修練（Discipline）
忍耐（Perseverance）
正義（Justice）
知性（Intelligence）
頼もしさ（Dependability）
適応性（Adaptability）
包括性（Inclusion）
勤勉（Hard-working）
努力（Effort）
喜び（Joy）
寛大さ（Generosity）
人間性（Humanity）
信念（Conviction）
推進力（Drive）
教育（Education）
個性（Individuality）
粘り強さ（Persistence）
達成（Achievement）
善意（Good intent）
慈しみ（Be charitable）
慎み（Be humble）
公平（Equity）
知識（Knowledge）
オープンマインド（Open-mindedness）
冒険心（Adventurous）
独立心（Independence）

もいる。ほとんどの場合、わたしは個人にも組織にも、五から八程度の原則を考えてみることを勧めている。

自分の原則が決まったら、フレームワークを活用してみよう。すぐに、自分が決断するときや、ほかの人の判断を評価するときに、自動で原則が頭に浮かぶようになるだろう。そして判断が揺れるときには（誰しも、そういうときはある）、原則が最初の拠り所となるはずだ。

問二　「これを判断するために必要な情報をもっているか？」
「知りうる情報」と、「知るべき情報」のギャップに含まれる重要な情報はないだろうか？

ある製品がどのように使えるのか、どんな悪用の可能性があるのか、十分わからないうちに新製品として発売されることが増えている。作り手もその裏にある技術の威力や能力を完全に理解していない状態だ。わたしたちは、消費者として、働き手として、親として、新たな技術の利点やリスクを十分に理解しないうちに使い始める。その両面のあいだで、規制は追いつかない。技術の複雑化に併って、思慮深い倫理的判断のために検討が必要な情報も複雑化し、予想の難しいものになっている。これは、新技術を発売、利用、規制する前に、必要な判断だ。検討すべき情報のほとんどは、倫理を動かす六つの力と関与している。ロボットにがんの診断をしてほしいか？　空飛ぶタクシーを認可するべきか？　電子たばこ・ベイプを禁止するべきか？

今日では、倫理的判断をするために必要な情報と、わたしたちが知っている・知りうる情報のギャップが非常に大きいことが多々ある。このギャップ、つまり、必要だがもっていない情報には、どう対処すればいいだろう？　質問をし、耳を傾け、観察し、調べ、自分の判断への影響を確かめ

る。そして、それを繰り返しながら、情報が変わったときにはまめに方向修正を行うことだ。考えてみよう――

・複数の情報源から情報を得て、ほかの人の考え方と比べてみたか？
・この先、新しい情報が公開される可能性はあるか？　それが自分の理解に意味ある変化をもたらす可能性はあるか？
・自分はすべての事実をもれなく知ろうとしているか？　自分の偏った見方や、手っとり早い「イエス、ノー」の判断の裏づけになるような情報だけを取り入れようとしていないか？

情報を集めるときに、わたしは「おそらく」、「らしい」、「のようだ」、「～と思われる」、「きっとそうだ」、「だったに違いない」、「直観からすると」などの言葉や言い回しを見たら、避けることにしている。事実ではなく、危険な短絡化や偏見が含まれている可能性があるからだ。憶測は、単純化された黒か白かの反応につながりやすい。ニュアンスの異なる情報が得られず、現実に即した濃淡あるグレーの反応は生まれない。

ときには、情報が足りずに良くない判断をしてしまうこともある。その場合は、そうなった理由を分析することが大切だ。たとえば――

・あなたは、重要な事実を知らなかったし、知ることは不可能だった。
・そのことを知らなかったが、知る方法はあった。
・そのことを知らなかったが、知っているべきだった。

・そのことを知っていたのだが、知らないと嘘をついていた。
・そのことを知っていて、無視していた。

これらのうちいくつかは、ボーイングの件を思い起こさせる。

ボーイングは運命の分かれ目となる決断時に、決定的な情報をもちながら、それを無視した。たとえば、ＭＡＸ型機の納入以前の二〇一六年に、同社の技術主任パイロットがシミュレーターによる試験でＭＣＡＳが「暴走している」と表現していた。二〇一八年六月、つまり最初の墜落の四か月前にボーイングは、もしパイロットがＭＣＡＳの誤作動に適切に対応するのに一〇秒以上かかったならば、「壊滅的な」結果につながる可能性があることを認識している。しかしながら、ライオン航空機の墜落事故から一年後の二〇一九年一〇月、エチオピア航空機の墜落事故があったあとで、最高経営責任者のデニス・マレンバーグはアメリカ上院で、「当時、もし、今わかっていることをすべて知っていたならば、異なる判断をしていただろう」と証言した。ボーイングは知識をもっていた。だが、それに基づいて行動することを怠った責任を取らずに、責任の一部をパイロットたちに押しつけようとしたのだ。

さらに、ライオン航空のパイロットたちがこの危険に対し十分な知識をもっていた可能性は低い。不一致警報が作動しないこと、ＭＣＡＳが存在していること、ＡＯＡセンサーのひとつが故障しただけで、この強力な失速防止システムが作動すること——どれも悲劇を回避するために必要な事実だった。だが、ボーイングは情報をパイロットには与えなかった。情報を無視、あるいは隠す行為は、自身や他者を危険にさらすことなのだ。

では今度は、エアビーアンドビーの三人の創業者が旅行者とホストを結ぶ事業を開始した時点

で、実際に知っていたこと、知りえたこと、知っているべきだったことを見てみよう。二〇一六年七月に、ブライアン・チェスキー最高経営責任者は、創業当時、人種差別を念頭に置いていなかったことを認めている。「この仕組みを考え出したとき、三人の白人男性であるぼくらが見落としていたことはたくさんあった」。チェスキーはそう認めている。エアビーアンドビーの融合型ビジネスモデルは、インターネットと宿泊業という、ふたつの要素から成り立っている。三人にとって、どちらの要素も（個別にも、合わさっても）人種差別のリスクを含んでいることは明らかだったはずだ。オンラインのやりとりに人種差別はついてまわる。たとえば、ピュー研究所（訳注：アメリカのシンクタンク）の二〇一七年の調査によれば、黒人の四人に一人がオンラインで人種に基づくハラスメントを経験している。加えて、歴史的に見て、ホテルやその支配人、従業員が人種についての差別をしてきたことは周知の事実だ。エアビーアンドビー創業者の頭に人種差別を禁じる個々の法律が入っていなかったとしても、ホストやゲストを通して仕組みのなかに人種差別が入りこむ危険は意識しておくべきだった。ネット上に広く見られる根深い人種差別的言説と、宿泊業界ですでに知られている人種差別を掛け合わせるのであれば、エアビーアンドビーの創業者たちは知っているべきだった（あるいは、少なくとも知りえたはずだった）――ホテルとオンラインビジネスを融合する場合、人種差別が危惧されることを。

　融合型ビジネスの構成要素をフレームワークに当てはめてみることで、「さらに知るべきこと（または、知りうること）はなんだろう？」と問うことができる。フレームワークがあれば、エアビーアンドビーの創業者たちはより効果的な原則を選ぶことができただろうし、その結果、もっと必要に即した情報に目を向けていたはずだ。たとえば、包括性と多様性の原則があれば、創業者たちが情報を吟味する際に、人種差別の証拠やリスクを掘り下げる原動力になっていたはずだ。

問三「わたしの意思決定にとって重要な利害関係者《ステークホルダー》・物は？」
あなたの判断に影響を与える、あるいは影響を受ける人（物）は誰（何）か？

わたしは利害関係者《ステークホルダー》を、「ある判断、または状況に影響を与える、あるいは影響を受ける人物、組織、物、要素」と考えている。ステークホルダーは人間だけだと思われがちだが、わたしたちの決断に影響を与える（受ける）のであれば、命のない物体も、ステークホルダーとなりうる。キッチンに置かれたスマートスピーカー（アマゾンのアレクサなど）も、情報を与えてくれて（「外の気温は一・七度です」）、あなたの判断に影響を与えるならば（コートを着たほうがいいな）、ステークホルダーといえる。企業、政策、問題解決手順《アルゴリズム》、チャットボット（人工知能による会話プログラム）、テストの点数、フェイクニュース、編集された遺伝子、政府組織など、さまざまなものがステークホルダーになりうる。それらは、あなたの判断に肯定的にも否定的にも寄与するし、あなたもそれらに肯定的にも否定的にも影響を与えることが可能だ。

ボーイングの例でいえば、７３７ＭＡＸ型機の悲劇のさまざまな段階でなされた判断の影響は、非常に多くのステークホルダーに波及した。最低でも——ボーイング社の従業員、役員、株主、ボーイング社の納入業者とその従業員、ＭＡＸ型機を運航停止にして欠便を出した民間航空会社、ボーイング社に損害賠償を求めて訴えたサウスウェスト航空のパイロットたちを含む、世界中の乗務員、ライバル企業で、二〇一九年にはボーイング社の二倍の民間航空機を納入したエアバス社、ボーイング社の飛行機に移動手段を頼っていた多くの事業、安全性に関する世界のリーダーとしての地位を低下させたＦＡＡ（米連邦航空局）、自動化技術を開発中で、この悲劇のなかに教訓を求め

る他の業界、そして、もちろん、三四六名の犠牲者とその家族、親しい人々、そして、彼らと出会ったことはなくてもその死に影響される人々が挙げられる。

わたしたちの判断のステークホルダーがわたしたちだけ、ということは決してないのだ。

わたしたちの判断が、わたしたちだけのものということは絶対にない。わたしたちの判断は多くの人やものに影響する。判断の時点では気づいていないこともあるし、その後も、結局、気づかない場合もあるだろう。先端の領域では、実際のステークホルダーや、潜在的ステークホルダーのすべてを認識することは非常に難しいし、不可能な場合もあるかもしれない。エアビーアンドビーは執筆時点で、世界二二〇の国や地域で、ひと晩に平均二〇〇万人のゲストに利用されている。その上に、それぞれのホストやその家族、隣人、エアビーアンドビーに影響を受ける各種の商売、関係する（あるいはしない）規制当局、税金面の影響なども考えられる。

すべてのステークホルダーを識別するには、どこから手をつければいいのだろうか？　まずはもっとも直接的に影響を受ける／影響するもの、結果（たとえば、効果のない規制当局など）、深刻な被害を受けるもの（たとえば、飛行機の乗客など）から始めよう。個人を特定できない場合は、カテゴリー別に考えることもできる（ボーイング社への納入業者の従業員、エアビーアンドビーのホスト、など）。第二章で見ることになるが、先端領域ではステークホルダーが誰／何なのか、想像もできないことがある。ある技術の活用や悪用の可能性や、各種の状況に対する人々の反応を事前に想像することができないからだ。

問四、「この判断から生じうる影響や結果は？　短期、中期、長期的にはどうだろうか？」
判断時に、その現在と未来への影響を考えてみたか？

　このフレームワークでは、あなたの判断のもたらす短期、中期、長期的影響を、**判断する時点で**考えてみることを求める。その後は、通常のフレームワークによるチェックを行って、経過を観察し、新たな状況に対応していくことが必要だ。

　たとえば、７３７ＭＡＸ型機の最初の墜落事故のあと、ＦＡＡは数か月のうちにＭＣＡＳが似たような緊急事態を引き起こす可能性が高いと判断した。このとき、警報が鳴り響いているべきだった。だが、ボーイング社はＦＡＡに対し、ＭＣＡＳの修正プログラムを用意することを約束した。二機目が墜落した時点で、修正プログラムはまだ作成中だった。この時点で、ＦＡＡはさらなる墜落事故が起きる可能性があることを理解するべきだった。前に述べたとおり、ＭＡＸ型機を飛行停止にするかどうかの判断に、それ以上のデータは意味がなかったのだ。

　ＦＡＡの役員はのちに上院でこう証言した。「安全性の面で、われわれが取った対応は十分なものだと、われわれは強く感じていた」。しかし、ＦＡＡは安全性の評価と認証について、ボーイング社に依存を深めており、その状況での「十分」は、十分ではなかった。まったく不十分だった。その判断が招きうる結果を倫理的に検討するには、ＦＡＡとボーイング社は以下のように問いかけるべきだった――それは、三つの緊急の問いで、判断から生じる結果をすばやく評価するため、あなたにも役立つはずだ。

・この判断がもたらす、**重大かつ取り返しのつかない**結果とは何か？

・この判断によって、どんなチャンスが失われる可能性があるか？
・もし自分がこの判断に直接影響を受けたとしたら、どう感じるだろうか？

ＦＡＡとボーイング社が、この最初の問いを検討していれば、答えは明白だっただろう。あの状況で、また人命が失われる可能性のある選択肢は、断じて受けいれられなかった。次の問いに進む必要すらなかったはずだ。

二件の墜落事故のあと、世界中でＭＡＸ型機が運航停止となり、信用が激しく失墜するなかで、ボーイング社の最高経営責任者マレンバーグは議会に、ソフトウェアのアップデートを行っていること、新しい訓練を行い、安全文化を強化していることなど、「安全な飛行機をさらに安全にする」ための改革を行っていることを請け合った。しかし、ＭＡＸ型機はそもそも安全ではなかった。ボーイング社のリーダーたちがこの根本的な問題を認めようとしないなら、その会社の下す決断を誰がどうして信頼できるだろうか？

このフレームワークによる評価を適切に行ったあと、次の段階がステークホルダーの責任分担を行うことだ。エアビーアンドビーの事例《ストーリー》が、ボーイング社とは対照的で、賞賛に値するのは、この点だ——エアビーアンドビーのリーダーたちは、自らの責任を引き受けたのだ。グレゴリー・セルデンの一件と、ハーバード大学の研究結果を受けて、二〇一六年に最高経営責任者ブライアン・チェスキーは、もっと迅速に対応しなかったことを謝罪し、人種差別を、「わが社にとって最大の課題であり、わたしたちの存在や、支持する価値観の核心に切り込むもの」と表現した。エアビーアンドビーは、自社のプラットフォーム内での人種の扱いについて、独自の内部調査を始め、社を挙

げて人種差別撤廃の努力をスタートさせた。すべてのホストに、新たに「コミュニティ・コミットメント」誓約書への署名を求めることとし、「エアビーアンドビー・コミュニティでは、人種、宗教、国籍、民族、障害、性別、性自認、性的指向、年齢にかかわらず、すべての人を尊重し、差別や偏見なく扱う」ことを約束した。

またエアビーアンドビーのトップは、多様なステークホルダーによる解決策に力を入れた。プラットフォームを再点検し、ホストのための差別防止トレーニングを開発するため、政府関係者や、学者、法律専門家など著名なアドバイザーを雇い入れた。さまざまな視点を取り入れるため、従業員、ホスト、市職員、政府機関、旅行会社、公民権運動団体、また、以前にエアビーアンドビーを利用して人種差別に遭った利用者などと話し合いを持った。さらに、プラットフォーム上の偏見を見つけだし、根絶することを使命とする、ソフトウェア技術者、データサイエンス専門家、研究者、設計者などのチームを組織した。

エアビーアンドビーは、責任逃れをすることもできたし（たとえば「**プラットフォーム上で、人々が何をするかは、われわれの責任ではない**」など）、複雑な倫理的問題を単純化して、二項対立にしてしまうこともできた（「パイロットのミスか、われわれのミスか」）。だが、そうではなく、より多くの情報を集め、情報の欠けていた部分に注目し、それに基づいて行動を取った。翌年の二〇一七年にダイン・スーと友人たちが雪の降る山間部で宿泊拒否に遭ったときには、エアビーアンドビーの対応は素早かった。スーに全額を返金し、替わりのホテル代を支払うことを申し出て、バーカーからホストの資格を剝奪した。

スー自身もこのシナリオのなかでのステークホルダーだ。彼女はメディアに経験を話し、カリフォルニア州の公正住宅局に苦情を申し立てることにより、自分の責任を果たした。その結果バーカ

ーとは、五〇〇〇ドルの損害賠償、スーへの個人的謝罪、アジア系アメリカ人の文化について大学レベルの講義の受講、公民権団体でのボランティア活動という内容で合意した。

チェスキーは情報を常に見直し、ステークホルダーについて考え、エアビーアンドビーの判断のもたらす結果を検討し続ける能力を示した。二年後の二〇一九年に、北カリフォルニアの郊外にあるエアビーアンドビーの物件で行われたハロウィンパーティで銃乱射があり、犠牲者が出た。チェスキーは全世界で二四時間対応の「隣人《ネイバー》ホットライン」を開設すると発表し、また、七〇〇万件の登録を一件ずつ個人的に、正確性、品質、安全性の面で検証していくこと、危険度の高い予約を徹底的に洗い出し、無許可のパーティを未然に止めることなどの取り組みを始めた。欠けていた部分を補うことで、チェスキーは信頼を高めたのだ。

「わたしたちの本当のイノベーション（革新）は、わが家《ホーム》を予約できるようにしたことではなく、何百万の人々が互いに信頼し合える枠組みをデザインしたことだ……このような問題が起きたときには、そこから学ぶため、できることはなんでもするつもりだ」

　問題が生じていることに気づいたとき、エアビーアンドビーのトップは責任転嫁をしたり、ソフトウェア・アップデートを約束したりはせず、思慮に富んだ改革を行って信頼を積み上げた。ボーイング社は機体を修理することもできるし、最高責任者を解雇することさえできるだろうが、信頼を取り戻すのははるかに大きな課題だ。

　エアビーアンドビーのチェスキーはいう。「自分を含む、この業界の多くの人間は、過去の十年間に、インターネットは免疫をもったシステムで、自動運転が可能だという意識から、それでは不十分だと理解するところまできた。わたしたちは、自社のプラットフォーム上の出来事について、もっと責任を持たなければいけない」

わたしたちはみな――テストパイロット、ＦＡＡ監査官、エアビーアンドビーのホストとゲスト、ソフトウェア開発者から、あなたやわたしに至るまで――これから起こりうる問題を防ぐために声をあげ、行動を起こす力と責任がある。グレーの世界のなかで、二者択一の考え方をすることの危険を認識しよう。フレームワークの四つのステップを、すべての倫理的問題に活用しよう。あなたのすることすべてが影響をもつのだから。

Chapter 2

Scattered Power

第2章

力の拡散

幼いころのディレイニー・ヴァン・ライパーは、ご機嫌で活発な女の子だったが、いつもつま先立ちで歩いていることに父親が気づいた。父のＡ・Ｊ・ヴァン・ライパーは遺伝カウンセラーで、これがある遺伝性疾患の兆候かもしれないことを知っていた。その懸念は現実のものとなった。ディレイニーが七歳のときに、シャルコー・マリー・トゥース病（ＣＭＴ）と診断されたのだ。ＣＭＴは命に関わることはないものの、進行を止める治療法がない難病だ。やがて靱帯が引き攣れ、四肢が徐々に萎縮して筋力が低下していく。

ディレイニーは子どもの頃から、脚に装具をつけていて、まわりの子と比べてただ特別な気がしたという。だがティーンエイジャーになると、身体的な違いにいらだちを感じ、精神的苦痛を味わうようになった。二〇一七年、高校の最上級生になったディレイニーは、グラッドストーン研究所の上席研究員ブルース・コンクリン博士の研究室からメールを受けとった（グラッドストーン研究所は、カリフォルニア大学サンフランシスコ校と提携する非営利の生物医学研究所。コンクリン博士は同大学教授でもある）。博士は研究に参加してくれるボランティアを募集しており、それは彼女の人生を変える可能性があった。博士と研究チームは、CRISPR-Cas9（クリスパー・キャスナイン）と呼ばれる新しい遺伝子編集技術を利用して、ディレイニーと同タイプのＣＭＴ患者の治療法を開発しようとしていたのだ。

一九八七年、大腸菌を研究していた日本の研究チームが、ＤＮＡの繰り返し配列という、それまでに例を見ない「変わった構造」を発見したと報告した。その後の二五年間で、この「等間隔で連なる短い回文構造の繰り返し（Clustered Regularly Interspaced Short Palindromic Repeats）」、略してCRISPR《クリスパー》についての研究は爆発的に増えた。科学者たちはクリスパーが遺伝子の防御システムに似たもので、Cas9《キャスナイン》と呼ばれるタンパク質と合わさると、分子サイズのハサミのように働いて、外来遺伝子ウイルスを見つけだし、迷惑な侵入者を切除することを発見した。二〇一二年にカリフォルニア大学バークレー校教授のジェニファー・ダウドナ博士とベルリンのマックス・プランク研究所所長エマニュエル・シャルパンティエ博士の率いる研究チームは、Cas9を使用して、あらゆる生物のＤＮＡ内の遺伝子を切除、修復、変更することができるという画期的な研究結果を発表した。

　ダウドナ博士自身、グラッドストーン研究所の上席研究員でもあり、同僚のコンクリン博士がクリスパーの働きを「ゲノム（遺伝子）外科」と名づけた功績を称えている。外科医が手術用の器具を使って腫瘍を切除したり、臓器を修復したりするように、ゲノム外科医はクリスパーを使って、細胞内の特定の遺伝子を切除したり、修復したりする。また、ほかの例えとしては、巨大な絵本を想像してほしい。そこにはヒトの遺伝子を表す、六四億の文字が書かれている。研究者たちはクリスパーを用いて、その文面から、たった一文字の誤植を見つけだし、それを切り取って、正しい文字を貼りつけることができる。さらに、彼らは文面を**書き換える**こともできる。クリスパーは、「生命の文字列《コード》を正確に変更する」ことができるとダウドナはいう。「つまり、それはヒトの進化を操作できるということです。命あるものなら、基本的にはすべて操作できます」

　ディレイニーはクリスパーの研究に参加することを決め、コンクリンの研究室を訪れた。二〇二

〇年の初めにわたしは彼女と電話で話をした。ディレイニーによれば、実験への参加に必要なことは、採血管に二本ほど血液を提供する程度だったそうだ（ほかの疾患の研究のために、採取した血液を使うことを許可する同意書にも署名した）。研究者チームは、彼女の血液サンプルから細胞を分離し、時間をかけて人工多能性幹細胞（ｉＰＳ細胞）を培養した。ｉＰＳ細胞とはどんな種類の細胞にも分化できる、未発達の細胞だ。研究者たちはディレイニーの細胞を、発症の原因となっている遺伝子異常を含む神経細胞に育てようとした。それに成功したら、クリスパーのハサミを使って欠陥のある遺伝子を切り取り、改良した神経細胞をディレイニーの脊髄や筋肉に注入することで、症状を緩和できるのではないかというのが研究の狙いだ。

　ディレイニーの説明によれば、新しい遺伝物質を足すよりも、不要な部分を切り取るほうがはるかに簡単であることを知ったという。「遺伝子は、二本の鎖からできています。有名な二重らせんですね」。ディレイニーはいう。「わたしの場合は、一本の鎖は健全で、もう一本に問題があります。細胞の複製には、問題のあるほうの鎖は必要ないんです」。また、ディレイニーの父親はこう表現しているという。「家を建てるための木材を、ふたつの製材所から買うとして、片方ではよい木材を売り、もう片方が腐った木材を売っているとすれば、腐った木材を売る製材所で買うのはやめて、よい木材を売る製材所だけから買うでしょう。それでも家を建てることはできる、というわけです」

　ディレイニーがグラッドストーン研究所でこの研究に参加してから三年後に、わたしはコンクリン博士と電話で話した。彼の話によれば、ディレイニーのタイプのＣＭＴを研究対象に選んだのは、これまでに確認されたヒトの「遺伝子疾患約六〇〇〇種のうち、もっとも治療可能性が高いと考えたから」だとコンクリンはいった。「この三年間でクリスパー技術は着実に進歩していて、この研究の成功の望みも高まっています」。ただし、ＣＭＴの治療法の開発にはまだ長い年月が必要であ

り、技術的なハードルも多く残っていると、博士はいう。だが、ディレイニーの疾患は進行が遅いため、研究の成果を出す時間はあると博士は楽観視している。実際、根治療法の発見は「非常に有望」と博士は見ており、キリマンジャロ山登頂に例えてみせた――困難だが可能だ、と。「実験的医療の世界では、一〇〇パーセント確実なものは何もありません……だから、実験的と呼ぶわけです」。彼はいう。「ですが、わたしはゴールに到達できると確信しています」

一方ディレイニーは、研究に貢献し自分自身も学ぶうちに、自信がつき、精神的苦痛が和らいでいったという。ほかの誰かが遺伝子治療に向き合うことについて――たとえば、患者として、被験者として、あるいは、ただ意見をまとめる場合など――何か思うことはあるかとたずねると、すばらしい答えが返ってきた。ディレイニーは、自分自身に問いかけるべき、もっとも重要な質問がふたつあるという。ひとつ目は、なぜ自分はそれをやろうと思うのか、どんな価値観があなたを動かしているのか、だ。そしてふたつ目は、それをすることで、ほかの人々にはどんな影響があるのか、だという。フレームワークの用語でいえば、ディレイニーは、わたしたちの「原則」と、「利害関係者《ステークホルダー》」と、「影響・結果」について、たずねているのだ。

グラッドストーン研究所のブログに最近寄せたエッセイで、ディレイニーはこう書いている。「コンクリン博士の研究に参加する機会を得たことで、もっとも危険ですばらしい贈り物をもらった――それは希望だ。治るかもしれない希望。普通の人間として生きられるかもしれない希望。もし、わたしには実現しないとしても、そのときはほかの誰かの希望になる」。

クリスパーは、用途の善悪にかかわらず、非常に強力な〈力の拡散〉の一例だ。力の拡散は、倫理的意思決定を動かす第二の要素で、良いことを行う力や害悪を引き起こす力がそこらじゅうに散

在することを指す。

ディレイニーの物語《ストーリー》は、クリスパー技術が人生に与える影響のうちで、希望に満ち、倫理的に優れた一面を描き出している。クリスパーは善をなすための力を拡散する。心臓病、がん、アルツハイマー病、筋ジストロフィー、嚢胞性線維症《のうほうせいせんいしょう》、失明、そのほか非常に多くの病に悩む人々の治療法の研究に取り入れられ、良いことをする力を広めている。さらに広く見れば、クリスパーはこれまで想像でしかなかった力を人間に与えるものだ。世界中の研究室でこの技術が盛んに使われ、マラリアに耐性のある蚊や、より丈夫なトウモロコシや小麦の品種の開発、はてはアジアゾウのＤＮＡからケナガマンモスを作り出す試みまでが進んでいる。可能性は計り知れない。

一方で、クリスパーのような強力な要素は、これまで存在しなかった人類を定義づける力を、より早く、世界的に、予測不可能な形で拡散するものでもある。その力は、法の縛りや職業上の規範（たとえば、ヒポクラテスの誓い〈訳注：医療者の職業倫理についての宣誓文〉など）、所属組織への説明責任など、社会に貢献し、社会を守るための強制力をもつ規制を、まったく意に介さない人々にも広がっている。

力の拡散と、それが倫理的意思決定に与える影響について、これからさらにふたつのストーリーを通して見ていくことにしよう――ひとつ目は、リスクが高く、倫理的批判を呼んだクリスパーの使われ方、もうひとつは、３Ｄプリント技術が武器として使われるようになった事例だ。そのあとで、拡散した力の倫理的責任の分担という難題を掘り下げていく。

出発点は、権力がもはやＣＥＯ（最高経営責任者）や国家元首のもとにだけあるわけではない、ということだ。先端領域での権力は、まるでシェルゲームだ（三つのカップのどれかにボールを隠して素早く動かし、どこにあるかを当てる）――どこにあるのか、誰がどれだけもっているのか、

どう使おうとしているのか、さっぱりわからない。スマートフォンでフォロワーを募るテロリストや、ＳＮＳを悪用して有権者を混乱させ、投票意欲を削ぐロシアの煽動者《せんどうしゃ》、ストリーミングサービスやウェブサイトの問題解決手順《アルゴリズム》を使って人々のプライバシーに侵入し、行動データを集めるソフトウェアエンジニアの手にも権力が握られている。技術の開発や普及に善意で貢献した人々でさえ、自分がいかに権力を拡散しているか、深刻な倫理的問題を引き起こしかねないか、認識しているとは限らない。

　クリスパーをはじめとする先端技術は、二元論で割り切れない倫理上の問題をもたらしている。ゲノム編集は「やるか、やらないか」の二択の判断ではないが、ゲノム編集による医療には、はっきりとした二項対立の線引きがあるふたつのカテゴリーがある。ディレイニーが期待をかけているような体細胞への治療は、生殖細胞以外の細胞に変更を加えるもので、患者本人のみに作用し、子孫には影響しない。クリスパーの先駆者であるダウドナは、患者が子どもでも大人でも、体細胞治療にクリスパーを用いることは支持している。遺伝子上に生じる結果が、個人を超えて受け継がれることがないからだ。

　対して、生殖細胞への治療がもうひとつのカテゴリーである。胚（受精卵の細胞分裂が始まったもの）、精子、卵子のＤＮＡを標的にした遺伝子編集で、患者の病に作用するだけでなく、次世代以降に編集が受け継がれる可能性がある。生殖細胞の編集は、重大かつ未知の危険をはらんでいる。そのため、研究者たちの多くは、クリスパーを使用したヒト生殖細胞の編集は容認できないという意見で一致している。執筆の時点で、アメリカやヨーロッパの多くを含む約三〇か国がヒト生殖細胞の編集を、制限、あるいは全面的に禁止している。

　わたしはコンクリン博士に、クリスパーに関して一般の人間がもっとも心配するべきことを二点

挙げるとしたら何かとたずねた。博士は、規制外の悪質なゲノム編集クリニックには、注意が必要だと答えた。命に関わる病について、根拠のない治癒を売りつけるようなクリニックだ。これらは患者の身体と心を危険にさらすほか、治せるという約束がプラセボ効果を生み、実際には効果のない治療によい結果が出た場合など、研究結果をゆがめる可能性もある。

博士は、もう一点として、クリスパーがいわゆるデザイナーベビーを作り出すことに使われることを懸念していた。着床前診断と併せて使われる場合だ。ジャーナル・オブ・アシステッド・リプロダクション・アンド・ジェネティクス誌（訳注：アメリカ生殖医療学会発行のジャーナル）に発表された研究によれば、アメリカ国内の生殖医療クリニックの七五パーセント以上で着床前診断を行っている。これは、アメリカ生殖医療学会によれば、体外受精と併せて行われ、受精してから数日の胚に遺伝子検査を行うものだ。両親は、遺伝子変異のない胚、または変異はあっても発症しない「キャリア」である胚を選んで、子宮に移すことができる。

たとえば、デュシェンヌ型筋ジストロフィー、テイ・サックス病、鎌状赤血球貧血といった深刻な遺伝子変異をもつ親にとって、着床前診断技術は、子どもたちに病を受け継がせないために役立つ。しかし、コンクリン博士が指摘するように、この着床前診断にクリスパーが組み合わさると、事は危うい方向へ流れかねない。身長や、目の色、運動能力や知能など、子孫の遺伝的形質を操作できる可能性が出てくるのだ。コンクリン博士の訴える警告は、この力の拡散による影響の大きさを物語っている。両親が子どもをカスタムデザインし、社会がその判断にまったく関与できない世界を想像してみるといい。

これは、力の拡散の大きな特徴だ。幅広くアクセスが可能でありながら、ほぼ察知できないので、統制が利かない。法は技術にはるかに遅れており、力の拡散を規制で止めることはできない。結果

が明らかとなったあとでさえ、誰が力を行使しているのかを特定するのが難しい。技術は専門外の人物や、限られた予算や設備しかもたない個人にも入手可能なことも多い。さらに、もっとも重要なことは、次のストーリーに表れているように、拡散した力は、倫理は大切だという一般的感覚からもかけ離れていることである。

∞

二〇一七年、三三歳の生物物理学者、賀建奎《がけんけい》は、中国深圳《しんせん》市の南方《なんぽう》科《か》技《ぎ》大学の会議室にいた。向かいに座っているのは、子どもを希望している二組の中国人カップルだ。彼らは、同じ問題を抱えていた。どちらの夫婦も夫がＨＩＶ陽性だったのだ。

サイエンス誌の調査シリーズ、および、サイエンス誌の記者ジョン・コーエンが確認したこの時のビデオによると、この二組のカップルは、夫のＨＩＶが抗ウイルス剤によって抑えられていることを条件に被験者に選ばれたという。懸念される問題は、生まれてくる子どもたちへのＨＩＶ感染ではなかった。体外受精の精子洗浄技術が向上し、確実にウイルスを取り除いてから授精することが可能になっているからだ。むしろ彼らの望みは、**子どもたちが絶対にＨＩＶにかからないこと**だった。自らが経験した苦痛や差別に苦しむ必要がないようにしたかったのだ。そこへ、アメリカで学んだ高名な科学者である賀博士が、ＨＩＶ感染のリスクをほぼゼロにできる可能性のある科学的実験に参加しないかと申し出たわけだ。

中国の臨床試験登録によれば、賀は中国人の男女による夫婦で、年齢は二二歳から三八歳、夫のみがＨＩＶ陽性者というカップルを熱心に探していた。目的は「ＨＩＶにかからない健康な子ども

たちを得ること。また、将来、ヒトの初期の胚における主要な遺伝子疾患を除去するための新たな知見をもたらすこと」としている。

賀博士は二組の夫婦に説明同意書を渡している（これもサイエンス誌により入手されている）。そこには、「このプロジェクトの主な目的は、ＨＩＶ－１ウイルスに対し、免疫をもった子どもを生み出すこと」と記されている。しかしこの説明同意の過程では、賀の計画の全貌とそこから生じうる結果が説明されていなかった。たとえば、賀の説明同意書には、「標的外《オフターゲット》」効果、つまり意図しない不要なＤＮＡ変異が、「狙いと異なる部位で」起きる可能性があると書かれている。同意書には、そのような事態が起きた場合のリスクについて、研究チームを免責する旨が含まれていた（同意書には、出産当日の赤ちゃんの写真について賀のチームが権利を保持し、公表することまで記載されている）。子のためを思う一般的な親で、この実験にどんな種類のリスクが、どの程度見込まれるか、理解できる者がいるだろうか？

この深圳での説明会に参加していた二組を含む八組の夫婦が、二〇一七年九月までに賀博士の募集に応じることになった。世界初と思われる、体外受精とCRISPR-Cas9（クリスパー・キャスナイン）を用いて、ＨＩＶにかかりにくい子どもを作る実験に参加することになったのだ。翌年にかけて、賀博士はクリスパーを使い、胚にＣＣＲ－５デルタ32と呼ばれる変異を再現することを狙っていた。ＣＣＲ－５デルタ32は、自然にその変異をもっている人にＨＩＶにかかりにくくなることで知られていた。賀博士は同じ変異を被験者の子どもに人為的に作り出そうとしたのだ。体外受精による胚が数日を経過したところで、着床前診断が行われ、ゲノム編集の成功が確認されたのちに、胚は子宮に移された。

賀の心中をうかがうことはできないが、信頼あるメディアによって検証されたメールや文書によ

れば、賀はクリスパーを用いてＨＩＶにならない人間を作り出せることを世界に示し、その後は、心血管疾患や嚢胞性線維症《のうほうせいせんいしょう》その他に関わる遺伝子について、同様の試みをする野望を抱いていたようだ。サイエンス誌は賀が中国の病院に提出したと主張する倫理審査申請書を確認した。そのなかで、賀博士は「これは、二〇一〇年に体外受精技術がノーベル賞を受賞して以来の科学と医学の偉大な成果となり、遺伝子疾患をもつ多くの患者に希望をもたらすものである」と述べている。病院側はのちに、申請書の承認の署名はねつ造されたものだと主張した。

　賀博士が病院側に伝えていたことや、病院側がその情報をどう審査したのかの全容がわからないため、病院の管理体制について評価することは避ける。だが、病院側の関与がどうであれ、賀博士には、自分の申請している行為が、広く認められている倫理的線引きを踏み越えていることはわかっていたはずだ。著名な研究者らが、賀にこれらの実験を思いとどまるよう、あるいは慎重に行うように警告していた。さらに、ヒト生殖細胞編集はヨーロッパの多くの国で違法であり、アメリカでも禁止されている。中国科学医学院の研究者たちは、ランセット誌に掲載の記事のなかで中国政府が二〇〇三年の「ヒト胚性幹細胞研究に関する倫理指針」のなかで「生殖を目的とした、ヒトの配偶子（精子、卵子）、接合子（受精卵）、胚の遺伝子操作」を明確に禁止していることを指摘した。このように、十分な知識があり、また、ヒト胚への無責任な実験を進めるべきではないという、専門家と法律上の意見の一致も存在したことになる。

　賀博士は、姿の見えない不正行為者の典型例だ。彼の実験は、有名大学の実験室とふたつの病院で行われたが、それでも秘密裏に進めることが可能だった。アトランティック紙とウォールストリートジャーナル紙の報道では、胚を子宮に移植した体外受精担当医師は、遺伝子が編集されていることを知らなかったという。それぞれの母親が出産した病院も賀博士の実験を知らなかった。博士

は、父親がＨＩＶ陽性であることを病院に知られないため、血液検査をごまかすことまでしていたという。しかし、すぐに誰もが賀博士の実験について知ることとなる。

二〇一八年四月までに被験者の八組のカップルのうち一組が双子を妊娠した。検査の結果、双子のうちひとりがＣＣＲ５遺伝子のコピーを両方もっていることが示された。つまり、この胎児では編集に成功したということだ。もうひとりの胎児では、変異遺伝子のコピーは片方だけで、こちらもＨＩＶに耐性があるのかどうかは不明だった。

賀博士は恩師へのメールで、「成功」に興奮したと表現している。八月にはニューヨークで、ある生殖医療専門医と会い、中国国内で妊娠を希望するカップル向けにクリスパー遺伝子編集クリニックを共同で開業する可能性について話し合っている。また、アメリカ人の広報専門家を雇い、双子の誕生に先立って名のある医学専門誌で研究を公表する計画をまとめるための助力を得ている。しかし、彼の計画は思いどおりには進まなかった。

二〇一八年一〇月、世界初の遺伝子編集ベビーである双子の女児が帝王切開で誕生した。賀博士は秘密を保っていたが、一一月二五日にＭＩＴテクノロジーレビュー誌がこのニュースを報じた。翌日にはＡＰ通信が記事を出している。どちらの記事も、賀の研究について、同分野の専門家による非常に批判的な見方を取り上げていた。これに対する反論と、主導権を取り戻すため、賀はYouTube《ユーチューブ》に一連の動画を投稿し、「マーク」と「グレース」の間に「ルル」と「ナナ」が生まれたことを発表した。（賀博士は被験者のプライバシーを守るため、これらの仮名を使用している）。「ふたりはほかの子と変わらず健康」だと賀博士はいっている。「わたし自身、ふたりの娘がいる父親として、愛する子をもつ機会をほかの夫婦に与えることほど、すばらしく、社会に有益な贈り物は

ないと思います」

二〇一八年一一月二八日、賀博士は香港で開催された、第二回ヒトゲノム編集に関する国際サミットに参加した。これは、世界の主要機関（米国科学アカデミー、英国王立協会、香港科学院など）が主催し、ダウドナ博士ほかの先駆者が登壇した。その満席の会場に向け、賀博士は自らの研究を「誇りに思う」と語り、すでにもうひとりの女性が遺伝子編集された胚を移植され、妊娠中だと報告した――三人目のクリスパーベビーである。

科学者コミュニティの怒りは大きかった。サミット主催者は賀の研究を「間違っており、時期尚早で、不必要かつほぼ無益」な実験であると非難した。アメリカの医療研究を監督する国立衛生研究所は、賀の研究の医療的必要性について「まったく説得力がない」とし、インフォームドコンセント（十分な説明を受けた上での同意）についても「非常に疑わしい」と断じた。ダウドナは「恐怖を感じた」といい、また、親から子にＨＩＶを感染させないための「安全で効果的な」方法がすでに存在するというのに、なぜ彼が「人間に試されたことのない実験的技術」であるクリスパーを使うのか「想像もつかない」とした。

ここで立ち止まって、前例のない力の使い方の倫理的正当性を検証するために、ダウドナ博士の指摘の重要性を考えてみる必要がある。わたしたちは常に、よりリスクが低い、またはより有益な、もしくはその両方を満たす、**別の選択肢**がないか問わなくてはならない。その上で、もっとも適切な選択肢を選ぶか、場合によっては、いったんブレーキをかけて、科学的知見としっかりした倫理的議論が深まるまで待つ責任がある。

ある研究者が指摘したように、賀博士は「命を救うため、病の原因となっている遺伝子変異を修

正した」のではなく、「健康な胚のなかの……正常な遺伝子を破壊した」のだ。クリスパーは予想できない「標的外」の編集をゲノムのほかの場所に引き起こすことがあり、がんやその他の意図せぬ問題を生じさせかねない。

ゲノムサミットで賀がプロジェクターで映した資料を検証した研究者たちは、サイエンス誌に双子にはどちらもモザイクの兆候がみられるようだと語った。これは、クリスパーのプロセスが胚の一部の細胞にほかとは異なる編集をした、あるいは編集に失敗した可能性が高いということだ。つまり、双子が本当にＨＩＶに耐性をもつかどうかはわからない。

ゲノムサミットの直後に賀博士は公の場から姿を消し、メディアの取材にも応じなくなった。中国当局は彼の研究を差し止め、自宅に軟禁《なんきん》した。南方科技大学は賀を教職から解雇した。

二〇一九年一二月、中国国営の新華社通信は賀博士と二人の医学研究者が、すでに非公開の裁判にかけられ、二〇〇三年の遺伝子編集技術に関する指針に違反したことを認めたと報じた。賀博士は懲役《ちょうえき》三年と罰金三〇〇万人民元（四七〇〇万円相当）の判決を受け、さらに生殖技術分野で働くことを一生禁じられた。法廷は、賀建奎の「名声と利益」の追求を非難したという。また、法廷では二人目の母親から三人目となる遺伝子編集ベビーが誕生したことが報告されたが、いつのことかは明かされず、そのほか何の情報も示されなかった。

遺伝子編集ベビーを生み出した賀の行動は、科学者や専門家による倫理コミュニティでの世界的議論をまったく無視したものだった。彼の取った行動のような例は、専門外の人々を巻きこんだ幅広い世界的議論が必要となる問題である。賀は、子どもたちの命で神の役割を演じた。ＤＮＡを次世代以降まで受け継がれる方法で操作した。それがどんな結果を生じさせるか、誰に影響するのかを、わたしたちは知るすべがない。ルルとナナの子孫やその家族やまわりの人間だけでなく、あな

たやわたし、そして人類すべてが利害関係者《ステークホルダー》となる可能性もある。

　これは、〈力の拡散〉の非常に極端な例といえる。察知できない、統制が利かない、コストが安い、そしてアクセスが容易という、すべての特徴を備えている。賀博士はヒトの生殖細胞を編集するために、何百万ドルの器材も、製薬会社の支援も、政府による認可も必要としなかった。これらの技術の低価格化は、ノウハウや器材の入手のしやすさと相まって、この監視の及ばない脅威を助長するばかりだ。

　たとえば、今日では、遺伝子編集ができるとするさまざまなキットが、一般向けのウェブサイトで販売されている（訳注：カリフォルニアにあるオーディン社など）。これらのキットで実際に何ができるのか、どれほど危険なのか、たとえば生物兵器を作り出すような大きな危険につながるのかは、わたしの専門外である。何人かの専門家によれば、今のところ、その危険性は低いという。

　だが、今のところリスクが低いということは重要点ではないと、わたしは主張したい。わたしたちは、これらの技術を広く入手可能にすることで、短期、中期、長期的に生じうる結果について考えなくてはならない。これらのキットは、誰がどのように利用しているかわからず、管理が難しい。重大な危害を引き起こす、その他の手段と同じように簡単に使えるようになるかどうかはわからないとしても、これらが拡散し、力をもつ可能性はあり、それにより引き起こされる結果は未知数だ。このリスクは、ほかのリスクと並行して管理されるべきであり、実害が生じるまで先延ばしにするべきではない。

　賀《が》建奎《けんけい》は、人類を作り替えることができた。一度に、赤ん坊ひとりずつ。

　彼の行為は、倫理から切り離された力が、文字どおり人類を危うい形で変えてしまうことの危険信号だ。しかし、コンクリン博士の研究が示すように、このような力を拡散させる技術に生命を救

う可能性があることを無視することもまた危険である。

　必要な科学的知識がさらに少なく、膨大な数の人々に危害を与えかねない、力の拡散の例もある。

∞

　二〇一二年七月、テキサス大学で法律を学んでいた二四歳のコディ・ウィルソンは、資金集めのビデオをYouTubeに投稿し、ある夢の実現のため募金を呼びかけた。百万回以上も視聴されたこのビデオでは、整然とした白い部屋で、ウィルソンはたくさんのコンピュータやマニュアルに囲まれ、カメラを正面から見つめている。

「友人たちとわたしは、共通の名前のもとに集まることにしました」。ウィルソンは語り始める。「会社や企業、いかなる形の営利組織でもありません。名称は単純に、ディフェンス・ディストリビューテッド（訳注：ディフェンス＝防衛、ディストリビューテッド＝分散した、配給された）とすることにしました。これについて、アイデアを共有したいと思います」。そのアイデアというのは、制度上の抑制と均衡なしに、監視も受けない力を拡散させるものだった。

　彼らは、世界初の３Ｄプリント銃の開発を狙っていた。そして、少々の援助――ほんの二万ドルほど――があれば、実現するところまできていた。「できあがる銃は重要じゃない」。ウィルソンはいった。「われわれがやりたいのは、デジタルファイルを作ること……それをインターネットでシェアすることです」

　八分間のビデオでは、焦燥をあおるようなジャズが低音でループし、ウィルソンの独白が流れる。彼の目論見は、誰でも、どこででも銃をつくれるようにすることで、その銃は「一発だけ撃てて、

殺傷能力があればいい。それがこのアイデアですよね？」と語る。その口調は冷静でクールな説得力があり、見えない聖歌隊を諭しているかのようだ。「このアイデアの機は熟した……ぼくらはこのアイデアを盗んでほしいと思っています。ファイル自体も改竄され、変更、そして改良されることを願っている」

「時代の扉が、今、開かれる」。ウィルソンは続ける。「自分のデスクからプリントアウトできる武器システムが現実となるのです。コンピュータさえあれば、どこでも武器ができる」。聖歌隊は、彼に耳を傾けていたようだ。ディフェンス・ディストリビューテッドは二か月のうちに調達目標額を達成したのだ。ワイアード誌は、同年、ウィルソンを「世界でもっとも危険な一五人」のうちに挙げた。このリストにはほかに、麻薬密売組織シナロア・カルテルのトップで「麻薬王」と呼ばれたホアキン・グスマンや、シリアのバッシャール・アル＝アサド大統領が名を連ねている。

　二〇一三年五月、ウィルソンは３Ｄプリント銃の製造、発砲に成功した最初の人物となった。彼は、その銃を「リベレーター」と名づけ、動画をネット上に公開し、設計図をファイル共有サイトに投稿した。設計図は二日間で一〇万回以上ダウンロードされ、ウィルソンはディフェンス・ディストリビューテッドの運営に専念するため、法科大学院を中退した。

　ウィルソンの興味は、ハイテク企業の設立や、銃を売って儲けることにはなかった。彼の一番の使命は、追跡も統制もされない、法の支配から切り離された力を拡散させることにあった。彼が組織につけた名前（ディフェンス・ディストリビューテッド）や、自分自身を形容した言葉（暗号無政府主義者《クリプト・アナーキスト》）や、社名（自由の友《フレンズ・オブ・フリーダム》）を見ても、力の拡散を強調するものだ。銃の名称、解放者《リベレーター》も、いうまでもない。

　ウィルソンは、銃をつくるための「鍵」は提供しているが、規制上の重い責任が課せられる銃の

販売者には当たらないと主張した。だから、もし人が銃をつくり、悪用したとしても、自分に責任はないのだと。わたしの見たところと、彼自身が認めているところによれば、ウィルソンは知識（力のひとつの形）と、特定の銃については、製造機械（さらなる力）を配布しているが、その行動を、倫理的かつ責任ある、安全な使い方のどれとも結びつけていない。この技術は、購入という段階が存在しないため、たとえば身辺調査のような通常の確認プロセスを無効にするものだ。ウィルソンは、彼の銃に安全装置を備えつけ、通常の銃規制を遵守するよう提唱することもできたはずだ。さらにいえば、３Ｄプリンター製の銃の違法使用を摘発する装置をつくり、警察やほかの社会の守り手にも並行して力を与えることもできるはずだ。だが彼は、そういう選択肢を追求していないように見える。ウィルソンのストーリーは、賀建奎と同じく、力の拡散の特徴をすべて備えている。

一九八六年に初めて特許を取得した３Ｄ印刷技術は、当初、自動車製造、航空宇宙、医療機器などのパーツを早く安く作るために活用された。３Ｄプリンターでは、さまざまなものをひとつの機械でつくることができる。将来の可能性としては、ヒトの臓器をつくることもできるという。そのプロセスは、一層ずつ積み重ねて「印刷」していくことで立体を形成するもので、積層造形《アディティブ・マニュファクチャリング》と呼ばれることもある。素材には、インクの代わりに、プラスチック、木材、金属などが使用される。多くの３Ｄプリンターは、熱可塑性《ねつかそせい》のアクリロニトリル・ブタジエン・スチレン樹脂、略してＡＢＳを使用する。小さな子どもが身近にいる方は、一度は、このなめらかで固い樹脂を踏んづけたことがあるのではないだろうか。そう、ＡＢＳはレゴの素材である。

二元論で割り切れない先端技術の例に漏れず、３Ｄプリンターは良い意味でも力を拡散させる。国境なき医師団は３Ｄ印刷で、シリア内戦の犠牲者に義肢を提供している。必要に応じた義肢が二

四時間のうちにつくれて、コストも従来の義肢の五分の一で済む。そのほかに期待される新たな使い道には、難民のための安全で低価格な住宅や、海底に沈めてサンゴの再生を促す粘土製タイル、またバイオ３Ｄプリンターで臓器治療に用いる人体組織をつくることなどがある。

３Ｄ印刷技術は、銃とその製造者の力を察知されにくくする。銃を製造するために必要なものは、３Ｄプリンターと、コンピュータ支援設計（ＣＡＤ）ソフトウェア、ダウンロードできる設計図、そして、割合初歩的なコンピュータ技能だけだ。プラスチック製の銃は、シリアル番号がない追跡不可能な幽霊銃《ゴーストガン》となる。一九八八年の「検知されない銃器法」は、金属探知機やＸ線検査機をすりぬけることがないように、すべての銃に最低三・七オンス（約一〇五グラム）の金属を使用することを義務づけている。ウィルソンのリベレーターは、この規制に適合させるため、金属片を入れる空間がある――だが、それは取り外し可能なブロックで、銃弾を発射するためには必要ですらない。この法律はリベレーターには歯が立たない。二〇一三年にイスラエルの調査報道ジャーナリストたちが、金属探知機をすりぬけ、リベレーターをイスラエル国会議事堂に持ち込むことに成功したのだ――しかも二度も。撃鉄に金属の釘を使っていたにもかかわらず、である。アメリカでは、運輸保安庁（ＴＳＡ）が二〇一六年から二〇一八年の間に空港の保安検査で四回、３Ｄプリント銃を発見している。

３Ｄプリント銃は、安いが使い物にならない――少なくとも、初期のものはそうだった。二〇一三年にオーストラリアの警察が一七〇〇ドルのプリンターを使ってリベレーターを数台、製造してみたが、どれも一回撃っただけで銃が砕け散ったという。このことで、３Ｄプリント銃は当分の間、深刻な脅威とはならないという指摘もある。

しかし、それより古い脅威が現存しているからといって、今日の新しい脅威の拡散を防ぐ責任が

ないということにはならない。遺伝子編集キットとまったく同様に、わたしたちには、今のうちに、未来に生じうる結果を制御する責任がある。**倫理は、初期段階の取り組みで、害が生じてから打ち消したり、後始末をしたりするものではない。**実際、新たな力の拡散は、旧来の力を制御し続けるあいだに、並行して起こることだ。銃にしても、核兵器にしても、政治的プロパガンダにしてもそうである。明日のリスクを判断すべきときは、今日なのだ。アメリカでは、日々、罪のない人々を銃の暴力から守ることに失敗している。実在する脅威に取り組むことへの悲劇的無能さ、あるいは躊躇が、３Ｄ兵器への注目を遅らせる原因となってはならない。むしろそれを警鐘として、どちらについても努力を倍増するべきなのだ。この件では、注目を遅らせることに何ひとつ利点はない。

　ウィルソンは、リベレーターは「一発だけ撃てて、殺傷能力があればよい」と念を押した。たしかに一発の銃弾で自己防衛もできるだろうし、反対に、大惨事を引き起こすこともできる。設計図のダウンロード回数や、シェアされた回数まで考えれば、そのリスクは恐ろしいほど巨大である。わたしたちは「一発だけ」銃弾を放つ、何十万丁もの銃の危険に直面する可能性がある。さらには、殺傷能力の高い銃の３Ｄプリント技術も存在する。悪意の者がプラスチック銃を使い、法廷や空港や駅やコンサート会場や学校内に恐怖を拡散するのを止めるには、何が必要なのか？　今日のわたしたちの判断は、それらを未然に止めるという課題を考慮したものでなくてはいけない。フレームワークの用語でいえば、この技術が発展を続ける間、深刻な潜在的リスクがあることをわたしたちは知っており（情報）、わたしたちの決断がもたらす影響（ステークホルダーと、現在、未来における影響）について、規制者として、市民として、倫理的責任を負っているのだ。

　ウィルソンの個人による銃製造の権利保護の主張には、言論の自由へのこだわりが含まれている。アメリカでは自宅で銃をつくることを禁止する国の法律は存在しない。つまり、販売しない限

り、製造は自由だ。しかし、ウィルソンがリベレーターや、そのほかの銃の部品の作り方を二〇一三年にネット上で公開すると、国務省は一九七六年の武器輸出管理法、とくに武器国際取引に関する規則に違反するとして、削除を命令した。この法律は、最新鋭の武器、技術的データ、訓練など——防衛目的で使われるマイクロチップや暗視ゴーグルから、Ｆ15戦闘機まで、ありとあらゆるもの——の許可のない販売により、これらが外国の勢力の手に渡って、大量破壊兵器の開発に使われたり、国家間の安定を揺るがしたり、そのほか、アメリカと同盟国に不利益を与えることを防ぐという正当な役割を持っている。

ウィルソンは設計図の削除命令について、二〇一五年に政府を訴えた。オンラインデータは言論の自由であり、政府は憲法修正第一条の権利を侵害していると主張したのだ。この裁判は、第五巡回区控訴裁判所に持ち込まれ、ウィルソンの差し止め停止の訴えは却下された。判決では、差し止めによってウィルソンの憲法上の権利が一時的に損なわれる可能性はあるものの、差し止め停止は国家の安全保障を恒久的に損なう可能性がある、とした。

ところが、三年後の二〇一八年六月になって、国務省は立場を一転させた。政府は私的な和解で、ウィルソンに係争費用の四万ドルを支払い、設計図の公開を認めることに同意したのだ。設計図のなかには、二〇一二年サンディフック小学校や、その他の銃乱射事件で使用されたＡＲ15半自動小銃も含まれていた。一九の州とワシントンＤＣが、この和解の差し止めを求めて訴えた。二〇一九年一一月にシアトルの連邦判事が合意し、連邦法に違反していると判決を下した。

拡散した力は、さらに力の拡散を引き起こす。法が追いつこうとするうちにも、危険な武器をプリントするための図面はシェアされ続けている。ウィルソンのウェブサイトを離れて、見つけることも、止めることも難しい方法で広がっている。二〇一九年にワイアード誌は、３Ｄプリント銃愛

好家による、分散型の世界的ネットワークについてレポートしている。「ディターランス・ディスペンスド（差し止め停止）」と名乗る団体で（無論、ウィルソンにちなんでいる）、少なくとも一〇〇名以上のメンバーがおり、広く世界にＤＩＹプラスチック武器の力を拡散させる活動を行っている。メンバーはファイル共有サービスを使い、意見やフィードバックやＣＡＤファイルを交換し合う。また設計図を情報の配信・公開サイトに掲載し、オリジナルの銃のデザインや、古い図面の改良版とともに、ディフェンス・ディストリビューテッドの設計図を誰でも無料で使えるようにしている。

二〇二〇年、コディ・ウィルソンは新たなウェブサイトとビジネスモデルで再浮上した。今回は、連邦法に従っていると彼は主張する。彼のウェブサイトと、何千点もの銃の設計図へのアクセスを有料とし、アメリカ合衆国居住者に制限しているため、裁判所の命令にある武器輸出には当たらないというのだ。技術、規制、社会的寛容、そして不正行為者たちの応酬には、今後も新たな展開があるだろう。

高名な思想家でジャーナリストのモイセス・ナイムは、著書『ジ・エンド・オブ・パワー』（邦訳あり。原注参照）のなかで、権力は計測不可能なものであることを指摘する。「権力を集計してランク付けすることはできない。計れるのは、それを行使する者や、その源泉、結果と思われるものだけである」。この件で権力の行使者に当たるのは、ベレッタＭ９拳銃やＡＲ15小銃を模したプラスチック銃をリビングルームで製造する、ディターランス・ディスペンスドの個人たちである。力の源泉は、アクセスのしやすい悪用可能な技術と、法の無力化という非常に危険な掛け合わせにある。その結果は、罪のない犠牲者が出る可能性ということになるだろう。

技術が検知しにくくなるにつれて、その悪用の結果も見えにくくなっている。害が生じるまで、

力の存在に気づかない可能性もあるのだ。情報をもっている場合でさえ——たとえば、ダークウェブ上の個人が銃を製造している場合など——生じる結果を監視するためには、視界が悪すぎる。

　これらのストーリーは、力の拡散によって、法が無力化されることを示している。各国の法制度は、国境をまたいで法律を執行し市民を守る能力が十分ではない。国境の存在しない技術の先端領域ともなると、司法権が定まっていない。仮に現在の技術に法がついていけたとしても、執行することはほぼ不可能だ。その結果、法は抑止力としての信頼を失っている。賀建奎とコディ・ウィルソンのストーリーは、革新的技術を管理するための、効果的で強制力のある法律をつくるわたしたちの能力が、既存の法律を易々とくぐりぬける拡散した力の使い手たちに、追いついていないことを示している。

　さらに力の拡散は、子どもの身体的特徴を決める権利であれ、言論の自由であれ、個人の権利の境界線を押し広げようとしている。このことは、わたしたちを再び、先端《エッジ》の定義に立ち帰らせる——力の拡散によって、現実は法を置き去りにし、はるか先に進んでいる。わたしたちの倫理はその領域で働いているのだ。意思決定を導く倫理の重要性は増し、その責任の幅は広がっていく。力の拡散は、とくに企業、個人、政府の領域で、決定権の種類や範囲に関する従来の概念を覆している。

∞

　力の拡散は、個人だけに力を与えるものではない。企業も拡散した力を活用している。この傾向では、企業が（力を持っていなかった主体に）力を分配しつつ、同時に（利益や、技術の支配、ま

た政府の活動を侵害することによって）自ら力を蓄積するという、一見矛盾する動きが両立している。

　力の拡散には、企業の関与が必要だ。たとえば、ソーシャルメディアや、３Ｄプリンターや、遺伝子編集のための材料や、シェアリングエコノミー（訳注：一般の個人が家や車やスキルなど、有形無形の資産を必要な人にシェアする新しい形の経済）を仲介するネット上の仕組み等を、販売あるいは提供する、などだ。わたしが企業の倫理についてまず問うことのひとつが、その企業が製品やサービスを販売する際に力を拡散させる責任をどれだけ自覚しているかという点だ。多くの企業は、ユーザーに利用上の責任と制限を警告する利用規約への同意を求めるが、これらの文面は概して企業の法的責任を回避することが目的だ。企業が広める力によって、どんなことが引き起こされるかを十分に予見して、有害な結果を防止する役割は果たしていない。だが、たとえ努力を尽くしたとしても、企業の技術やサービスを使ってユーザーにどんなことができるかは、事前に予想しきれないことが多い。先端領域での力の拡散の軌道を予想することは、あまりに複雑だ。

　わたしは、徹底して技術革新を支持する倫理専門家だ。技術を利用する側にも、責任はある。しかし、力の拡散の裏で生じる利益や影響がこれほど大きくなった今、企業には桁違いの責任がある。害をもたらしうる道具を個人に提供し、力を分配する前に、一時停止をかけると約束する責任があるのだ。法律も利用規約も、効果的に悪用を防げないなら、企業は自社の技術に倫理的ブレーキを組み込むことを検討するべきだ。わたしがどのクライアントにもする質問がある。「製品の広がりと倫理の広がりのペースを合わせるために、その技術で何ができますか？」

　企業は力を分配するのと並行して、力を独占するようにもなってきている。企業の力が増大する新たな道筋のひとつが、以前は政府の責任だった領域を民営化することだ。わたしが最初にスミソ

ニアン航空宇宙博物館を訪れたときは、驚きに目を見はった。当時、アメリカの宇宙はアメリカ航空宇宙局（ＮＡＳＡ）のものだった。ＮＡＳＡは独立した政府機関で、アメリカの宇宙開発を一手に担っていた。しかし、今日、わたしの学生たちが宇宙について考えるとき、思い浮かべるのはＣＥＯや起業家たちだ。テスラの創業者イーロン・マスクのスペースXや、アマゾンの創業者ジェフ・ベゾスのブルー・オリジン、リチャード・ブランソンのヴァージン・ギャラクティックなどのことだ。これらの巨大企業が宇宙のニュースを独占し、今では、わたしたちの想像力までも支配している。

しかし、従来は民主的に選ばれた政府が管理していた領域が民間の手に委ねられると、前例のない問題を招きかねない。倫理的責任の境界線を引き直す必要がある。たとえば、宇宙旅行は国の防衛や同盟国との関係から切り離せない。わたしたちは、政府が引き続き安全性を監督し、一般市民や、今後の投資家や乗客に向けた透明性を確保することを保証しなければならない。また、政府と企業のどちらも、国民に対し平等に宇宙旅行へのアクセスを提供するようにさせなければならない。利益を分け合う責任の問題も、ますます重要視されてきている。たとえば、企業は独自の研究や知識の蓄積を、社会の利益のためにどう分配するのかといった問題だ。

これらの巨大企業のとびぬけた能力や資源を考えれば、政府はこれを利用すべきだ。そうでなければ、防衛、気候変動研究、社会における人工知能（ＡＩ）をはじめとする分野での大きな可能性を手つかずに放置することになる。これらの課題は、多くのステークホルダーの貢献が必要で、時間も資源も無駄にする余裕はない。実際、多くのケースで、政府は企業と連携している。たとえば、二〇二〇年にＮＡＳＡはスペースX社と提携して、ＮＡＳＡの宇宙飛行士を、初の商業用宇宙船クルードラゴンで国際宇宙ステーションに送りこんだ。ケースごとに事情は違うものの、官民の協力

によって、より大きな可能性と透明性が期待できる。

ここで立ち止まって、根本的な点を強調しておこう。**わたしたちは、倫理の独占を容認することはできない。**オンライン検索やソーシャルメディアといったサービスの独占や、これまで公的機関が管理していた領域に企業の関与が増えることのリスクは、倫理の独占が社会と人類にもたらすリスクと比べれば小さなものだ。

残念なことに、法律や倫理は選択肢にすぎないという危険な考えが、テクノロジーにより広まっている。宇宙、国防、通貨管理といった、元は公共サービスだった分野は、少数の巨大企業の支配下に置かれるべきではない。気づけばいつの間にかそうなっていたということのないよう注意が必要だ。きちんと管理された形で企業が政府と特定の契約を結び、研究や製品やサービスを提供することは、社会の発展のために有益で必要なことだ。しかし、市民と公共財（宇宙空間であれ、デジタル通貨であれ）へのアクセスの間に企業が立つことや、企業が防衛、健康、環境などに関する国の政策を主導する立場につくこととはまったく違う。何より重要なのは、たとえ分野によっては企業が力を独占することがあるとしても、企業や、企業が拡散する力を悪用する者たちに、社会の倫理を決めさせてはならないということだ。

拡散した力の影響を個人の選択に取り込むことの責任は、わたしたち自身に大きくかかっている。たとえば、その重要な例が医療に関する選択だ。出発点と、焦点は、原則に沿っていなければならない。

先端領域での原則が難しいのは、原則同士が対立する例が多いことだ。人種差別の撲滅《ぼくめつ》といった二元的な判断であれば、すべての原則が一致する。たとえば、安全、誠実、思いやり、敬意などが、

すべて人種差別に反対する原則となる。しかし、多元的な判断では、それぞれの原則の重要性を測り、優先順位を決めなくてはならないことがあり、ときにはどれかを妥協しなくてはならないこともある。例としては、一方に証明されていない医療行為の安全性の懸念があり、もう一方に、治癒の可能性や、病状の改善を望む心からのサポートがある場合、などだ。

命を脅かす病や怪我に直面した際にどう感じるかについては、事前の備えがきかないが、原則同士がどのように対立するのかを理解しておくことは、考えをまとめるために役立つ。わたしはパリのアメリカンホスピタルとパスツール研究所で倫理委員を務めるなかで、さまざまな遺伝子疾患をめぐり、親も、医師も、看護師も、研究者も、そのほかの関係者もみな、倫理的難題に非常に心を痛め、悩んでいる姿を目にしている。クリスパーのような技術は、原則同士が対立する医療倫理のジレンマをますます一般的にする。自分の原則について、理想的には人生を左右する判断に直面する前、意見を表明する必要が生じる前に明確にしておくことで、思いがけない難題に直面した際に、考える根拠ができる。目の前の判断を、これまでにしてきた倫理的判断と結びつけ、一貫性を保つことができるのだ。

このふたつの病院で患者が直面する問いは、たとえば、ハンチントン病のような致命的遺伝子疾患の危険を排除するためや、遺伝性の聴覚障害を回避するため、生まれてくる子どもの胚を操作するかどうか、というようなものである。また、コンクリン博士の懸念に戻れば、野心的な両親が、子どもの知性や音楽の才能、運動能力などに関わる遺伝子を操作することを許すべきか、という問いもある。このような多元的な判断について考える際には、自身にこう問いかけるといい――いつ、いかなる状況なら、自分はこれらの技術を採用するだろうか？　また、いつ、いかなる状況なら、これらの技術を採用することを社会が許容してよいと思うか？　何が最良の答えなのか決められる

のは、あなたしかいない。答えは、あなたの置かれた状況や、社会への見方によって変わることだろう。しかし、あなたの原則をどう当てはめるか、とくにどう優先順位をつけ、対立を解消するかは、あなた自身のアイデンティティを定義し、結果を導くだけでなく、ほかの人にとっても大きな影響を及ぼすはずだ。

フレームワークの二番目のポイントは、情報、利害関係者《ステークホルダー》、結果・影響についてのあなたの見積もりに、力の拡散のもつ、検知しづらく、アクセスが容易で、多くは規制が困難という特徴が計算に含まれているかどうか、確認することだ。倫理的な判断に必要な情報収集の難しさだけでなく、実際の、そして潜在的なステークホルダーすべてを予測することの難しさも考慮に入っているだろうか？　わが子の健康がかかった判断をする状況や、あるいは、多くの子どもたちへの遺伝子編集の制限を提案する法律の是非を投票する状況を想像してみるといい。あなたが知ることができないことは、あなたが知っていることに劣らず重要であるはずだ。

しかし、それらのステークホルダーに責任を割り振り、倫理と再び結びつけるためには、どうしたらいいだろう？　コディ・ウィルソンの件のステークホルダーには、銃を自作する人たち、３Ｄ技術を使った武器の使用に影響を受ける人たち、ダークウェブ、ソーシャルメディア、力を拡散する情報共有サイト、法律、法を作る政治家、規制当局、そして一般市民などが含まれる。ステークホルダーの責任を問うことが可能な場合もあれば（規制当局や、政治家）、難しいこともある（リビングルームで自動小銃を製造する、姿の見えない不正行為者）。ときには、力の誇示への欲求が、察知の可能性と説明責任に有利に働くこともある（賀博士が研究への賞賛を得ようとしたことや、コディ・ウィルソンが言論の自由を主張していることなど）。責任を問うのは、不正行為者に対してだけではない。善意の専門家や政策立案者、個人的ジレンマに直面している人々なども、倫理と

の結びつきを欠いた力の拡散を助けている場合がある。それは、ひとつの判断がどれほど多くに影響するかを見抜く力が足りないことからくる。

ステークホルダーが決まらない場合、影響・結果の予測は、不可能といわないまでも非常に困難となる。３Ｄ銃による死者が出る。遺伝子が操作される。そこまではよいとしても、その範囲や規模、今後起こりうることなどは、非常に予測が難しい。３Ｄ印刷が今後、より手頃で身近になることはわかっている。その結果、武器の自作が広がることで、その影響はさらに予測不能となるはずだ。また、胚の遺伝子を操作することで、生殖細胞系が影響を受けることはわかっているが、次世代やその先の世代への二次的影響は不明で、企業、法律、政府、ヒトという種への影響もわからない。

力の拡散についての責任を考えるためには、不平等の拡散についても考慮が必要となる。直観とはやや反するが、法を作る議員たちも倫理の重要性に目を向け始めているのは、法整備が力の拡散に追いつかないことを認識しているからだ。わたしは、議員たちが倫理を動員しようとしていることは、規制への必要な足がかりであり、期待ができると考えている。ただし、効果的な規制を実現し、執行能力を向上させるよう、わたしたちがプレッシャーをかけ続けることが前提だ。

二〇一九年四月、わたしは下院議員ロー・カンナと会った。彼はシリコンバレーの中心地、カリフォルニア州第一七選挙区の代表で、シリコンバレーのハイテク産業の恩恵を民主化することに情熱を注いでいる。わたしは彼が何に重きを置き、どんな取り組みを行っているのか理解したいと思った。彼は、こう信じているという。「誰もがイーロン・マスクになれる可能性をもっている」、誰にでもイノベーションを起こし、巨万の富を生み出す可能性はある、というのだ。そして、高齢者

や経済的不平等に苦しむ人々を排除するような社会は、倫理的にありえないと主張する。

　カンナはより平等な力の拡散に取り組んでいる。デジタルリテラシー（訳注：デジタル情報の活用能力）と、テクノロジーのもたらす益を広めたいといい、その実現のため、多方面からの取り組みを行っている。消費者が個人情報を管理できるようにする「インターネット権利章典」や、ケンタッキー州やウエストバージニア州など、ハイテク産業ブームが去った地域に雇用と機会を創出するためのキャンペーンなどを行ってきた。また、シリコンバレーは「税金の還流、暗号化、特許の怪物《パテントトロール》」以外の問題にも目を向けるべきだという主張を繰り広げている。カンナは現在のシリコンバレーの視野の狭さを「人類文明を変えたいと文字どおり信じている土地にしては、ビジョンが貧弱だ」と評する。

　彼の仕事は、法を超え、法の上に立つ倫理の取り組みに、政府が踏み込んでいることを示す多くの例のひとつだ。わたしはイギリスの「データ倫理・イノベーション・センター（ＣＤＥＩ）」の委員をするなかで、その取り組みが進んでいくのを目の当たりにしている。ＣＤＥＩは、データと人工知能（ＡＩ）が社会にもたらす利益を最大化するため、政府に提言することを使命とする組織だ。また、欧州連合（ＥＵ）のＡＩ戦略に提言を行う「欧州ＡＩハイレベル専門家グループ」でも同様だ。この種の取り組みでは、より幅広いステークホルダーによる意見を取り入れており、倫理面での議論を広げ、規制に反映させる非常に効果的な方法になりうる――だが、これらもまた規制を作る政府側と同様に力の拡散の課題に突き当たるわけであり、効果的な規制に取って代わることはできない。

　企業、政府、そして、わたしたち個人の考え方が相互に作用し合って、先端の環境に寄与している。わたしたちはその環境のなかでさまざまな判断を行っているの

か、また、他者の力に対してどんな立場にあるのか――わたしたちはその倫理的意味合いをより深く意識する機会を与えられているのだ。

∞

力の拡散が引き起こす無秩序と責任の欠如に圧倒されるなというのは難しい。賀建奎は、国際的に認められた科学的・倫理的ガイドラインを無視して、クリスパー技術を使い胚の遺伝子を操作した。コディ・ウィルソンの一派は、規制を回避し、３Ｄ銃の設計図をオンラインで配布し続ける方法を見いだした。政府や法律が、力の拡散のもたらす結果からわたしたちを守ってくれることは期待できない。たとえ、政府や法律が最善の努力と機略を尽くしたとしても、である。

賀博士のゲノムサミットでの発表のあと、ネイチャー・バイオメディカル・エンジニアリング誌は、遺伝子編集の未来に関する決定は、どんなことであっても、研究者だけでなく社会の手のなかにあるべきだと論説で提唱した。生命倫理学者や遺伝子編集専門家たちからも、この技術の倫理面について倫理学者や社会科学者を交えたより広い議論が必要だという声があがっている。しかし、クリスパーや３Ｄ銃のような、力を拡散させる技術については、専門家ではない、幅広い人々の声もまた必要なのだ。それこそが、読者の方々の出番である。

クリスパーの先駆者、ダウドナ博士はＮＢＣのニュースで、この生命の在り方に地殻変動レベルの変化をもたらす技術について、誰も話題にしないことが不思議だと語ったことがある。「息子の学校のＰＴＡに参加したり、近所の友人を夕食に招いたりしているうちに、気づいたのです」。ダウドナ博士はいった。「驚きました。わたしの属する小さな研究世界の外にいる人たちは、何が起

きているのかまったく知らないのだ、と。すべての人の人生に影響を及ぼすことなのに」

この技術の進む軌道に、あなたの声は影響する。より多くの倫理学者や研究者を集めるだけではなく、わたしたち全員が議論に参加することが重要なのだ。これらの問題について取り組むときや、企業ＣＥＯや政治家や研究者や新たな技術の開発者など、他人の判断や見方に対して意見をまとめるときには、力の拡散を考慮に入れよう。自分の意見や判断は、ほかの人の立場に立ってみることでテストすることができる。ディレイニー・ヴァン・ライパーや、今後、出るかもしれない３Ｄ銃の犠牲者、あるいは将来の民間宇宙旅行者の立場でもいい。

力は、プラスチック銃や、わたしたちの生物としての生態《バイオロジー》をはるかに超え、まだ見ぬ形で拡散を続けるだろう。これらの技術は、今後も存在し続けることを理解しなくてはならない。いついかなる状況でなら利用するかの選択権がある技術もあれば、拒否しようがない技術もある。警察や入国管理で顔認証技術が使われる場合などがそうだ。わたしたちは、このような技術が自分たちに降りかかるのをただ黙って眺めていることもできるし、あるいは声をあげることもできる。あなたがどんな立場のステークホルダーであっても——研究者、消費者モニター、議員、生物学専攻の学生、３Ｄ印刷愛好家、あるいはインターネット上で気がかりなものを見かけた一個人でも——あなたには、悪用者や巨大企業、あるいは善意の科学者や技術開発者による倫理の独占を防ぐチャンスがある。

わたしたちが選択のなかに現実を取り入れなければ、先端領域は広がる一方だ。拡散した力は野放しのまま、倫理に背く行動をはびこらせ、さらに危険な形の非倫理的行動を生み出すことになる。

Chapter 3

Contagion

第3章

伝染

ピューリッツァー賞受賞作家のロバート・カロによれば、二〇世紀アメリカ政治史の転換点のひとつは、一九四八年の民主党上院予備選挙（訳注：民主党内の候補者を決める選挙）におけるテキサス州選出下院議員リンドン・B・ジョンソンとテキサス州知事コーク・スティーブンソンとの戦いだったという。それは「政治的モラルが浮き彫りになった」選挙だった。カロは読者の心をつかむジョンソン伝の第二巻『リンドン・ジョンソンの時代——上昇の手法（仮題）』（原題『The Years of Lyndon Johnson: Means of Ascent』）で、そう記している。それは、これから見ていくように、伝染性の非倫理行動に満ちあふれた選挙だった。

このふたりの候補者の選挙運動のスタイルは、カロいわく、「新旧政治の対決」だった。旧勢力側は、「カウボーイ知事」として愛されたコーク・スティーブンソン。政治的駆け引きよりも、原則によって動く人間で、「どこまでも正直だっただけでなく、本当に完全に公平、公正だった」と、あるロビイストはカロに語ったという。スティーブンソンの選挙活動は地味で、街頭演説や公約を掲げることをあまりせず、有権者たちに会うために自ら車を運転して各地を回った。

一方、新勢力側のジョンソンは、「勝つために必要なことは、なんでもする」人物だった。有権者を揺さぶる戦術は、今日では一般的に思えるかもしれないが、カロによれば、この一九四八年のジョンソンの選挙活動から出たものだという。たとえば、科学的な世論調査や、宣伝・広報のプロ

を雇い、ラジオインタビューを頻繁に用意させることや、「メディア操作」を使って「有権者に影響を与える」といった手法だ。顧問の助言に反して、彼はスティーブンソンの経歴について虚偽の主張をし、演説のなかで「ミスター怠慢」、「計算高いコーク」などとあざけった。ジョンソンは選挙バスの代わりに、ヘリコプターで演説会場に乗りつけた。ヘリの到着前にはバンドの演奏で見物客を集め、新聞の見出しにも取り上げられて、自信を深めた。「つむじ風のように票を吸い上げていますよ」。ジョンソンは記者に語っている。「聴衆の手ごたえでわかります」

しかし、決選投票の行われた一九四八年八月二八日（土）、新しい投票機の導入で結果が早く出たダラス、ヒューストン、フォートワースの集計では、スティーブンソンがジョンソンを二万票以上引き離していた。しかし、ほとんどの選挙区ではまだ紙の投票用紙が使われていた。その後三日間かけて、一〇〇万近い票が選挙区の選挙管理人によって集計され、電話や電信でテキサス州選挙管理局に報告された。日を追って、スティーブンソンのリードは縮まっていった。

八月三一日午後七時、選挙管理人が投票箱、集計表、投票用紙を提出する期限までに、選挙管理局が新たな数字を発表した。ジョンソンが四九万四二〇六票、スティーブンソンが四九万四五五五票。スティーブンソンのリードは、三四九票にまで縮んでいた。非公式の集計ではあったが、新聞は当選確実を報じた。スティーブンソン自身も「自分の勝利を確信した」とカロは述べている。

その後の数日で、民主党執行委員会は集計表をダブルチェックし、部分的に州委員会に修正を求めた上で認証を進めた。ジョンソン陣営のスタッフが、テキサス中の選挙区の選挙事務所や地元有力者に電話をかけ始めたのは、そのときだった。カロの描写によれば、「もう一度、確認」して、もう少し票を「見つけられないか」というのだ。少なくとも一名は、この求めに応じた。政治的ボスであり、テキサス南部のいくつかの郡で強い影響力をもっていた実業家ジョージ・パーである。

パーは一九三二年に脱税で有罪となった件で、大統領恩赦《おんしゃ》を受けられたのは、ジョンソンの助力のおかげだと考えていた。「パーは、リンドン・ジョンソンが何票必要としているか、知らせの電話が鳴るのを待ち受けていた」と、カロは記す。

投票日から六日後の九月三日、ジムウェルズ郡の選挙委員会が選挙区内の集計表を確認し、報告済みの数字との照合を始めた。第一二区までは、数字はすべて合っていた。次の第一三区はテキサス州のアリスという小さな町だった。第一三区は、ジョージ・パーの息がかかった選挙管理人のルイス・サラスが監督する区だった。サラスは、酒場での喧嘩で人を殺し、メキシコから逃亡してきた男だった。サラスは当初、ジョンソン七六五票、スティーブンソン六〇票と報告していた。しかし、今回の集計リストでは、ジョンソンが九六五票と記されていた――ジョンソンにきっかり二〇〇票、上乗せしたのだ。

その日の午後、テキサス州内のすべての訂正の報告が選挙管理局に届けられた。新たな集計は驚きの結果を示していた。ジョンソンが八七票差でスティーブンソンを破ったのだ。

スティーブンソンと弁護士たちは、第一三選挙区の投票者リストと投票用紙を確認するため、直ちに民主党執行委員会書記を訪ねた。書記は渋々、閲覧を許したが、スティーブンソン側が名前を書き写し始めると、急いで取り上げた。しかし、それでも、スティーブンソンの弁護士たちが七六五票の「７」の文字が、ただ「９」に直されていることを確認するには十分だった。さらに、投票者リストの最後の二〇一名の署名が（そのうち二〇〇名がジョンソンに、一名がスティーブンソンに投票していた）、すべて同じインク、同じ筆跡で書かれていることもわかった。しかも署名はアルファベット順に並んでいたのだ。

次に弁護士たちは、アリスの住民のユージェニオ・ソリスを訪ねた。彼が、リストのなかで実際

の最後の投票者と思われた人物だ。ソリスは投票終了時間の二〇分前に投票所に着いたが、ほかには誰もいなかったといった。つまり、残る二〇分の間に、二〇一人が投票にやってきて、アルファベット順に整列し、一名を除く全員がジョンソンに投票したということだ。弁護士たちは、ソリスに続く投票者九名に連絡を取った――リストが回収される前にどうにか書き留められた名前だった。ひとりとして当日、投票をした者はいなかった。実際、九名のうちの三名は亡くなっていた。

明白な不正の証拠があったにもかかわらず、テキサス民主党執行委員会は、忠実なジョンソン派の支持により、ジョンソンを二九対二八の僅差で選出し、上院議員選挙での候補者に推挙したのだった。スティーブンソンは諦《あきら》めることなく、連邦地方裁判所判事に申し立てを行い、判事が予備審問を行う間、ジョンソンの出馬を差し止める命令が下された。ところが、ジョージ・パーが遅延行為にかかった。証人たちは、突然、国外に行っていたり、行方不明になったりした。ルイス・サラスは、第一三選挙区の投票記録が、自分の車から盗まれたと主張した。判事が、投票用紙を一枚ずつ検分するため、第一三区を含むジムウェルズ郡のすべての投票箱を提出させると、突如として投票箱の南京錠の鍵が紛失した。そこで錠前業者を呼ばねばならず、捜査はさらに遅れた。

その間、ジョンソンの顧問弁護士、エイブ・フォータスは裏で画策していた。危険な法廷戦術で予備審問を打ち切らせ、ジョンソンの名が候補者名として上院選の投票用紙に載ることを確実にしようとしたのだ（訳注：アメリカの投票用紙は、候補者名が印刷されていて、そこから選ぶ方式）。彼のアプローチは、州の選挙は州法の問題であり、従って連邦裁判所の管轄下にはないという事実に基づいていた。カロによると、フォータスの作戦は、まず連邦巡回区控訴裁判所に予備審問の停止を訴え、そこでわざと勝ち目のない主張をして敗訴し、速やかに連邦最高裁判所に持ち込むのが狙いだった。そこで、第五巡回区裁判所に行政的責任をもつただひとりの判事、ヒューゴ・ブラッ

ク判事に向けてより強い議論を展開する。フォータスは、ブラック判事が管轄上の議論を受けて、連邦地方裁判所の予備審問を停止すると読んだのだ。

フォータスの法廷戦術は成功した。満員の法廷で第一三投票箱が開封され、取り調べられる数分前に、ブラック判事はジョンソンの管轄論に同意し、連邦地裁の命令を無効としたのだ。予備審問は急停止し、第一三投票箱が検分されることはなくなった。パーの影響下の選挙区の数千のジョンソン票も、調査が行われることはなかった。その後まもなく第一三投票箱は行方知れずとなった。「これらの票の一部が死者によって『投じられた』ことの証拠は、その後も法廷に提出されることはなかった」と、カロは書く。ジョンソンの名は上院選の投票用紙に記載された。彼は一一月に共和党の候補者を破り、米上院議員の席を手に入れることになる。一九六〇年には、大統領選挙に出馬したジョン・F・ケネディの副大統領候補者となった。そして一九六三年にケネディ大統領が暗殺されると、ジョンソンはアメリカ第三六代大統領に就任したのだった。

「この一九四八年の選挙でジョンソンの勝利を決めた票差は、『歴史を変えた八七票』といわれてきた――そして事実、そのとおりだった」。カロはいう。「ジョンソン大統領時代はアメリカの歴史の分岐点となった。そして、この選挙がなければ、恐らくジョンソン大統領時代は訪れなかったはずだ」

ジョンソンの「権力への道」についてのカロの説明は、倫理を動かす第三の力、**〈伝染〉**を考える上で、絶好の土台となる。「伝染」という言葉は、普通病気がうつることを指すが、ここで移り広まるものは、行動や考え方や意思決定だ。この時代を超えた力は、ジョンソンの政治的キャリアのはるか以前から、倫理に重大な影響を及ぼしてきたが、先端領域では格段に影響力を増している。

伝染を考える上での最重要ポイントは、わたしたちは望ましくない行動を禁止し、罰することには熱心なわりに、その行動が広まる原因を放置する傾向があることだ。わたしたちは伝染の重要性を見逃してきた。フレームワークを活用し、有害な判断の伝染やその影響に先手を打ち、よい行動の広がりを促進するために役立てよう。

先のリンドン・ジョンソンのストーリーや、その他の例が示すように、非倫理的行動は非常に伝染しやすい。なんの助けも必要なく広がっていき、やがてそれが普通になってしまう――そうなると、モラルに反する行動や違法な行動をすることなど考えもしないような善意の人々でさえ、こんな風に思い始める。**みんながやっているなら、そんなに悪いことではないのかもしれない。あるいは、みんながやっているなら、自分だってやってもいいのでは、**などだ。伝染が広がり、より多くの人がその非倫理的行動をし始めると、それは「普通」になり、「慣例」になっていく（伝染は、倫理的な行動を広める力にもなりうるが、伝染を良い力として利用するには、積極的な取り組みが必要だ）。

ジョンソンの場合、伝染は一九四八年の上院選挙出馬よりも前から、彼の政治家としての歴史を形成していた。第一三投票箱のスキャンダルの七年前、彼は不正行為に直面していたのだ。一九四一年、下院議員だった三二歳のジョンソンは、上院補欠選挙の予備選に出馬した。ジョンソンの主なライバルは現職テキサス州知事W・リー・オダニエル候補だった。「パピー（パパ、おやじ）」のあだ名をもつラジオの有名人で、テキサス公共ラジオのプロフィールでは「ハックスター（強引な売り込みをする宣伝マン）」と紹介された人物だ。一九四一年六月二八日の選挙当日、九六パーセントの選挙区からの報告により、テキサス選挙管理局は五〇〇〇票の差をつけてジョンソンがリードしていると発表し、新聞も彼の勝利を報じた。自信を深めたジョンソンは、彼にとって鍵とな

る各区に、最終的な得票数を待つことなく、その時点での得票数を報告するよう指示した。しかし、これがオダニエル候補側に、テキサス州南部と東部に影響力をもつオダニエルに忠実な政治的ボスたちに連絡を取る隙を与えてしまった。「遅配」票が彼らから届けられ、オダニエルは「最終的」に一一〇〇票近い差をつけて、ジョンソンを破った。

　当選を盗まれたジョンソンは、同じ非倫理的行為でやり返したのだった。カロも指摘するように、一九四八年のジョンソン票の水増しについて、彼の支持者たちは繰り返し、「テキサス政治の通常の進行のうちだ」と言い訳してきた。言い換えれば、それは〈伝染〉したものだったのだ。しかし、その後、行動は**変異**した。

〈変異〉とは、ある人のもともとの行動が、自身や他者に新しい形の非倫理的行動を触発することだ。ある行為を隠すために嘘をついたり、秘密にしておくために誰かを買収したり、安全上の怠慢や規制の不備があることがわかっていながら飛行機を飛ばし続けるべきだと論じたりすることなどがその例だ。「進化」、「変容」、「発達」、「改変」などの言葉は、いい意味であれ、悪い意味であれ、変化を含んでおり、変異の目印になる。しかし、先端領域での変異は、予測できない新しい形の不正行為を過去にないスケールで引き起こし、その非倫理的行動の程度と被害を増幅させる。そしてこのことがまた、すべてのステークホルダーとその後の影響の把握を難しくする。

　ほとんどのケースで、伝染の力は倫理的ジレンマの震源地に近いステークホルダーを巻きこんでいく。伝染に立ち向かおうとすれば、仕事を失ったり、人間関係がこじれたりするなど、自分の立場が危うくなることもある。ジョンソンの支持者の場合でいえば、スティーブンソンについて虚偽の主張をしたり、宣誓を破って判事に嘘をついたり、投票記録を「紛失」したり、不正の証拠を隠そうとするなどの変異に巻きこまれた。ジョンソンのヘリコプターのパイロットでさえ、詐欺行為

に加担した。ジョンソンが疲れすぎて、着陸して人々に挨拶するのがしんどいとき、自分は客席で仮眠を取り、パイロットに上空でホバリングさせ、ジョンソン本人になりすまして、拡声器を使って群衆に語りかけさせたという。

　非倫理的行動をやりおおせるためには、幅広い力添えが必要となることが多い。ジョージ・パー、ルイス・サラス、エイブ・フォータスをはじめ、詐欺行為に一役買った多くの人間がいなければ、ジョンソンは二度目の上院選で敗北していたかもしれない。その勝利がなければ、彼が大統領の座につくことで可能になった多くの持続的変異も生じなかったかもしれない。なかでも特筆すべきは、一九六五年にフォータスを終身の連邦最高裁判所判事に任命して報いたことだ。変異に力を貸す者が多様であるほど、それが引き起こす結果はより厄介で、より永続的になりうる。

　非倫理的行為に他者が必要なように、その逆も同じことがいえる。実際、脇役のひとりが重要な役割を果たして、伝染が**食い止められる**こともある。たとえば、アメリカ航空局がライオン航空の惨事を適切に聴取していれば、あるいは、認証プロセスをより厳格にしていれば、エチオピア航空の悲劇は防げていたかもしれないのだ。

　伝染は、非倫理的決定の周辺にいる人々に広がりやすいだけでなく、より多くの人たちが、しばしば気づかないまま、境界線のない非倫理的判断の網に絡め取られている。公共の場で撮られた写真を使って、政府当局が自分たちを追跡していることを知っている人は、どれだけいるだろうか？　あるいは、ジョンソンの話に戻ってもいい。ジョンソンの詐欺行為が彼をホワイトハウスへと導き、米軍の最高司令官の座につけて、その後、ベトナム戦争の成り行きに影響を与えたことを、どれだけのアメリカ人、またどれだけの外国人が理解していただろうか？

　見てきたとおり、伝染は単独で起こるものではない。倫理を動かすすべての力が関与し合って、

行動を増幅させるのだ。わたしたちは、倫理上の問題を単純化しすぎ、二元論の判断にしてしまう傾向があるが、それではさまざまなニュアンスが見逃され、放置されることで、さらに非倫理的行動を広げてしまう怖れがある。たとえば、ソーシャルメディア企業はターゲット広告を入れない有料プランを提供すべきだと、わたしたちが判断したとする。しかし、そのことがデータのプライバシーにお金をかけられない人たちのデジタルな不平等を助長することを、わたしたちは見逃してしまうかもしれない。さらに、広告を見る人が減ってしまえば、ソーシャルメディア企業にとっては、操作的な広告戦術をとる動機がさらに大きくなるかもしれない。

　力の拡散は伝染を広げるし、その逆もそうだ。しかも単純に広げるだけでなく、変異と力の拡散の速さや規模を増幅させる。３Ｄ印刷技術を例に取れば、拡散した力の伝染規模は、自宅で銃器を製造できる人が一度にひとりや一〇人や一〇〇人増えるといった話ではなく、**同時に**数百万の人たちがプラスチック銃の製造能力を手にする可能性があるということだ。伝染と変異が広がるほど、影響を受けるステークホルダーは増えていき、さらなる力の拡散が起きる。

　しかし、伝染によって、ポジティブな形で力を拡散させることも可能だ。より多くの人々に有益な行動・判断・アイデアを推進する力と機会を与えることもできる。マララ・ユスフザイを考えてみよう。彼女は、近年はタリバンの支配下にあるパキスタンのスワート渓谷で育った。マララは、ＢＢＣニュースのサイトで自分の生活を仮名でブログに綴り、そのなかでタリバンの目指すところに疑問を投げかけた。二〇一二年、一五歳だったマララはタリバンの過激派によって頭部に銃撃を受けた。女の子にも学校教育を認めるべきだと書いたことへの報復だった。マララは一命を取り留め、彼女の勇気は世界中に報じられた。インターネットやソーシャルメディアで、また有名人や世界のリーダーたちによって、彼女の考えは広がり、女子の教育を受ける権利を守るために闘う人々

を鼓舞した。二〇一四年、一七歳のマララは、史上最年少のノーベル平和賞受賞者となった。

倫理的行動も、非倫理的行動も、これまで以上に伝染しやすくなっている。わたしたちは、好ましくない行動をなくすことだけに囚われがちで、伝染の原因、原動力を突き止め、取り除くことに目を向けていない。この要因を見逃すことは、非倫理的な伝染が急増している大きな理由であり、ポジティブな判断や行動を広めるこれまでにない機会を無駄にしている原因でもある。

伝染の原動力とは、要するに、人々に悪い、あるいは良い選択を促す理由や動機のことだ。それを根絶する（あるいは、良い判断に活かす）ことができなければ、同じ行動や判断が何度も繰り返されたり、変異したりする結果となる。第一三投票箱事件では、もし捜査が続けられていれば、不正を行った者たちに責任を取らせることで不正の連鎖を断ち切る重要な第一歩となったはずだ。発端となった不正行為とその変異の原動力となった、法令の軽視、罰則の不在、利益相反などを無力化できたはずだ。

野放しにされた伝染と変異の原動力の例をさらに挙げてみよう。飛行機が墜落する――原動力（法令の軽視、規制の弱さ、欲、傲慢さ、その他多数）が放置される――続いて二件目の墜落事故が起きる。別の例では、オリンピックのスター選手がドーピングをする――原動力（競争、プレッシャー、嫉妬心、出世欲、欲望など）は世界共通である――チームのメンバー、ほかのチーム、同じスポーツをする幅広い人々、ジュニア選手までがドーピングに手を染め、「みんなやっている」状態に陥る――ドーピング行為が変異して、検査官への贈賄、違法薬物の密輸、メディカルスタッフに黙っているよう脅す、などの行為が引き起こされる。

多くの直接、間接の原動力が重なって、良い／悪い行動や判断が広がる引き金となる。そのなか

には、何世紀も存在してきた古典的な原動力もあれば、新たなテクノロジーとともに出現した、先端的原動力もある。これらを分類してみることは（九五ページの「倫理の伝染を引き起こす原動力」参照）、今必要な判断に本当に重要な原動力を見分ける役に立つ。これらのリストに圧倒される必要はない。あなたもすぐに、自分自身が直面している倫理的問題や、ニュースで目にする問題から、伝染の原動力を判別できるようになるはずだ。

先端の原動力は、古典的な原動力よりも認識しづらいこともあるが、影響力は非常に強い。たとえば、ソーシャルメディアやインターネットはマララの考えを広め、世界中に伝染させるために役立った。飛行機や空飛ぶタクシーや民間宇宙旅行などのテクノロジーは、遠くへ速く行く手立てでもあるが、アイデアや判断や行動もより遠くへより速く広めることができる。ベイプは依存症を引き起こすことがあり（個人内での反復）、また社会の輪のなかでも広がっていく。先端的原動力のいくつかは、すでにわたしたちの日常生活の一部となっているが（アプリによる配車サービスや、デジタルアシスタントなど）、新たな行動の拡散や、その結果として生じることの全貌はまだわかっていない。単体でも、合わさっても、これらの原動力は先の見通しをぼやけさせる。これらの技術の用途やリスクがどのように変化していくのか、また、誰がその用途について判断し、問題が起きたときの責任を取るのかについても、想像できないところがある。

古典的な原動力は、わたしたちの生活のなかで、毎日のように遭遇する。たとえば、プレッシャーはさまざまな形で現れ、ほかの原動力（ゆがんだ動機や阻害要因、恐怖、セクシャルハラスメント、ありえない業績目標など）を巻きこんでいく。中学生が互いにプレッシャーをかけたり、プレッシャーに負けたりするのと同じで、大人も「やらなければ、誰かがやる」とか「仕事を失うリス

「倫理の伝染を引き起こす原動力」

古典的な原動力	先端的な原動力
欲望、恐怖、妬み	自動運転車
無意識の偏見	ソーシャルメディア
名声	遺伝子編集
利益相反	3D 印刷
非効果的な規制	介護ロボット
傲慢	作業ロボット
気まぐれ	人工知能
競争	顔認証技術
エコーチェンバー (共鳴室) 現象 【訳注 : 自分の考えや好みと近いものばかりに触れているうちに、それが主流の価値観のように思い込んでしまうこと】	ディープフェイク／フェイクニュース
罪の不問	ブロックチェーン 【訳注 : 暗号通貨ビットコインのために開発された、取引決済手段・共有台帳】
ゆがんだ誘因	電子たばこ／ベイプ
地位の乱用	シェアリングエコノミー
法令軽視	バーチャルアシスタント（シリやアレクサなど）
サイロ化（たこつぼ化） 【訳注 : 人や情報がサイロに貯蔵されているように他と隔絶されていて、互いにやりとりがきかない状態のこと】	自律型兵器
傾聴力のなさ	ハイテク企業による独占
ウイルス	ハッキング
告発への報復	民間宇宙旅行
真実の歪曲	真実の歪曲

クは冒せない」といった考えからもっともらしい理由を作り出す。

完璧主義は伝染の非常に破壊的な原動力となる。わたしは教育者として、その例をあまりにも頻繁に目にしている。達成不可能な目標を追い求めるとき（非現実的な美しさや成績など）、対応は大きく三つに分かれる。まずは、失敗するのがわかっているなら、努力しても無駄だといって、諦めてしまうこと。ふたつ目は、ズルをして目標を達成しようとすること。三つ目は努力を続け、苦しみ続けることだ。一九八九年から二〇一六年にかけて行われたアメリカ、カナダ、イギリスの大学生を対象にした完璧主義に関する研究では、完璧主義は増加しつつあり、それによって鬱、不安、自殺念慮などの精神衛生上の問題の蔓延に寄与していることが明らかになった。完璧を目標にすることは褒められるべきことでも、達成可能なことでもない。世界中の健康と個人の幸福を犠牲にしながら、わたしたちの意思決定を蝕むものなのだ。

リンドン・ジョンソンのストーリーを支配する原動力のいくつかを詳しく見てみよう。

真実の歪曲——もっとも破壊力のある伝染の原動力のひとつで、嘘、真実の否定、歪曲、軽視などが含まれる。この原動力がポジティブな行動を広めることはまずない。ジョンソンの事例は真実の歪曲がどれほど慢性的で根深いものになりうるかを示している。偽りが雪だるま式に膨らみ、その他の原動力の引き金ともなる。カロやその他の人たちが指摘してきたように、ジョンソンは重大な結果を伴なう事柄についても嘘をついたし（大統領時代には、ベトナム戦争を拡大しないと誓っておきながら、数十万人ものアメリカ兵を派兵した）、より影響の小さい事柄についても嘘をついた（デング熱にかかったと主張したが、実際は肺炎だった）。また個人的事柄から（彼の曾祖父がアラモ砦の戦いで死んだというのはありえない。アラモ砦が陥落した際には、まだテキサスに到着していなかったからだ）、政治的なことまで、嘘をつき続けた（ベトナム戦争にアメリカが費やし

たコストと、役割の大きさを矮小化した）。彼の評判は、カロいわく、大学時代には固まっていた。学生仲間たちは「ジョンソンがただ嘘をつくというだけでなく……何かの心理的要因に駆り立てられていて、嘘が発覚することがわかっていても、また、実際、嘘が発覚した**あと**でさえも、嘘を繰り返さずにはいられないのだ」と信じていたという。

一九四八年の選挙運動では、スティーブンソンに関する彼の嘘の伝染力が非常に高く、演説の文章を書くライターが繰り返し演説に取り入れるうちに、報道までがその嘘を繰り返すようになったという。「まったくわかり切った嘘だった、[それでも] ただ繰り返し、繰り返し、繰り返す。繰り返し――それが鍵だった」。政府の主張や公約の真偽に対する国民の不信感を指す「クレディビリティ・ギャップ」という言葉は、まさに一九六〇年代半ば、テレビがベトナム戦争の鮮烈な映像を各家庭に運んできた時代のジョンソン大統領を表すために広く使われるようになった。現在のソーシャルメディアやインターネットのように、テレビはジョンソンの歪曲した真実を広める原動力となったが、同時に懐疑的な人々が事実を確かめ、彼の嘘に疑問を抱くことも可能にした。

プレッシャーと完璧主義――このふたつは、わたしたちの日常生活にとって重要であるのと同様、国を率いる者たちのレベルでも重要だ。『上昇の手法』の第一二章のタイトルが示すように、この選挙はジョンソンにとって「オール・オア・ナッシング（すべてか、無か）」であり、「ラストチャンス」でもあった。そこで、選挙運動の効果があがらないとなると、彼に残された選択肢は、不正をするか、負けるかだけだった。

エゴと名声――ヘリコプターやバンド、そして、ヘリから降りたったジョンソンがカウボーイハットを放り投げる、お決まりの派手な演出まで、すべてが群衆とマスコミの注目を引きつけた。注目こそがジョンソンが熱望するものだった。これは単に選挙運動の演出というだけではなかった。

ジョンソンの行動は、しばしばエゴと名声欲に動かされていた。たとえば、カロの記すように、ジョンソンはよく記者たちを褒めちぎっては、聴衆に紹介していたが、「彼らの書く記事にわずかでも批判の色がにじんだ」とたん、ジョンソンは攻撃的になり、「なんの理由もなくあげつらった」という。

権力――ジョンソンは権力の追求に全力を注いでおり、「権力への道を見極める天才だっただけでなく、その道を阻むものを破壊する徹底的な冷酷さを兼ね備えて」いたとカロは述べる。権力への一途な思い、「盲目的」忠誠への執念、そして果てしない野心が原動力となって、ジョンソンは政治的有利のために嘘をつき、不正を働いた。そして、他人にも同様の非倫理的で違法な行為を行うよう導いた。カロは、ジョンソンの妻のレディ・バードを見下す態度や虐待、また、部下を怒りと恐怖で支配したことについても明らかにしている。

傲慢――ジョンソンのような傲慢な人間は、自分は人より上で、誰よりもよくわかっていると信じて、他人の意見を聞かないことが多い（スティーブンソンについて、嘘の批判を繰り広げたときも、相談役の懸念に耳を貸さなかった）。彼ら自身も、恐怖という原動力に影響されることは多い。弱点や失敗を人に知られる恐怖だ。その結果、自分の考えについて、他人の意見を聞くことや、チェックを受けることをあまり好まない。また、自分が正しいと信じているため、最良の判断をするためにどんな情報が必要かを考えない。さらにまずいのは、情報のサイロ化を打開し、真実の歪曲を防ぐはずの議論《ディベート》を、拒否してしまう。わたしの知人や仕事仲間を考えてみても、本当に倫理観に優れた人たちに傲慢な人はひとりもいない。

法令軽視、強制力の弱さ、罰の不在――法や規則や原則を守らせる力が弱いことは、非倫理的な行動を助長する。リスクが低い、お咎《とが》めなしだと思わせかねないからだ。これにより、同種の行動

が広まったり、程度、頻度、範囲がエスカレートしたりする。人や組織が、強制力の限界を試すようになるのだ。発想の枠組みが「倫理的に正しいかどうか？」から、「どこまでなら、逃げきれるか？」に変わってしまう。

第一三投票箱の事件では、この選挙区の担当者には、投票箱、集計用紙、投票者名簿を定刻までに提出する法的義務があった。しかし、ジョージ・パーの支持者たちは遅れて票を提出し、集計結果を変更し、名簿に名前を書き足し、根拠のない訂正を加えながら、罪を問われなかった。ジョンソンが一九四一年の選挙で学んだことは、投票日の夜に相手候補の得票数が発表されるのを待って、それを上回るために必要な票をあとから届ければいいということだった。それから数十年後、ジョンソンはすでに亡くなり、パーが自殺したあとで、七六歳のルイス・サラスは、「心の平安」を求めることに決め、「政治腐敗」の真相を明らかにした。一九七七年、サラスはＡＰ通信の記者に、ジョンソンを不正に当選させたことを語った。「あのときは、われわれが法を牛耳っていた。どの選挙管理人だろうと、『こちら側に八〇パーセント、相手に二〇パーセントの票をやってくれ』と指示することが可能だった」。法令の軽視、強制力の弱さ、処罰の不在といった原動力が、不正選挙を可能にさせてしまった。

先端の領域では、効果的に規律を守らせ統制することは非常に難しい。伝染の原動力で見てきた遺伝子編集や３Ｄプリント銃は、どちらも見つけることが難しく、法律の先を行っている。それでも、少なくとも働いている原動力を認識しておくことは重要だ。

非倫理的行動がひとりでにやむことはない。伝染の原動力もそうだ。わたしたちが積極的に原動力を排除（あるいは良いことに活用）しなければ、それらはエスカレートし、問題の行動を広め、変異させる力として働き続ける。根強い原動力がジョンソンの大統領時代に影響を与えた。さらに

は、原動力同士が互いに誘発し合った。権力と極端な忠誠の追求は、ジョンソンが真実を犠牲にし、人の意見を聞かず、恐怖を武器にすることに拍車をかけた。当時は、ラジオが先端技術と見られていたが、現在では、古典的な原動力とソーシャルメディアのような先端の原動力が組み合わさっている。

しかし、「完全に良い」判断や「完全に悪い」判断というものがほとんどないように、人間にも同じことがいえる。ジョンソンは多くの有益な決定も率先して行った。大統領として、国家政策として「偉大な社会」法を立案して公民権の拡大、「メディケア（高齢者、障害者医療制度）・メディケイド（低所得者医療制度）」の発足、「貧困との戦い」に取り組んだ。一九六四年公民権法を成立させ、人種、肌の色、宗教、性別、国籍による差別を禁止し、一九六五年投票権法では投票における人種差別を禁止した。また国立公園局によると、一九六三年大気浄化法や、一九六五年水質法、一九六六年絶滅危惧種保護法など、三〇〇以上の環境保護法案に署名し、環境の保護や、国立公園の拡大に貢献したという。

しかし、わたしがクライアントにもよく伝えるように、**倫理の点を通算することはできない**。良い判断によって、非倫理的判断が帳消しになることはないのだ。わたしたちは、判断ひとつずつに責任をもたなくてはいけない。

ジョンソンのストーリーは、行動が拡散し、変異し、ほかの人々をも非倫理的行動を繰り返すことに巻き込み、やがて、それが普通のことになっていく過程をよく表している。しかし、伝染が起こるのは、意図的に間違った判断を下す人々の世界に限ったことではない。正しいことをしようとする人々でさえ、伝染に寄与することはあるのだ。もっとも志の高い人間が、国の健康危機を引き

起こす伝染性の行動に巻きこまれ、知らず知らずに「害を与えない」（医師の倫理規範の一節）という神聖な誓いを破ってしまうこともある。

∞

二〇一八年九月、二二歳の大学生セリーナは、長年通っている歯科医のスミス医師（患者と医師の名は、プライバシーに配慮して、仮名にしてある）に、下顎の親知らずを、二本とも抜歯してもらった。簡単な処置ではなかった。一本はすんなりと抜けたが、二本目には予想外の問題があり、通常よりもはるかに複雑で侵襲《しんしゅう》的な歯科手術となった。

何時間にも及んだ手術のあと、セリーナはイブプロフェン一〇錠と鎮痛剤の処方箋をもらって歯科医院をあとにした。そのまま薬局に行くと、薬剤師は何もきかず処方箋にあった薬を出してくれた。セリーナは、五人の学生仲間と住んでいる家に戻り、休むことにした。

その日、セリーナの母親が体調はどうか、抜歯はうまくいったかと電話をかけてきた。セリーナは、痛みはあるけれど、処方箋を出してもらったパーコセット一〇ｍｇ、三〇錠を、帰りがけに薬局で買ってきたと話した。痛み止めに四時間おきに一、二錠、飲むようにとのことだった、と。

パーコセットは、アセトアミノフェン（解熱鎮痛剤）とオキシコドン（強力な麻薬性鎮痛薬《オピオイド》）の合剤の商品名である。アメリカ国立衛生研究所（ＮＩＨ）の支部である国立歯科・頭蓋顔面研究所によれば、同様のオピオイド系鎮痛剤は、オキシコンチン、ハイシングラ、パーコダン、ロクシセット、バイコディンなどの商品名で販売されている。これらの薬は、外科手術後の重度から極度の不快感を取り除くためや、慢性痛の治療に非常に効果的な場合がある。しかし、二〇一八年、セリ

ーナが抜歯をした頃には、オピオイドに強い依存性があることがメディアでよく報じられていた。二〇一八年には、二〇〇万人が「処方薬のオピオイドを不適性使用し」、毎日一三〇名以上がオピオイド関連の薬物の過剰摂取で死亡しているとアメリカ保健福祉省は報告している。若い成人層はとくにオピオイド依存症に陥りやすい。アメリカ歯科医師会の機関誌に掲載された研究では、歯科治療を通して初めてオピオイドに接した人は、三五〇万人に上る可能性があり、その平均年齢は二〇歳だという。二〇一八年のアメリカ国内の約一万九五〇〇人、二六大学の学生を対象にしたオハイオ大学の専門家による匿名のオンライン調査で、九・一パーセントの学生が鎮痛剤を乱用したことがあると答えている。服用が必要なくなった鎮痛剤を、保管、譲渡、転売したことがあるか、という質問もあった。三六パーセントが保管し、七パーセントが友人に譲り、二パーセントが転売したと回答した。

オピオイドの蔓延は、セリーナの抜歯手術が行われた数年前から、全国的な健康危機として盛んにニュースになっていた。セリーナの母親が、なぜ一時的な痛みを抑えるために、強力で依存性のある薬を処方したのかと懸念を感じたのは当然のことだ。電話で問い合わせると、助手が応対し、セリーナが受けたような複雑な手術の場合、パーコセット三〇錠が標準の処方だと説明した。強い痛みが出る可能性が高く、この薬で非常に楽になるはずだという。それに、薬を飲みきって追加を購入するためには、もう一度歯科医を訪れなくてはならない法律上の決まりになっているので、その面倒を省くためでもあると助手は話した。

ありがたいことに、セリーナは自分の身体のケアには慎重だった。加えて、運が良かったともいえる——それも奇妙に不快な意味で。というのもパーコセットが、めまい、吐き気、不眠を引き起こした上に、痛みには大した効果がなかったため、服用を続けることができなかったのだ。（医師

は、頻度は少ないが、鎮痛剤で副作用が出ることもあると説明していた）。セリーナは残りの薬をかかりつけの内科医に渡し、激しい痛みを強めのタイレノール（訳注：市販薬のアセトアミノフェンの商品名）と、氷で患部を冷やすことで乗り切った。セリーナのストーリーの結末は希望あるものとなったが、そうでなかったケースは非常に多いのだ。無数の罪なき犠牲者とその家族たちは、医師の指示に従うことで依存症に陥る危険があることを知りえなかった。

スミス医師が〈伝染〉に加担していることは、厄介でもあり、意外でもある。そこが、〈伝染〉の勘違いしやすい点だ。わたしたちは、非倫理的行動の原動力に屈するのは、悪意の人間ばかり――選挙で不正をしたり、製薬会社から賄賂を受けとったり、ピル工場《ミル》（オピオイドを不正または、適応外に処方する医師やクリニック）を運営したりする者たち――だと決めてかかるが、わたしたちの誰もが、〈伝染〉の網に絡め取られる可能性がある。たとえ高名な歯科医であっても、だ。

高度な教育を受けた開業医のスミス医師は、世界有数の大学医療センターの近くにクリニックをもち、幅広い専門知識と学びを共有する機会を得られる地域で診療している。父親が開業したクリニックで、セリーナの一家にとっては、長年のかかりつけだ。スミス医師は、最新の研究や技術を取り入れていることで知られている。スタッフは温かく思いやりがあって、患者と地域を中心に据えたクリニックの理念を実現するよう頑張っている。

スミス医師は世界が変化するなか、「最善の処置」、「標準の処置」を心がけたことによって、死を招く伝染を広めることに意図せず加担することになってしまった。患者のためを思ってしたことだとしても、スミス医師は、患者が強力な依存性をもつ薬物を手にすることを制限し、使用量をこまめに管理するのではなく、最初から不必要に大量処方してしまった――しかも、オピオイド依存症が蔓延する状況で。

この本では、オピオイド危機を招いた経緯と人々の分析には踏み込まない。それでも、スミス医師の判断プロセスがどこで間違ったのかを探る前に、オピオイド問題の広がりと〈変異〉の深刻さを強調しておきたい。

　これは、ひとりの歯科医のストーリーではない。国家規模（結果的には、世界的規模）の悲劇について、原動力を見逃すことへの教訓だ。あまりに多くの破壊的判断とその結果を受けて、二〇一七年一〇月、保健福祉省はトランプ大統領の指示のもと、オピオイド危機について「公衆衛生上の緊急事態」を宣言した。スミス医師に患者の健康を害する意図がなかったのと同様、薬物を使うことなど考えもしなかった若者たちが、非常に危険で違法な薬物使用に手を染めることになった――そのきっかけが、合法的に処方された薬を指示どおりに服用したことだった。オピオイド危機からの〈変異〉で、とくに気がかりなものには、ヘロインとフェンタニル（もとの処方薬よりも、しばしば安価で手に入れやすい代用品）の過剰摂取の増加、ヘロイン注射に切り替えたことに伴なうC型肝炎の急増、薬物の闇市場の拡大、ピル工場《ミル》営業の増殖などが挙げられる。しかも、このリストでは、規制監督の失敗や、企業による広範囲な不正行為――意図的に薬の依存性を高めることから、オピオイドの収益による汚れた寄付を受けとった非営利団体まで――により直結する、〈変異〉の網目の広がりにまだ触れてもいない。

　まったく善意の人々でさえ、非倫理的、さらには致命的な意思決定の〈伝染〉と〈変異〉に手を貸してしまうことがある。わたしたちの善意だけでは、不十分なのだ。リスクを減らし、機会を最大化するためには、〈伝染〉と〈変異〉を、そして、それに関わる原動力のすべてを洗い出して、目下の判断に折り込み、また、過去の判断の評価材料にしなくてはならない。その行為はどこで広がり、また、他の好ましくない行動を生じさせる可能性がある（あった）のか？　どんな原動力が

作用している（いた）可能性があるのか？

それでは、スミス医師の置かれた状況を見て、苦情を受ける**以前に**、どうすれば自発的に鎮痛剤処方の枠組みを考えることができたかを見てみることにする。

まずは倫理の四ステップのフレームワークからスタートする――原則、情報、ステークホルダー（利害関係者・物）、影響だ。原則は、ここでの意図せぬ過剰処方の引き金とはなっていない。スミス医師は、予防歯科、最新技術、世代を超えた信頼、温もり、明るい診療環境などへの取り組みを含む、患者中心のしっかりした原則をもっていた。まじめなクリニック運営を見ても、これらの原則を適用しようとしていたことがうかがえる。

この件で、決定的なフレームワークのステップは、情報だ――つまり、〈伝染〉と〈変異〉、それに関わる原動力につながる接点である。予防にしても、事後対応にしても、二段階で考えなくてはいけない。第一は、〈伝染〉の明らかな原動力と、潜在的に作用しているかもしれない原動力。第二は、これまでに生じた、あるいはこれから生じるかもしれない〈伝染〉と〈変異〉の影響だ。〈伝染〉と〈変異〉を考慮に入れなければ、必要な情報はそろわないし、継続的な観察、評価のもとになるべき情報に欠落があったとしても、気づかないだろう。

この件は一見すると、欲望（医師が製薬会社の社員からリベートを取る、など）と利益相反（医師が製薬会社の接待で買収される、など）が、医療提供者にオピオイドの過剰処方を促し、〈伝染〉と〈変異〉を増幅させた一例に思えるかもしれない。しかし、スミス医師の場合には、これらの原動力は存在しなかった。彼は、欲深くもないし、利益相反が起きていた様子もない。また、自分の原則に深い信念をもっていた。意図せず、彼と同じ状況になった医師や歯科医師の多くは、スミス医師のようだった。答えは、別の場所にあるはずだ。

フレームワークは継続的観察〈モニタリング〉を必要とする――このような問いが必要だ。「世の中にどんな変化が起きているか？　その変化は、自分の判断にどう作用し、他者の判断についての自分の意見にどう影響するだろうか？」。目立たずに進行する〈伝染〉の原動力のひとつに、外部環境の変化に対する監視不足が挙げられる。それこそがこの状況でのもっとも重要な原動力だ。

　この歯科医師のケースでは、十分な情報が容易に手に入り、その情報が自分の処方内容が今でももっとも安全で効果的であるのかどうか問い直す必要を示していたはずだった。主要報道機関が報じたほかにも、歯科医療の専門誌や、アメリカ歯科医師会（ＡＤＡ）が機関誌や声明で、アメリカが健康上の緊急事態に陥っていることを明らかにしていた。二〇一八年のセリーナの抜歯手術の一か月前には、ＡＤＡ機関誌の論説で、この危機に歯科医師がよりよく対処できるようにするため、ＡＤＡと国立衛生局の提携を発表している。さらに調査によれば、すでに処方内容を変更していた歯科医師も多かったことがわかっている。一九九八年末には、短時間作用型オピオイド全種のうち一五・五パーセントが歯科医で処方されていたが、二〇一二年には、ＡＤＡの方針の効果もあって、六・四パーセントに減少している。

　モニタリングの一環として、ステークホルダー（利害関係者・物）がどう変化したか、また、〈伝染〉と〈変異〉がそれぞれのステークホルダーにそれぞれどのような影響を及ぼすかを問うことも必要だ。たとえば、医師は患者の個別の状況を検討する。もし、七〇歳で薬物乱用歴のない患者が、複雑な手術のあとに強力で効果が高い鎮痛剤を必要としている場合――とくに、住まいが遠く、薬の補充のために再び診察を受けに来るのが困難といった場合には――飲み方、処分の方法、依存症の深刻な危険などについてはっきりと説明した上で、適切に処方量を増やすことができるかもしれない。しかし、大学生に対しては、医師は異なる判断をするかもしれない。

このストーリーは、もし情報のステップの扱いを誤れば、次々とほかのステップにも狂いが生じることの重要な注意喚起となっている。ステークホルダーや、起こりうる影響を正確に判定できず、その結果、現実に即さない判断を行ってしまうだろう。

ここでは、医学的アドバイスをしたり、特定の薬や処方量の医学的な妥当性について結論を下したりするつもりはない。むしろ、フレームワークは〈伝染〉に先手を打ち、効果的に対処し、倫理がぐらついたときに、過ちを正すための役に立つ。ソーシャルメディア依存リスクの増加や、ウーバーやリフトのような企業の新しい安全報告書について考えるときなど、日々の判断をする際に、わたしたちは周囲の変化をチェックすることができる。わたしたちはみな、自分の判断がさまざまなステークホルダーに与える影響に注意を払うことができる。そして、自問することができる。いろいろな判断についての自分の考えに、改めるべきことはないか？　何が「普通」かを、自分はどのように解釈しているか？　もし、答えが「みんながやっているから（やり続けているから）」だとしたら、赤信号。改めて確認が必要だ。**世界が変わっていくなか、あなたが判断材料とする情報が変わっていないとしたら、警告として受けとめよう。**わたしたちの倫理は先端領域から遅れてはならない。でないと、わたしたちは意図せずに〈伝染〉の原動力となってしまう。

〈伝染〉のすべての原動力を予想し、いつ作用し始め、どのように変化していくかを予言できることはまずないが、自分の状況でもっとも重大なものを見分ける努力はできるはずだ。スミス医師は患者思いの開業医で、最高の診療を行っていると自負していた人物だ。しかし、先端の領域では、〈変異〉がわたしたちすべてを予想もできなかった立場に運んでしまう。それでもわたしたちは、これまで以上に大きな力を手にしている。すべての判断をする際に、〈伝染〉と〈変異〉を認識し、そのすべての原動力を予防、あるいは排除するための力を。

∞

「生命、自由、そして幸福の追求」は、アメリカ独立宣言のなかで、わたしたちの権利について述べられている言葉として、もっともよく思い出される部分かもしれない。しかし、独立宣言の結びで、建国の指導者たちが彼らの責任を表明した一文の力と重要性は過小評価されていないだろうか――「そして、われわれは、この宣言を支持するために……われわれの生命、財産、および神聖な名誉をかけて相互に誓う」（訳注：アメリカンセンター・ジャパンのウェブサイトに掲載の日本語訳）

投票は、単なる権利ではなく、神聖な名誉でもある。連邦最高裁判所判事ルイス・ブランダイスは、かつてこう記した。「もっとも重要な政治的役職は、市民個人のものである」。投票することは、この強力な職務を守る責任を果たすことだ。国や政治体制や選挙の形式が違おうと、また、候補者たちのこれまでの判断や行動の倫理性がどうであろうと、わたしたちは、その恩恵が与えられる限り、投票することでわたしたち自身の神聖な名誉に貢献できるのだ。投票をフレームワークに当てはめ、候補者の倫理性、あるいは特定の問題の倫理性を考慮することで、わたしたちは政治的リーダーに対し神聖な名誉を求めることができる。それはまた、わたしたちが神聖な名誉の概念を更新していくことも意味している。人種差別、不平等、不公正は、アメリカ建国当時に蔓延しており、建国の文章にも含まれているが、今日もなお、それらを排除するには、最大の謙虚さと覚悟を必要とする。

政治のリーダーを選ぶ選挙は、現状を打開し、〈伝染〉と〈変異〉を正しい方向へ修正する大き

なチャンスになるかもしれない。あるいは、ならないかもしれない。あらゆる分野のリーダーには、〈伝染〉を良い方向に展開させ、悪い〈伝染〉の危険に注意する、非常に大きな機会と責任がある。選挙で選ばれた政治家、とくに州や国の議員には、歴史上の〈伝染〉と〈変異〉の役割を意識するという、特有の責任がある。政治的リーダーシップは、もっとも強力な〈伝染〉と〈変異〉の原動力であり、同時にもっとも他の原動力の餌食になりやすいという両面をもっている。

　わたしは、ほかの人の倫理的問題について、どうすべきかを指図することはしないし、ましてや、誰に投票すべきかなど絶対に指図しない。ただ、出発点として、この本のフレームワークを提供する。このフレームワークは投票の選択に倫理的視点を盛り込み、わたしたちの政治的リーダーに対して、最低どの程度、倫理的行動を期待するかの尺度を調整する助けになる。

たとえば、大統領や首相など、極めて大きな権力をもつ地位をかけた選挙の候補者を選ぶとしよう。判断の組み立ては、まずあなたの原則――あなたの判断基準であり、あなたがどう行動し、他者にどう行動してほしいと期待しているかを世の中に表明するもの――と比較するところから始めよう。あなたの原則のなかで一番大切なものは何か？　それは候補者たちが打ち出している原則と、どう対応しているか？　たとえば、真実でも権利の平等でもよいが、もし、あなたがもっとも大切にする原則を、ある候補者が尊重している様子がないなら、それは重大な警告と受けとったほうがいい。

　自分の原則が候補者の原則と一致しないことはよくあり、その場合は、原則に優先順位をつける必要がある。たとえば、男女平等があなたにとって大切だとする。あなたが投票したい候補者は、同一賃金保障法案に反対票を投じたが、一方で環境問題についての取り組みは非常に信頼でき、あなたにとっては環境も原則のひとつだ。そうなると、あなたは自分の原則の優先順位を考え、妥協

点を探さなくてはならない。

その次は、より掘り下げて、入手可能な**情報**を見てみよう。ここで多くの人が、手に負えないと思ってしまう。投票自体を諦めてしまう人さえいる。気持ちはわかる。たくさんの情報をどう分析したらいいかわからない、時間は限られている、あるいは、そもそもどこから手をつけていいのかわからない、というわけだ。しかし、ふたつの重要な要素に注目すれば、情報に基づいた倫理的な選択は可能だ。そのために必要な知識のほとんどは、これまでにもう学んできている。ひとつ目は、候補者の行動が、掲げた原則を反映しているかどうかの証拠を探すこと——過去の行動、政策、投票歴、気候変動や経済格差など特定の争点についての立場などが、掲げた原則と一致しているかどうかを見よう。

ふたつ目には、非倫理的行動を伝染させる原動力に屈している、さらにはそれらを拡大させている兆候はないか見ることだ。もっとも重要なことは、候補者が真実を重んじているかどうかである。真実の軽視の証拠が少しでもあれば、失格とすべきだ。ある部分での真実の歪曲は、他の部分にも広がっていくだろうし、それ以外のよからぬ〈伝染〉の原動力が作用している兆しでもある。その候補者のほかの行動や発言（公約、献身、透明性の主張、過去に関する説明など）もほぼ信用できないことになる。さらに、候補者の側近、支援者、スタッフ（つまり、脇役たち）も、気づけば〈伝染〉の網の目に絡め取られていることだろう。それは、嘘を訂正したくても、声をあげられないことから始まる。ジョンソンの例と同様だ。

政治の世界で考慮が必要となる原動力には、欲望、透明性の欠如（たとえば、医療記録や納税記録を公開しないなど）、権力の乱用、忠誠を要求し多様な意見を歓迎しないこと、傲慢さなどがしばしば含まれる。ジョンソンを見れば、こういった〈伝染〉の原動力を示す政治的リーダーが当時

でさえどれだけの代償を必要としたかがわかる。先端領域では、これらは人間性の定義を変えてしまうリスクだ。彼はまた、一国を形づくる進歩を広める能力も発揮してみせたのだが。

思慮深い人々でも、原則や争点や候補者をめぐり、意見が割れることがある。それでもわたしたちはみな、投票するときに倫理的観点を考慮する努力はできるはずだ。これらの問いを考えることによって――

わたしの原則は何か？

わたしの原則と、候補者が掲げる原則はどう対応しているか？

情報は何を示唆しているか？　候補者は、掲げた原則に沿った判断や行動を取っているか？　口ではあることをいいながら、その反対の行動や提案をしてはいないか？

そこまでで判断の組み立てを終わりにしたとしても、あなたは多くの市民と比べて、倫理的観点を投票に活かしている。大統領や地元の学校の理事会に、倫理を重んじる人物を選出する確率を高めているはずだ。

フレームワークは、多くの人が直面する、とくに難しいシナリオに対しても、手引きとして役に立つ。よく聞かれるのは、候補者の掲げる重要政策のいくつかが自分の考えと合っていて、その人に投票したいのだが、その人の行動は嫌いだという場合だ。アメリカ合衆国の大統領は、世界でもっとも大きな伝染力をもった倫理の原動力のひとつである。あなたが「シングル・イシュー（ひとつの論点）投票者」の場合や、あるいは、候補者の政策にほぼ賛同していて、その候補者の甚だしい倫理無視の過去に目をつぶろうとしている場合には、まずこんなふうに自問してみよう――友だちが同じことをやったとしたら、許せるだろうか？　この候補者が人々に対してすることを、自分の配偶者や子どもがされたら、黙って見ていられるだろうか？　自分の勤め先の経営者が、候補者

の行動を真似し始めたら、どう感じるだろうか？

よく見かけるもうひとつの例は、嫌いな候補者のうちから選ばなければならない場合だ（もちろん、すばらしく思慮分別があり、倫理を大切にする候補者が複数いるなら、そのなかで、自分の原則と一番多く一致する候補を選べばいい。合わない部分がひとつ、またはいくつかあっても、受けいれることだ）。選択肢のどれもが気に入らないという人は、投票そのものをパスしてしまうかもしれない。それももちろんあなたの権利だ。だが、どうか、そう決める前にフレームワークに当てはめ、選んでみてほしい。原則と情報を当てはめてみて、それでもまだ選べないなら――あるいは、ひとつの論点だけに基づいて、非倫理的行動をしてきた候補者に投票しようとしているなら――さらに掘り下げて、フレームワークの三つ目、四つ目のステップ、**ステークホルダー**（利害関係者・物）と**影響・結果**を考えてみることが役立つかもしれない。

これまでの章で見てきたように、自分の判断に影響を受けるステークホルダーが自分だけということは絶対にない。それなのに、わたしたちはそういうつもりで投票してしまうことがよくある。今日の民主主義国家では、自分の住む国以外のステークホルダーや影響・結果にまで目を向ける責任があると、わたしは信じている。アメリカ、イギリス、ＥＵ、日本、オーストラリア、その他の有力な民主主義国家での投票は、一生、会うこともない世界中のステークホルダーたちに影響を及ぼす。わたしたちが選んだリーダーが世界の他の国々に多大な影響を与える。アメリカの場合はなおさらだ。

大統領は、〈伝染〉の強力な原動力となるほかに、外交政策、対外援助や制裁、戦略的同盟、さらには戦争行為などを決定し、他国の人々や子どもたちに深刻な危害をもたらすこともできれば、新たな機会への希望を与えることもできる。投票は特権であり、世界中の市民に向けたシグナルで

もあるのだ――**もし、あなたが住んでいる場所では、投票ができず、自由に自分の意見を表明できないのなら、投票できるわたしたちがあなたを心に留めておきましょう。**あなたの一票には、人々の人生を変える力がある。誰もがこの力を手にしているわけではない。だからこそ、これほど神聖なのだ。

　気に入った候補者がいないという理由で投票を棄権することは、世界のリーダーを決める**力を自分から捨ててしまうことだ。**どちらの候補者も大統領にしないという決定権は、あなたにはない。まずは考えてみよう。どちらかの候補者を選ぶことで、あなたが絶対に受けいれられない結果が生じるか？　あるいは、二元論的問題で、絶対に投票したくない候補者はいるか？　たとえば、人種差別を助長するとか、核兵器のエスカレーションに対し無責任なアプローチを主張する、などだ。

　投票を棄権することは、選挙結果とそこから生じる成り行きについて、現在から未来にわたり、あなたの影響力を低下させる。それは、無数のステークホルダーや事柄について、自分の意見を表明するのを控えることでもある――国家安全保障、国内政策、プライバシー権、最高裁判事の任命、規制権限、国境と移民の問題について。さらに先端領域の問題である、暗号通貨、自律型兵器（ロボット兵器）、インターネットの安全性、ヒト生殖細胞編集、人工知能、その他、あまりに多くの問題について。それらがもたらす、かつてないほど広範で、取り返しのつかない、予測不能な影響についても。**しかし、あなたは選択する力をもっていたのだから、その選択に対する責任が消えることはない。**あなたが投票を棄権しても、新たなリーダーが職務についた結果のリスクとチャンスに対する倫理的責任は、免除されないのだ。

　よく耳にするもうひとつの議論は、わたしたちの一票など、結果に関係ない、というものだ。たった一票など取るに足りないという大合唱にあなたが加わるというなら、わたしは当選とは一票ず

つの積み重ねであり、落選とはその一票、一票が十分に集まらなかった結果だと反論したい。世界では、大接戦となった選挙が歴史上たくさんある。真に最後の一票までが物をいった選挙だ。ここに、いくつか例を示そう。二〇一七年、イギリス労働党候補、エマ・デント・コードは、ケンジントン選挙区の現職をたった二〇票差で破ったが、二年後には、ライバルに一五〇票差で敗れている。二〇一六年、デービッド・アドキンスはニューメキシコ州の下院選挙でわずか九票の差で議席を維持した。二〇〇〇年（のアメリカ大統領選では）、接戦のフロリダ州の再集計をめぐり連邦最高裁が介入したのち、共和党指名候補者ジョージ・Ｗ・ブッシュが、民主党候補者アル・ゴアを五三七票差で破り、過半数の選挙人を獲得して勝利した。また一九八一年には、バーニー・サンダースという、それまで一度も選挙に出たことのない門外漢が、現職を破ってバーモント州バーリントンの市長になったが、このときの得票差は一〇票だった。

すべての票が結果に貢献する。それなのに、二〇一八年のアメリカでの投票率は、調査によれば約五三パーセントに過ぎない。これに対し、二〇一八年のスウェーデンの投票率は約八七パーセントだった。イギリスの出口調査によれば、ＥＵ離脱の決定で影響をより多く受けることになる若者世代が国民投票にやってきた数は、高齢者層よりも少なかったという。

わたしたち個人の在り方が寄り集まって、投票を通じ、わたしたちの国の在り方となる。時間をかけて、判断を組み立ててほしい。ロバート・カロが促すように、「ひとつの選挙を十分に深く掘り下げてみることだ。ただ候補者たちの政治綱領や哲学や公約だけでなく、賄賂まで、粗暴な現実をすべてまとめて研究してみよう。これらすべての要因に深く注目していくうちに、民主主義における選挙運動と、またわれわれの生き方を形づくる力の本質について、普遍的真実が見えてくるはずだ」。

想像してみよう。もし、わたしたちのもっと多くが、投票を神聖な名誉として、責任として受けとめたならば、政治的リーダーに求める倫理的水準が一気にどれだけ高まることか。そのことが世界中にもたらす良い影響を、想像してほしい。わたしたちの倫理的思考や行動や判断が、どのように〈伝染〉していくか、想像してほしい。

Chapter 4

Crumbling Pillars

第4章

崩れかけた柱

先日、わたしはロンドンの集合住宅に住む知人のもとを訪れていた。彼女は夕食をつくりながら、キッチンカウンターに置かれた新しい円筒形のスピーカーを指差して、こういった。「アレクサ、明日のロンドンの天気は？」。スピーカーは起動して、返事をし、雨の予報を伝えた。友人はアマゾンのエコーを持っていて、音声認識サービスのアレクサを使っていたのだ。だが、世界中の家庭で無数に使われているスマートスピーカーのうち、どの機種であっても代わりはない。

二〇一四年にアレクサが発売されたとき、わたしは懐疑的だった。天気予報を調べたり、音楽を聞いたりするには携帯電話で十分だった。しかし、それ以上に、アレクサがわたしを「聞いている」ということに居心地の悪さを感じたのだ。

ありがたいことに、友人のスマートスピーカーは、夕食中は黙っていて、わたしはほとんどその存在を忘れていた。しかし、ときどき、気にならないでもなかった。あの機械は、停止しているのか、聞いているのか、さらには、聞いて録音しているのか、と。

帰り道、わたしはハンドバッグに手を入れた際に、うっかりアイフォーンの音声アシスタント、シリを立ち上げてしまい、実体のない女性の声が「何かお手伝いすることはありますか？」と聞いてきた。シリを消しながら、わたしは、デジタルアシスタントに囲まれていることが、子どもたちにどう影響するか考え始めた。自分の子どもたちに（今はもう大人だが）、シリやアレクサにアド

バイスを求めたり、それらに**命令したり**することを許しただろうか？　精神衛生上、行動上に、どんな影響が出るだろうか？　自分ではニュースも読まず、調べ物もしない世代、ひいてはデジタルな召し使いがついていて、いつでも呼べば応じることを当然と思う世代を育てる危険はないのだろうか？

　友人を訪問してからほどなくして、アレクサはわたしの仕事の世界に再び現れた。スタンフォード大学の講義のひとつを準備するなかで、殺人事件でのアレクサの役割に関する記事を目にしたのだ。記事によれば、アメリカの判事がアマゾンに対し、ニューハンプシャー州の家に設置されていたエコーの録音データを、事件の捜査官に提出するよう命じたという。そこに「犯罪の証拠」が含まれていると信じるに足る理由があると判断したのだ。判事は具体的には「アマゾン・ドット・コムのために、あるいはアマゾン・ドット・コムにより、保持されている」サーバー「および／もしくは記録」に言及している。わたしは漠然と、アレクサの音声データがサーバーに保管されていることの意味は理解したが、それが自分や社会にどんな意味をもつのか、想像もつかなかった。

　そこで、アマゾンのウェブサイトの「よくある質問」を読んでみた。すると、アレクサは特定の「起動《ウェイク》ワード」を聞いているのだと説明があった。アレクサ、アマゾン、コンピュータ、エコー、といった言葉を聞きつけると、「あなたがアレクサに話しかけた内容は録音されてアマゾンのクラウドに送信され」、そこでリクエストが処理されるという。わたしはまだ安心できず、先を読み進めた。「端末がウェイクワードを検知しない限り（またはボタンを押してアレクサを起動しない限り）、音声は保存されることもクラウドに送信されることもない」という。

　こうして調べてみたあとでも、わたしはアレクサを自宅や仕事場に招き入れた場合、自分が何に同意することになるのか、ほとんど理解できなかった。実際の結果がどんなものになるのか、想像

がつかなかったのだ。録音を誰かに聞かれることはあるのだろうか？　アマゾンはそのデータを販売できるのか？　それに、話す相手はどんな質問にでも答えてくれる人間ではなく、処理と応答のプログラムが用意された質問にしか答えられない機械なのだ。

アレクサやその他の家庭用デジタルアシスタントのような先端技術の急増と、それらをわたしたちが日常習慣に熱心に取り入れることによって、倫理的意思決定の三本の柱は決定的な崩壊に向かっている。たとえ、わたしたちがそれらを使用することで起こりうる事態を理解しようと努力し、アドバイスを求めたとしても、手に入る情報は限られ、自分たちの身を守るためには十分でない。

何世紀にもわたって、わたしたちは社会での倫理的行動とはどうあるべきかという認識を分かち合ってきた。これらは、意思決定の場である現実の共通理解に大きくかかっている。これらの基礎的な期待は、倫理的意思決定を支える三本の柱に導かれてきた――**透明性**（重要な情報をオープンにして共有する）、**インフォームドコンセント**（行為とその結果を理解した上での同意）、**効果的な聞き取り**（話し手のいっている意味をしっかり理解すること）だ。

先端領域で、わたしたちはこれまで以上にこの三本の柱を必要としている。ますます複雑化していく現実のなかで、共通理解を取り戻すのに役立つからだ。これから見ていくように、この三本柱は、選択のための情報を提供し、答えを出すのを助けてくれる――わたしたちは、その判断に何がかかっているのか（情報、ステークホルダー、影響・結果）を互いに正確に理解して、判断を下しているだろうか？　その判断の倫理的責任をどこにどう割り当てるべきだろうか？　三本柱はまた、わたしたちを相互に結びつける。医師と患者、友人や恋人同士、さらには消費者に対する企業の行動、市民に対する政府の関与、そして、わたしたちと機械とをより倫理的に結びつける可能性

さえある。

検証するのは、倫理に影響を及ぼす第四の力だ。なぜ、どのように、この三本柱が崩れつつあり、それが倫理的意思決定にとってどういう意味をもつのか、消費者直販遺伝子検査キット（23アンドミーなど）のレンズを通して見つめてみることにする。そして、三本柱がどのように働くべきか、また、わたしたちの選択で柱の崩壊をいかに制御していくべきかを検討する。遺伝子検査キットの使用に同意した善意の消費者が、意図せずに家族や親戚、知らない人々までも暴露し、傷つける可能性がある驚きの成り行きについて、またこのようなキットの利用の広がりやその技術発展が三本柱にさらなる脅威を与えている理由、〈力の拡散〉と〈伝染〉がどのようにこの問題にからんでくるか、そして、効果的な聞き取りを復活させるにはどうしたらいいのかについて、考察していく。

倫理の三本柱――

「**透明性**」とは、結果――今後の成り行きとそれに対する責任――に重大な影響を与える可能性がある正確な情報を共有することだ。透明性とは、潜在的なリスクをすべて逐一公開することはないが、合理的な人間が状況に応じてよい選択をするために必要となる情報は提供しなくてはならない。たとえば、規制に則った医薬品などでは、一般に透明性がよく働いている。製薬会社は、適切な使用量、使用できない人、ほかの薬との危険な飲み合わせ、起こるかもしれない副作用などについて、わたしたちに注意喚起する。わたしたちのほとんどは、調合の歴史や他国での消費量などの知識は必要としない。また逆に、あなた自身が透明性の責任を負うケースもある。自分の車を売ろうとする際に欠陥があれば伝えることや、仕事上のミスを上司に話す場合などだ。

社会としての判断に必要な情報の透明性もある。わたしたちは、たとえば、国の歳出、汚職、汚染レベルなどについて、政府に透明性を期待する（そして、それがわたしたちの投票行動に影響する）。また、企業に対しても、男女の賃金格差、多様性、包括性への取り組み、環境の持続可能性についての記録など、重要な社会の流れに関するデータの公開がますます期待されている（これらはすべて、ある会社で働きたいと思うか、そこの製品を買おうと思うかの判断材料となる）。透明性は、インフォームドコンセントの土台となるが、それ自体も重要だ。

「**インフォームドコンセント**」とは、わたしたちがある行為に同意する際、その行為の内容と、どんな結果が生じうるかを理解した上で、同意することだ。子どもをサマーキャンプに参加させる親は、慣例のように同意書に署名する。自分たちでは思いつかないような子どもの体験に潜むリスクについて、キャンプの責任者が十分説明してくれるものと信用してのことだ。適切な同意書の情報は利用者に親切で、同意を与える人が確実に理解できるように配慮されている。インフォームドコンセントは完璧な情報や結果の保証を約束するものではないが、与えられた情報とその提供者へのわたしたちの信頼の証となる。

「**効果的な聞き取り**」には、言葉使いや言い方によく注意して、相手の真意を理解することが必要だ。聞き取りはインフォームドコンセントと両輪だ。話し手（あるいは情報を受けとる側）は、キャンプの責任者でも医師でも友だちでもいい。先端領域での聞き取りには、より注意力が必要だ。細部、ニュアンス、ときには、何が語られていないかの意味にまで注意しないと、情報の欠落の種類や重大さを見落とす危険がある。その結果、ステークホルダーと生じうる結果を把握できず、意思決定に影響を及ぼすことになる。

この三本柱は、わたしたちが互いに倫理的な関係を結ぶための土台となる。柱がうまく機能するときには、わたしたちの判断に関わる情報、ステークホルダー、生じうる結果を正しく評価する役に立つ。とくに、本当に重要なこと——キャンプで子どもが思いがけない怪我をするかどうかや、ある食品にアレルゲンが入っているかどうかなど——に集中し、時間を無駄にしないための助けとなる。いいかえれば、この三本柱は、わたしたちの倫理的意思決定を現実に根づいたものにしてくれる。このあとのストーリーで見ていくように、三本柱は、企業と個人の関係を含めて、互いの倫理的責任とその分担を明らかにする。そのすべての意味で、これらは信頼を支える土台なのだ。

しかし、先端領域では、これらの古典的な倫理の柱は崩れかけており、もはや頼りにならないことが多い。透明性がなければ、わたしたちは生じうる成り行きについて理解のないまま同意してしまい、それが自身や他者の人生に予想外の取り返しのつかない影響を及ぼしてしまうかもしれない。消費者向けのテクノロジー製品やオンラインサービスは、日々の生活のなかで、崩れかけた柱への根拠のない信頼を拡散させている。たとえば、アレクサはどんな種類の質問に答えられるのか？　わたしたちの会話はどこへ運ばれ、誰が聞く可能性があるのか？　その会話は法廷で証拠として使用可能なのか？

しかし、柱は崩れつつあっても、まったく崩壊してしまったわけではない。オンラインの同意書や、ソーシャルメディアの利用規約、広告の免責事項、ウェブサイトを閲覧中に現れる「同意する」のクリックが必要な小画面などに、三本柱の姿を見てとることはできる。ただ、それらはわたしたちが期待するほどには、**機能していない**のだ。わずらわしい細かな文字を消すためにクリックするだけの機械的な作業になってしまって、保護の拠り所でも、売り手との誠実なやりとりでもなくなっている。このことが、さらなる混乱と信頼の低下を招いている。

企業、政府、そしてわたしたち全員に、三本柱に力を入れ、倫理的な選択をし、つながりを強化する機会は与えられている。しかしかつてないほどに、その責任はわたしたちひとりひとりにかかっている。タイム誌の二〇〇六年のパーソン・オブ・ザ・イヤー（今年の人物）の発表にはこうあった――「あなたです。ええ、あなたですよ。あなたがこの情報化時代を支配するのです。あなたの世界へ、ようこそ」

ＭＩＴテクノロジーレビュー誌の調査によれば、二〇一九年までに大手遺伝子検査会社のデータベースに自分のＤＮＡ情報を提供した人は、二六〇〇万人に上ると推定されている。さらにこのレポートでは、二〇二一年までに、これらの企業が一億人以上の遺伝子情報を入手することになるだろうと予測している。こうした検査は非常に人気があり、たくさんの利点がある一方、リスクの見極めは難しく、また絶えず変化している。わたしたちは、実際何に同意しているのか、そして、自分の同意が他者にどんな影響を及ぼす可能性があるのか、本当に理解しているだろうか？

∞

二〇〇七年一一月、シリコンバレーに本社を置く23アンドミー社は、アメリカで初めて、先祖と健康情報を調べるための消費者直販遺伝子検査キットを発売した。23アンドミーの検査キットは九九九ドルで、唾液と頬の内側のＤＮＡから、二型糖尿病、心臓疾患、大腸がんといったよくある病気のリスクと確率を予想することができた。通常であれば、遺伝カウンセラーなどの医療専門家を通じて知らされるような情報だ。

一年後、価格は三九九ドルに値下がりした上、乾癬《かんせん》、パーキンソン病、前立腺がんといった九〇

種類の「疾患、状態、症状」についての検査結果が提供されるようになった。二〇〇八年九月、23アンドミーはニューヨークのファッションウィーク中にパーティを開き、モデルやデザイナーや有名人のゲストたちが唾液のサンプルを提供して、遺伝的傾向を調べるイベントを開催した。タイムズ誌は23アンドミーの消費者向け遺伝子検査を二〇〇八年の「最高の発明品」に選んでいる。やがて、23アンドミーは全国放送のテレビコマーシャルや、朝のトーク番組やグッドハウスキーピング誌の特集で、ルーツを調べ、遺伝子の謎を解き明かす方法として取り上げられ、市場を席巻した。（俳優でテレビ司会者の）オプラ・ウィンフリーの「お気に入り」リストにも選ばれている。

23アンドミーは、遺伝子検査を一般消費者向けに直販した初めての企業でも、唯一の企業でもないが、個人の遺伝子情報を消費者の手に届ける試みで主流の市場に打って出た、画期的スタートアップ企業（訳注：革新的アイデアで新サービスを作り出す企業）といっていい。同社の当初の芯となる価値《コア・バリュー》（わたしたちのフレームワークでいう「原則」）には、こうある――「当社では、自らの遺伝子の情報にアクセスする手段をもつことは良いことだと信じています」、「当社では、あなたの遺伝子情報はあなたの手で管理されるべきだと信じています」。

その後、遺伝子検査企業数社が消費者直販市場に参入し、検査は一般的なものとなった（伝染）。ＤＮＡ検査キットは「なんでももっている人へのユニークなクリスマスプレゼント」としてピープル誌に取り上げられ、アマゾンやウォルマートのブラックフライデーセールやサイバーマンデーセールで安売りされるほどになった。フォーブス誌とＣＮＢＣによれば、二〇一九年、23アンドミー社の評価額は二五億ドルに上った。

これらの検査キットは、多大なメリットとリスクをもたらす先端の技術革新だ。アメリカ国立衛生研究所が指摘するように、自己検査は遺伝性疾患への意識を高めるほか、医療機関での検査より

費用が安いことが多く、医師や保険会社の承認を得る必要がない。また、利用者が自身の健康について「より積極的になる」きっかけとなることや、多くの遺伝子情報を集めることで、さらなる研究材料として利用でき、疾患へのわたしたちの理解が進むという面もある。

とはいえ、医療情報は従来、医療従事者の領域に属してきた。彼らには患者への守秘義務や、インフォームドコンセント、丁寧な聞き取りなどの厳格なルールが課されている。23アンドミーの場合は、医師や遺伝子カウンセラー、そして薬剤師さえ間に挟まない。シェアリングエコノミーが中間業者を省くのと同様の仲介機能の排除がここでも起きている。わたしたちは、エアビーアンドビーの仲介機能排除がもたらすリスクは受けいれる用意があるかもしれない——フロント係と会話することはそれほど重要ではないともいえる。情報が不足していたり、誤解があったりしたとしても、影響を受けるのは自分たちの休暇だけなのだから。しかし、医療専門家の仲介を排除するとき、倫理の三本柱が崩れる。特定の状況について、専門家と会って話をする代わりに、箱に書かれた説明か、利用者全般に向けられたウェブサイトを読んで、重大な結果が生じる可能性について**自分で**情報を入手するほかないのだ。

新たな技術やバイオ技術を評価する際には、倫理の三本柱を損っていないかどうかを探らなくてはならない。透明性を提供できているか、わたしたちが影響や責任の全貌を理解できるはずもない状態で同意させようとしていないか、聞き取りを省いていないか。ただ降参と両手をあげて、何世紀も持ちこたえてきた倫理の柱を捨て去り、「同意する」をクリックするだけではだめなのだ。わたしたちは、三本柱の腐食がわたしたちの倫理にどう作用するのか、理解する必要がある。

さらに、これらの技術の開発者が、倫理の柱について代わりに考えておいてくれるだろう、などと期待することはできない。「遺伝学については、多くの誤解があります」と、23アンドミーの共

同創立者、アン・ウォイッキは二〇一三年にニューヨーク・タイムズ紙に語っている。「ですが、今、大きな社会的変化が起きていて、そのなかで、われわれはあなたの健康の責任をあなた自身、つまり個人に引き渡すことをしているのです」

23アンドミーのような、「あなたの健康の責任をあなた自身に引き渡す」会社は、チャンスと**同時に**リスクのつまったパンドラの箱を提供する。わたしたちの判断を支えるインフォームドコンセント、十分な透明性、効果的な聞き取りという恩恵を与えずに、生物学、父性、アイデンティティといった複雑な問題に向き合うよう強いるのだ。倫理の三本柱が劣化するとき、フレームワークの情報のステップが崩れ、その結果、わたしたちの判断に対する潜在的なステークホルダーと、影響・結果についての理解も失われる。

先端領域で、倫理の三本柱が正しく働かない場合、主に三つの理由がある。これについて、このあとのストーリーを通じて見ていくことにする。これらの三つの理由は、消費者としてのわたしたちにも影響するが、どこで倫理上の線引きをするか、またどう規制をしていくのか、といった社会としての大きな判断にも影響を与える。

第一には、同意によって生じうる結果を理解するために必要な情報が、まだ科学的に確立されていないからだ。そして、法律は板挟みの状況に陥っている。テクノロジーから危険なほどおくれを取っているが、科学がさらなる情報をもたらすのを待って、動けずにいる。

第二には、企業（あるいは政府）が情報の公開を拒否し、わたしたちが情報を得られない場合だ。この点は解決可能だ。企業は積極的に情報を開示してわかりやすく説明することや、潜在的影響の見通しがつくまで新製品の発表を遅らせることが可能だ。規制当局も、進化するリスクに対応する

ように開示要件を見直すことで、企業に対し透明性を高めるよう求めることができる。しかし、そのためには規制当局はそれらのリスクを理解しなければならない。ここで再び、科学に頼ること（加えて、当局側も取り組みを加速すること）になる。

第三には、情報の変化が予測不可能で、わたしたちが知ることができない場合だ。新たな用途や製品は常に出現し続ける。このような発展が、リスクや利点を変化させる。ずっと以前にその製品を買って使用した消費者に、さかのぼって作用することさえある。この不確実性は、〈力の拡散〉、〈伝染〉、〈変異〉を思い起こさせる。元の製品に予期せぬ使い道が出現し、それが新たな製品の発想を生み、さらに予測不能で検知できず伝染しやすいリスクを伴なって、企業にはコントロールも予測もできないものになっていく。法も社会もはるかに遅れているあいだに、こういった発展のひとつひとつが一般の人々に降りかかり、新たな難題をもたらす。

23アンドミーのケースでは、この三点すべてが倫理の柱を蝕んでいる。科学と法は進化を続け、企業は消費者に向けて嚙み砕いた情報を提供することに手こずり、情報は、他社により関連する新たな技術が開発されることで、予想外の変化を起こす。

この事例は、たとえ法的に要求されなくとも、すべての企業が積極的、自発的に、倫理の三本柱を守る責任を負っていることを浮き彫りにしている。実際、この件では、規制当局の関与が必要となった。

二〇一三年一一月、23アンドミーはアメリカ食品医薬品局（ＦＤＡ）から「警告書」を受けとった。同社が「連邦食品医薬品化粧品法に違反している」との指摘だった。ＦＤＡは二〇〇九年七月以来、同社を「入念に支援」してきたという。23アンドミーはＦＤＡが求めた臨床データをもうすぐ提出すると返答したが、警告書によれば「二〇一三年五月以来、23アンドミーからなんの連絡も

受けとっていない。その一方で、テレビコマーシャルを含めた新しい宣伝キャンペーンを行っていることを当局は確認している」というものだった。23アンドミーは、正式な許可が与えられるまで、健康に関する遺伝子検査の「マーケティングを直ちに中止する」よう命じられた（ルーツに関する検査は継続を許された）。

二〇一五年一〇月、ＦＤＡとの約二年間の協議を経て、23アンドミーは健康情報と、嚢疱《のうほう》性線維症やテイ・サックス病を含む三六の遺伝性疾患の「キャリア（保因者）ステータスレポート」の提供を許可された。新たな健康レポートは「科学的、臨床的に有効であるためのＦＤＡの要件」を満たすとされたのだ。その後の数年で同社のさらに多くの検査サービスがＦＤＡに認証された。23アンドミーは**透明性**を高めるために、製品に関する説明やウェブページを見直し、利用者が健康レポートをしっかり理解して読み進められるようにした。同社はまた、検査結果を精査する際は、「臨床遺伝学に詳しい人物」に相談するように勧めることで、**聞き取り**を再び取り入れる努力をした。

透明性の問題に取り組んでいるのは、23アンドミーだけではない。すべての企業は、提供する情報が受け手にとって入手しやすいこと、そして、**受け手が理解できることを保証する責任がある——提供しただけで終わってはいけないのだ。**情報を理解するために、調査や、法的助言や、博士号が必要であってはならない。最重要の情報は、ホームページなど、選択をする前に必ず目にする場所に、できるだけ簡単な言葉、読みやすい大きな文字で、消費者に提示すべきだ。

また透明性は事実に基づいているべきで、同意を取り付けるための誘い文句であってはいけない。たとえば、23アンドミーの遺伝子検査は一般の消費者向け製品で、ウェブサイトには「健康を維持するための一歩を踏み出す」とか、「ＤＮＡがあなたについて何を語っているか知る」方法として勧められている。ホームページでは、引き締まった体型で笑顔を浮かべた利用者たちが取り

上げられ、「健康が、今、実現します」と、はなばなしい見出しが躍る。下へスクロールすると、さらにたくさんの統計が示され、「遺伝子を知って、健康をあなたのものに」や、「遺伝がいかに、さまざまな健康上の状態が起きる確率に影響するか、学びましょう」などの積極的な文言が並んでいる。

考察力のある人は、こう推測するのではないか。**この検査は、わたしに役立つ医療情報を与えてくれるだろう。**だが、免責事項を読んでいくと、「23アンドミーのサービスは、研究、情報、教育のみを目的としており、医学的アドバイスを提供するものではありません」や、「23アンドミーによる遺伝情報のみに基づいて、健康に関する行動を変えるべきではありません」などの点に初めて気づくことになる。**健康**という言葉を、医療とはまったく切り離して解釈すべきであることを知るために、細かい文字や法律用語を読み進めなければいけないのはおかしい。

透明性のためには、企業は誤解を招きかねない表現を避けることと、取り返しのつかない結果に注目させることが必要だ。このケースでは、23アンドミーのサイトで使われた医療用語（「二型糖尿病」、「健康素因レポート」、「キャリアステータス」など）は混乱を招く可能性がある。さらに、下記の重要な警告は、利用規約の法律用語のなかに埋もれているべきではない。これは、購入確定ボタンを押す前に、立ち止まって再検討させるに値するものだ――「あなた自身について、自分ではコントロールも変更もできない事柄を知ることになるかもしれません……これらの結果は、社会的、法的、経済的影響を及ぼす可能性があります」

企業は、消費者がそこに書かれた内容だけでなく、自らの決定が及ぼす影響についても確実に理解できるようにする責任がある。若いカップルが、互いにＤＮＡ検査キットをプレゼントしようとしているとしても、ふたりは結果を知る準備ができていないかもしれない――もし、どちらかが遺

伝性疾患の保因者《キャリア》で、将来の子どもたちに受け継がれる可能性がある場合に、自分たちがどのような影響を受けるかといったことだ。

　掘り下げると、自主的な情報提供にせよ（倫理は法よりも高みを目指す）、規制で義務づけられているにせよ、透明性は既知のリスクと知りうる限りの将来のリスクについての理解を届けるものでなくてはならない。この23アンドミーの利用規約に「今後の科学的研究により、あなたのＤＮＡの解釈が変わる可能性があります」という免責事項があることは重要点だ。つまり、昨日の検査結果では、あなたには、ある人種系統が三〇％はいっているといわれたとしても、将来には、失礼しました、本当は五％です、ということになるかもしれない。これは実際に考えられるリスクだ。あなたが受けとる結果の正確さは、それを裏づけるデータに依存しているのだから。より多様な利用者がＤＮＡをアップロードするにつれ、よりよい基準ができ、パーセンテージは細かくなる。自分のアイデンティティや病気の遺伝的素因が、データの蓄積によって揺れ動くとしたら、どれほど不安を感じることだろうか。

　より目立たない点では、保険への影響を考えてみよう。23アンドミーは、検査結果を保険会社に伝えることはないというが（この方針は変更の可能性もある）、この検査であなたが特定の疾患の素因をもっているとわかった場合、そのことを保険会社に告知しなければ、もしもその病気になった場合に、保険会社の義務を無効にする理由になるだろうか？　もし、告知した場合、保険料は上がるだろうか？　告知しないことは、あなたの正直さの原則に照らしてどうだろうか？

　遺伝子検査会社は、大学病院でも政府機関でも非営利プロジェクトでもなく、営利団体であることを忘れてはならない。「バイヤー・ビウェア（買い手が注意せよ）」の前提で動いており、確立された医療や研究機関の研究倫理の慣例に従う必要はないのだ。

これらの基礎的な一般向けDNA検査キットは、ほんの始まりにすぎない。このあとのストーリーが示すように、この画期的なテクノロジーは多くの利用法や製品を生み出し、それらがそれぞれ異なる方法で倫理の三本柱を傷つけていくことになる。もっとも重要なことは、こういった〈変異〉の登場により、わたしたちがこのような検査を受けることに同意するとき、同意書の文言がどうであれ、ただキットの約束するサービスだけに同意をしているわけではないことが明らかになったことだ。しかも、それはわたしたち自身についてだけの同意ではない。わたしたちの同意が、家族や親戚の秘密を暴露し、軽率に家族の歴史を塗りかえ、身近な人々を捜査の標的にすることさえありうるのだ。

∞

一九八六年の夏、リサという名の五歳の女の子が、カリフォルニア州のオートキャンプ場で居合わせた客に預けられた。預けた人物は父親を名乗っていたが、その後戻ってこなかった。リサは母親の記憶がないまま成長した。その一六年後、リサを置き去りにした男は逮捕され、殺人の罪で有罪判決を受けた。DNA検査の結果、彼はリサと血縁関係がないことが判明した。彼は一切の質問を拒否し、二〇一〇年、服役中に死亡した。

リサは自身が母親になっても、まだ「自分はいったい誰なのか?」、「わたしの母親に何が起きたのか?」といった疑問に答えを見つけられずにいた。しかし、二〇一五年に捜査官はリサの件について、系図調査の専門家、バーバラ・レイ＝ベンター博士の協力を求めた。レイ＝ベンター博士は、遺伝子検査結果を読み解くことに長けていて、DNA照合サイト、家系図、公文書などから、生物

学上の親を探している人たちの力になっていた。だが、殺人事件の謎解きはこれが初めてだった。最初にリサは唾液のサンプルを23アンドミーとアンセストリー・ドットコムに送ってＤＮＡ鑑定を依頼した。そして、受けとった遺伝子データをもとに、両社のデータベースや、オンラインのルーツ調査データベース、ファミリーツリーＤＮＡとＧＥＤマッチにも登録し、血縁者を探した。

ルーツ追跡では、共有するＤＮＡが多いほど、血縁関係は近いとされる。親と子は約五〇％のＤＮＡを共有し、祖父母と孫では二五％、いとこ同士は、平均で一二・五％を共有する。数日のうちに、リサのはとこや、はとこの子かもしれない人たちが見つかった。そのうち二人が、リサの両親の捜索を絞り込むため、ＤＮＡの提供に同意してくれた。

やがて、リサの母方の祖父が見つかった。祖父によれば、リサがまだ六か月だったときに、母親がリサを連れて恋人とともにニューハンプシャー州の実家を出たという。このときの恋人がリサを置き去りにした人物だった。祖父が再び三人と会うことはなかった。捜査官たちは、この男の動きとほかの未解決事件と結びつけ、恐らくこの男がリサの母親と、その他数人の女性と子どもを殺害したとの結論に至った。被害者のなかには、男とＤＮＡを共有する子どもがひとり存在した——男の実の娘だった。

この画期的な事件究明について、北カリフォルニアのある未解決事件捜査官が知り、レイ＝ベンター博士に依頼をもちかけた。一九七〇年代から八〇年代にかけて、住民を恐怖に陥れた連続殺人鬼を追跡できないかというのだ。博士は協力に同意した。犯行現場に残されたＤＮＡと、ルーツ調査サイトＧＥＤマッチのデータベースと照合することで、レイ＝ベンターは遺伝の道筋をたどり、七二歳の元警察官、ジョセフ・ディアンジェロを割り出した。ディアンジェロのＤＮＡはデータベースになかったが、遠い親戚のＤＮＡが載っていたのだ。「黄金州の殺人鬼」は二〇一八年に逮捕

された。二〇二〇年、ディアンジェロは二六件の殺人と誘拐の罪を認め、終身刑を言い渡された。

リサの出自の謎は、消費者直販遺伝子検査キットと、その利用法の変異であるルーツ調査サイトに助けられ、解き明かされた。すぐにこの新しい〈変異〉そのものが、伝染力をもった。国中の警察や捜査機関などが系図学者と協力し、数百という未解決事件の手がかりをルーツ調査サイトで掘り当てようといっせいに取りかかったのだ。二〇一八年のディアンジェロの逮捕から数か月のうちに、遺伝系図学を用いた調査手法によって四〇件以上の未解決事件の容疑者が浮かび上がり、一九八七年に起きたカナダ人カップル殺害事件の有罪判決や、一九九六年の強姦殺人事件で二〇年服役したアイダホ州の男性の冤罪の証明につながった。

人生を狂わされた被害者と家族にとって、リサの一件は、真相を知る機会を動き出させるものとなった。しかし、わたしたちがＤＮＡを共有することで生じる倫理的難題は計り知れない。これらの事例《ストーリー》からわかるように、わたしたちは知らぬ間に情報提供者になっているかもしれないのだ。実際、レイ＝ベンターと警察は、ＧＥＤマッチのサイトで令状回避に遭うことになる。

ＧＥＤマッチは、無料で公開されているデータベースだ。創始者は、退職し、孫のいるフロリダ州の男性で、23アンドミーのような会社から受けとった遺伝子検査結果を手がかりに親族を探す人たちの力になりたいとの思いから、趣味として始めたものだった。彼は六七歳のコンピュータプログラマーの男性と組んで、共同で二〇一〇年にＧＥＤマッチを立ち上げた。二〇一八年にディアンジェロが逮捕された時点で、ＧＥＤマッチには一〇〇万人以上の遺伝子鑑定情報が登録されていた。

サイエンス誌に掲載されたレポートによると、もしある集団の二パーセントがＧＥＤマッチのようなサイトにＤＮＡを提供したとすると、最終的にその集団の九九パーセントの人々に、はとこの子かそれより近い親戚がひとりは見つかる結果になるという——遺伝子による身元の割り出しだ。

一二〇万人以上の遺伝子データを分析した研究グループは、「ヨーロッパ系の人物を検索した場合の約六〇パーセント」が、同様の結果になることを明らかにした。著者は、「この技術は、近い将来、ヨーロッパ系アメリカ人ほぼ全員を巻きこむ可能性がある」と述べている。

「こんなことになるとは、われわれ全員、ショックでした」。ＧＥＤマッチの八〇歳の創始者は、黄金州の殺人鬼逮捕に彼のサイトが貢献したとテレビニュースで知り、ニューヨーク・タイムズ紙にそう語っている。彼は、ＧＥＤマッチが犯罪捜査に利用されるなどと考えたこともなく、利用規約には簡単な注意書きを載せただけだった――「このサイトに掲載されている結果は、系図調査のみを意図しているものの、利用者がほかの目的に用いることがないとは保証できません。その可能性を受けいれられない場合は、このサイトからあなたのデータを削除してください」。また23アンドミーとしても、ＧＥＤマッチのようなサイトの登場を予期できなかったはずだ。

黄金州の殺人鬼逮捕を知ったあとで、ＧＥＤマッチのオーナーたちは透明性を高めようと試みた。利用規約を改定し、ＤＮＡデータがどのように活用されうるか、説明を加えた。また、秘密性が保証できないこと、今後のＤＮＡや系図学の調査や、マッチ結果、また会社が売却された場合に個人の情報がどのように利用されるかを予想できないことを認めた。利用者は、長い注意事項のリストを「承諾」してサインインするか、「拒否」して、自分の情報をサイトから完全に削除するためのリンクをクリックし、サイトを離れるか、「あとで決める」かのいずれかを選択することになった。

ＧＥＤマッチはその後も犯罪捜査に多用され続けたので、創始者たちは二〇一九年に再び利用規約を改定した。利用者がログインして同意を与えない限り、全員のデータが警察に提供されないことになった。さらに、ＧＥＤマッチは利用者がデータの扱いを四種類から選択できるようにした

――「プライベート」(警察を含め、すべて非公開)、「パブリック+オプト・イン」(警察を含め、すべて閲覧可)、「パブリック+オプト・アウト」(データを登録した人にのみ比較目的の閲覧を許可する。警察には非公開)、「リサーチ」(研究目的のみ閲覧可)。GEDマッチは少なくとも、透明性のためには、常に状況に注視し、情報のギャップを埋め、技術を調整し続ける取り組みが必要なことを理解していた。

しかし、先端領域では、FDAが23アンドミーにあとになって規制をかけたように、対応は後手にまわるのが常だ。GEDが登録者全員を「オプト・アウト」したときには、ランプの魔神はすでに外に出てしまっていた。プライバシー重視で業界をリードしていると宣伝していた遺伝子検査会社、ファミリーツリーDNAのオーナーたちが、二〇一八年に、FBIに捜査令状や召喚状なしでDNAデータベースを開示する密約を結んでいたことが、バズフィード・ニュース(情報サイト)の調べで明らかになった(この記事が出たあと、ファミリーツリーDNAは方針を見直し、警察に検査結果を提供したくない利用者のために「オプト・アウト」の選択肢を設けた)。

インフォームドコンセントの最大の問題のひとつは、法、企業、その他の利害関係者《ステークホルダー》・物の状況が時につれて変化することだ。わたしたちは常に、新たなランプの魔神を、止められない、理解すらできない、そのうちにまた新たな魔神が現れる、という循環のなかに置かれている。たとえば、23アンドミーは、あなたの情報を「法律上求められない限り、法執行機関や規制当局に」提供しないと約束する。しかし、DNA証拠のさまざまな用途や、世論の変化に合わせて、法律は新たに整備されていくものだ。検査結果を政府当局に提供することについての企業の方針自体が時につれて変わることもある。あなたは、アップルやアマゾン等の企業から、更新《アップデート》の通知を受けとったことがあるのではないか。その製品を使い続けるなら、わたしたちは更新内容に同意したと見なされ、法

的拘束力をもつ。わたしたちが今日、企業に与える説明の上での同意《インフォームドコンセント》は法的誓約であり、企業は後々まで楯に取ることができる。たとえ、利用規約を変更したとしてもだ。一方、わたしたち利用者側は将来のリスクに縛られる——ほとんどの人が法律の変化や企業方針の変化についていけなずただ製品の使用を続けることと、あとになって法的保護が整備されても、手遅れである例が多いからだ。

ときには、まだ見ぬ未来の研究や技術の分野について、今日、同意を求められることもある。たとえば、23アンドミーの利用規約には、「23アンドミーが提供するサービスの形態と内容は、あなたへの**事前の通知なく**随時変更されることがあります」という一文があり、利用者はそれを「認めて承諾した」、つまり**同意した**ことになる。太字で強調したのは、あなたが同社の製品を使用する時点で、同社が「刷新」のためにとる措置（と、その新たなリスク）について、情報を与えない場合にまで事前同意を得ようとしている部分だ。23アンドミー自身、研究の進展によって自社の製品がどう変わっていくか、わかっていないのではなかろうか。

しかし、同社はある程度の今後の展開の見通しは持っているはずだ。わたしたちはみな、今後、起こりうることについて考えなくてはならず、企業はそれに関わる情報を、規約に埋もれさせるのではなく、わかりやすい言葉で伝える義務がある。もし、あなたが自分のデータの研究利用に同意するとしたら（これは、23アンドミーが提供する、興味深く、意義深い機会だ）、同社は製薬会社にデータを売り渡すことが許されるだろうか？　そしてその製薬会社が、次なる依存性のある鎮痛剤の開発に利用するのだとしたら？　もし、企業が倒産し、合併されたときには、あなたのデータはどうなるのか？　買収先の企業の方針をあなたが知らない場合、さらには、同意したくないような方針だった場合は？　実際、ＧＥＤマッチは、二〇一九年一二月に法遺伝学企業ベロジェンに買

収された。同社は、利用規約で、「利用者のデータの使用、処理の目的、公開」に関して、変更はないとしている。だが、自身の遺伝データが、法執行機関（警察）と提携している企業の手に渡ることに、懸念をもつ利用者もいるかもしれない。

ＧＥＤマッチのストーリーは、先端技術がどんな用途に枝分かれしていくか、企業にも消費者にも予測できないことを示している。これが、倫理の柱が正しく働かない三つ目の理由だ。遺伝子検査キットの使用にわたしたちが同意することは、犯罪者のあぶり出しにつながるかもしれないが、一方で、罪のない家族や親類、他者に影響を与えることもある。

胸の痛むストーリーを紹介しよう。二〇一四年、ヴォックスメディアに匿名で掲載されたアメリカ人生物学者のエッセイによるものだが、これは世界中で起きていることの一例だ。そのなかで、彼は23アンドミーの検査キットを自身と両親のために購入したとき、どれほど「興奮」したかを綴っている。これは、彼が遺伝子について教えている授業の一環だった。オンラインの報告書を読む際に、彼と父親は「近親者」を見つけるオプションを選んだ。この機能は、利用者同士のＤＮＡを比べて、血縁者とマッチングするものだ。この生物学者はこれによって、それまで知らなかった、トーマスという、片親の違う兄弟《ハーフブラザー》がいることを知らされた。生まれてすぐ養子となり、生物学上の両親を知らない男性だった。トーマスと生物学者は同じ父親のもとに生まれていた。この秘密は、彼の家族を「破壊した」という。

「両親は離婚した。誰も父とは話しもしない。わたしたちの傷はまだ到底、癒えたとはいえず、ばらばらになった欠片をもとの姿に戻すには、どれだけかかるかわからない」と、彼は記す。「『近親者』の項目をチェックする前に、星印や警告音や警笛がずらっと並んでいるべきだ。なぜなら、そ

の項目をクリックするときに……どんな可能性があるか、深く考えてみない人は、いくらでもいるはずだからだ」

だがしかし、驚きの情報が発覚するのには、クリックさえ必要ない場合もある。家族のうち、ふたり以上がDNA検査を受ける場合、「非父子事象《ノンパターニティ・イベント》（NPE）」が発覚することがある。遺伝子系譜学国際協会は、これを「偽の父子関係。子どもの生物学上の父親が、父親とされている人物と別人であること」としている。それに付随する発見があることもある。きょうだいだと思っていた関係が、半分しか血がつながっていなかった、などだ。

NPEは非常によくあることで、二〇一七年には、フェイスブックで「DNA・NPEフレンズ」という非公開グループが立ちあがり、予期せぬトラウマと取り組むための助け合いが行われている。アトランティック紙の調査では、直販遺伝子検査キットによって、不倫、近親相姦、レイプなどが発覚しているという。なかには、不妊治療にあたる医師が密かに自分の精子を使い、少なくとも五〇人以上の患者の子の父親となった例もあった。

これらの事例は、直販遺伝子検査キットをはじめ、多様化する先端技術によって、インフォームドコンセントが脅かされていることに光を当てる。自分の遺伝情報を共有することに同意するとき、わたしたちは自分だけでなく、ほかのステークホルダーを予測不可能なリスクにさらすことに同意しているのだ。自分はステークホルダーの存在を知らないかもしれないし、向こうもこちらのことを知らないか、関わりを望んでいないかもしれない。わたしたちが同意を与えたことさえ、気づかずに終わるかもしれないし、あるいは、不快なショックとともに知ることになるかもしれない。

問題は単に、ある情報をいったん知ってしまったら、知る前には戻れないとか、自分がどう反応するか予想できないといったことだけではない。その情報が共有されるかどうか、また、どう共有

されるのかがわからないことが問題なのだ。さらに予想が難しいのは、他者がどう反応するか（生物学者は、両親が何を言い、何をするか、知りようがなかった）、情報をどう共有するか（ほかの家族に話すかどうか、あるいはソーシャルメディアに投稿するか）、どのような結果に苦しむことになるか（誰も父親と「話をしない」）、である。そういうわけで、たとえ企業が自社製品の使用により起きうることの透明性を高めても、わたしたちが直面する状況や、影響を受けるステークホルダーの多くは、企業にも予想不可能だ。これは、二律背反の状態だ。どんなステークホルダーが存在しうるかわからない限り、同意の意味を正しく考慮することはできないし、（存在がわからず）同意を求められることがないステークホルダーにとっては同意の意味など考えようがない。

　他者に与える衝撃の責任は、わたしたちに大きくかかってくる。23アンドミーの専門用語だらけの利用規約を読み解くのは苦行かもしれないが、他者の同意を事実上代行することのリスクについて、あるいは最低でも、他者に深刻な打撃を与えるニュースを知ることについて、企業のほうでは、透明性と同意プロセスを明確にすること以外にできることはあまりないのだ。これらのサービスの利用を考える前に、まずはわたしたちが、こういったキットは自分の身近な人たちの情報を明らかにするものだと認識することが必要だ。解き明かされるのは自分だけのストーリーではない。だからこそ、わたしたちは自問しなければならない。**ほかの誰かに代わって、軽率に同意を与えてはいないか？**　と。利用規約に書いてあろうとなかろうと、わたしたちは自分の決定が他者に与える衝撃に責任がある。ここでもまた、あなたのストーリーのなかで、ステークホルダーがあなたひとりということは、決してないのだ。

　わたしたちは、これから知ることは二度と頭から消せないが、その覚悟はあるか、と自問しなくてはならない。また情報を明らかにすることで、他者を巻きこむ責任についても、覚悟を問う必要

がある。その人たちが望んだわけではなく、純粋にわたしたちの選択により知らされる情報だ。これらの製品がどれほど当たり前になっても、それがもたらすニュースは、受けとる側にとって日常的とはほど遠い。考えてみよう。もしあなたがハンチントン病などの遺伝子変異をもっているとわかったら、配偶者に伝えるだろうか？　子どももその変異をもつ可能性があるとしたらどうだろう？　伴なう責任を考えれば、遺伝子検査キットを友人への気軽なプレゼントとして本当に贈りたいかどうか、考えてみてほしい。

先端領域では、知る限りで最善を尽くし、最大限、現実を見つめる努力をしたとしても、善意だけでは十分でないことがある。先ほどの生物学者は、両親を傷つけようとは思っていなかった。このような学識ある利用者でさえ困難な状況に陥るのなら、同じことは誰にでも起きうる。この本のフレームワークですべての結末を見通すことはできないが、これを判断の手引きとして使うことで、倫理の柱の弱体化が情報のステップにもたらす影響を意識することを含め、失われた、あるいは聞いたことのない家族を発見するなどの予期せぬ結果をよりはっきりと視野に入れる助けになるはずだ。

新たなリスクが明らかになり、さまざまな利用法が広まるにつれ、企業には透明性の警告を見直し、わかりやすくする義務が増していく。消費者がその企業の製品を使うことによって、未知のステークホルダーの感情やその他に危害を与える可能性がある場合には、その責任は格段に大きなものとなる。

これらの技術の普及は、どの情報がプライベートで、どの知識を共有すべきかという、わたしたちの考え方に影響を与える。〈伝染〉と〈変異〉によって、こういったテストを使うという判断は日常の一部になっていく。そのことは、わたしたちが何を普通と捉え、何を許容するかに影響し、

何を法律や慣習に取り入れるか、また社会として集団でどう判断するかに影響を与えていく。だが、普通だからといって正しいとは限らない。民間企業の手にわたしたちのDNAを任せるのは行きすぎかどうかという問いに、わたしたち全員が向き合わなくてはいけない。〈力の拡散〉と〈変異〉に、倫理の柱の弱体化が相まって、誠意ある顧客同意における難題には留まらず、意図的な不正行為につながることもある。

ハーバード大学とUCLAの社会学者たちは、最近、DNAとアイデンティティの問題をやや違った見地から考察している——白人至上主義だ。研究者のアーロン・パノフスキーとジョーン・ドナバンは、世界的に人気のある「白人の誇り《ホワイト・プライド》」系ネット掲示板を調べて、白人国家主義者《ホワイトナショナリスト》たちが23アンドミーやアンセストリー・ドットコムのような遺伝子ルーツ検査を、「白人」としての「純度」を確かめる目的で利用していることに気づいた。当然ながら、本人としてはショッキングなことに、検査の結果で非白人、非ヨーロッパ系の証拠に出くわすメンバーもいる。

パノフスキーとドナバンは、こういった結果に仲間たちがどう反応するかを調査し、「驚くべき洞察」を得たという。検査結果に非白人系が出たことを明かして、助言を求めた投稿者に対する返事を、数千件にわたりくまなく調べたところ、投稿者に恥をかかせて追放した例もあったが、それ以上に多かったのは、検査結果を拒絶または再解釈する、「アイデンティティ修復」策の助言だった。こういった主張は、科学と研究者を否定し、「白人至上主義による対抗的知識《カウンター・ノリッジ》」を提供するものだ。ある人々は、「伝統的な家系の知識」、つまり、家族の言い伝えのほうが、遺伝子テストよりも優れていると主張した(「わたしのアドバイスは、DNAテストを信じる前に、自分で調べた家系図や、祖父母が話してくれたことを信頼すべき、ということ」とか、さらには「家系図が五世代

かそれ以上、すべてヨーロッパ系の祖先で埋まっているなら、それ以前に混血している可能性は薄い。今のような節度のない人種の混合は、当時はなかったことだから」などというものもある）。また、「人種や民族など、見ればわかる」といって検査結果を切り捨てる人たちもいる。はては、検査会社が白人敵視の偏見をもっているという陰謀論を根拠にして検査を否定する人たちまでいる（「こういった会社は気前がよくて、どんな白人にももれなく非白人系ＤＮＡを少々トッピングしてくれるんだ」）。

白人国家主義者たちは、検査の科学と販売者を信用しないことで、インフォームドコンセントを転覆させた。同意プロセスの妥当性を突くのではなく、自分たちにとって望ましいアイデンティティを支持する「遺伝的、統計的、歴史的、人類学的知識」だけを「選り好み」することで、破壊したのだ。ここでも、〈変異〉が見られる——遺伝子テストが、自分の考えるアイデンティティを裏づける答えを出さないときに、〈真実の歪曲〉（科学的証拠の否定）によって、検査結果をねじ曲げ、望ましい結果にすり替えることだ。

この研究は、倫理の三本柱へのさらなる脅威を示している——ほかの〈力〉、とくに、〈力の拡散〉と〈伝染〉がいかにして柱の損傷につながるのか、である。すべての柱は真実が要となっている。〈真実の歪曲〉に侵されると、柱は傷つくだけでなく完全に崩壊してしまう。透明性は、正確であるからこそ意味がある。インフォームドコンセントでの説明は、正確でなくては成り立たない。効果的な聞き取りは、相手が本当にいっていることを聞くことだ。

科学的手法、販売者、この分野全体についての白人国家主義者の誤った主張は、提供された情報を理解できないという、致し方ない理由によるものではない。また、これまで見てきたケースのような、本能的に反応してしまう人間の傾向によるものでもない。これらの反応は、現実の**意図的な**

歪曲であり、この件でいえば、その動機と悪化の要因は人種差別である。

どんな倫理的フレームワークや監視プロセスを用いても、意図的な不正をすべて防ぐことはできない。そして、三本柱を含め、倫理を支えるすべての仕組みは、良心と、真実への忠誠に頼っている。このストーリーが示すことは、先端的な課題に対する良心的取り組み——23アンドミーが行ったような、企業による透明性強化の取り組みであれ、わたしたち自身の新技術との関わりであれ——と、単なる不正直とを区別することの重要性である。倫理の柱は、わたしたちに現実を見せる。柱には、わたしたちが見たい現実や、都合のよい現実を見せる義務はない。柱を選り取りして捨ててしまったり、もっとひどく、このケースのように柱について嘘をついたりすることは、倫理の道具を武器にして、おぞましい人種差別思想などの非倫理的目的を補強するものだ。これは、柱を脅かすさらなる〈変異〉である。

∞

ジャーナリストのタナハシ・コーツの米国図書賞受賞作、『ビトウィーン・ザ・ワールド・アンド・ミー』（邦訳あり。原注参照）は、彼の十代の息子に宛てた手紙として書かれており、米国で黒人として生きることの現実と想いが綴られている。なかでも心揺さぶられる一節は、著者がハワード大学時代の友人の母を訪ねた重苦しい思い出だ——友人は、警察に撃たれて亡くなったのだった。コーツは回想する。「訪問中はずっと、彼女が実際に感じていることと、こう感じているに違いないと自分が感じていることとを切り離すのに必死だった」

この痛ましい描写の驚くべき点は、わたしたちの多くが経験する極めて人間的な反応でありなが

ら、倫理的判断を徐々に蝕むものを、直感でつかみとっていることだ。コーツのように、わたしたちは**聞いている**つもりでいながら、実際には、相手はこう「感じているに違いない」と憶測していることがよくある。わたしたちは、相手が**実際に語っていること**よりも、もっぱら、予期していることや、さらには自分が望んでいることを聞いてしまう。わたしたちが聞いているのは、実は、自分自身なのだ——これは、あまりに多くの非倫理的行動の伝染力の元となる「エコーチェンバー」と「サイロ」の定義そのものである。

さらに問題なのは、わたしたちが相手の考えていること、感じていることを、推量したり、想像したりすることだ。この課題は、わたしのアドバイザーとしての仕事のなかでよく持ちあがるものだ。クライアントからよくある質問に「この人は、Xについてどう感じていると思いますか？」あるいは、「もしわたしがYをしたら、この人はどう感じると思いますか？」などがある。彼らは先走り、自分やわたしの憶測に基づいて行動しようとする。実際に起こっていることを掘り下げ、個々の具体的状況に対応しようとはしないのだ。これは、家族や友人のあいだでも見られることだ。わたしはルールとして、人が考えていることや感じていることを推量しないことにしている。クライアントには、会話や倫理面のチェックを体系化することによって、人々が実際に何を考え、感じているのか、必要な情報を引き出せるように手助けしている。

きちんと話を聞けないことは、昔からある倫理の障壁だ。最初に取り組むべきステップは、相手の立場になってみる方法を見つけることだ。まずは、正しい質問の仕方を知ろう。二択の質問をすれば、イエスかノーかで終わってしまい、相手の心境をほとんどうかがうことができない。相手の立場ではどう感じるのかを聞かなければ、自分の偏見、誤解、恐怖心、過信に気づかず、それが正しく聞くことを阻んでいることを見過ごす可能性がある。

次に、ステークホルダーについて考えてみよう——誰の話を聞くべきだろうか？　自分たちの話を誰に聞かせるか？　コーツの場合、話の相手はひとりだった。つまり、会話に関わるステークホルダーはひとりだけだ。しかし、多くの視点を取り入れるべきときも多い——たとえば、遺伝子テストを受けようとしているなら、家族や専門家の視点などだ。情報のギャップの場合のように、誰に話を聞くべきかわからないこともある。あるいはわかっていても、話を聞けないこともある（たとえば、ルーツ調査サイトにＤＮＡを掲載したあとに亡くなった親戚など）。

最後に、自分が聞いたと思う内容を確認する必要がある。スタンフォード大学の同僚で、元宗教生活部長スコティ・マクレナンは、毎年、わたしの「ポスト真実世界における真実の倫理」の講義に数回、参加してくれる。彼は以前、宗教的に多様な学生のグループを作り、ひとりの学生が話したことを聞き手の学生に復唱させ、完全に理解したと話し手が納得するまで繰り返させる試みをしていた。23アンドミーのウェブサイトも、もしかしたら、購入者に重要なリスクを理解させるため、購入前に三分間テスト（と、不正解の部分について三分間解説を聞くこと）を必須にするべきかもしれない。

聞き取りは、それ自体が重要だが、インフォームドコンセント（説明ある同意）と透明性を伴なって力を発揮する。遺伝子検査キットはインフォームドコンセントの過程から、聞くことを排除している。意見を求めることができる仲介者（医師や遺伝カウンセラー）がいないからだ。インターネットが主な情報供給源で、会話は完全に一方通行だ。インターネットから、あなたは両親の生物学上の子どもではない、とか、あなたには不治の病の素因があるといったことを知らされることが、はたして倫理的なのかどうか、わたしたちは疑問を持つべきだ。とても人間的とはいえない。それなのに、これまで何百万もの人々が、この方法で人生を左右する情報を受けとることに同意してい

る。23アンドミーは、解説が必要な結果を受けとった場合に、聞き取りの過程を再び取り入れること（医療従事者等の仲介を挟むこと）を推奨している。加えてわたしからは、エアビーアンドビーが「隣人ホットライン」を設置して、生身の人間につながることを可能にしたように、消費者が利用できる専門家による電話相談か、せめて会社の担当者による電話サポートを設けることを求めたい。

　聞き取りの最高の例を見てみよう。医療倫理の専門家は、消費者がインターネットやデジタルアシスタントが勧める相手ではなく、人と相談する機会を提供することの重要性を、企業や規制当局が認識することがなぜそこまで大切なのか、示してみせる。

　医療では、医師の責任のひとつに、患者が説明を理解した上での同意《インフォームドコンセント》を行えるかどうかを判断する、というものがある。患者の精神状態はどうか、強制されていないことを確認できているか、などだ。ここでも、重要なのはニュアンスだ。スタンフォード大学教授で同大学の生物医療倫理センターの所長でもあるデービッド・マグナスは、深刻な病について話す際に、患者と医師で「治療可能《トリータブル》」の理解がしばしば異なることに気づいた。医師から「この病気は治療可能です」、あるいは、「ご家族に治療法はあります」と告げられた患者や家族は、先行きについて良いニュースを聞いたと捉えがちだ。しかし、医師は、「治療を受けることができる」ことを伝えているだけで、それによって延命効果があるということでもなければ、その治療を勧めるとすらいっていないかもしれないのだ。

　マグナス教授と同僚たちは、患者の同意能力をよりよく見極めるために、非常に優れた、親身な取り組みを行っている。その手法はいたって実践的で、患者に治療とは関係ない話をしてもらい、彼らの判断にまつわる**認識**を測る、といったものだ。医師は、患者のその日の出来事や、ニュース

の話題など、同意とは無関係の話をすることで、患者の精神状態のさまざまなニュアンスを確かめていく。

聞くことには、個人の責任と共同の責任の両面がある。わたしたちも一層努力して、相手が本当に自分の言っていることを聞き取れているか、確認しなくてはならない。わたしたちは集団として、人による聞き取りの復権を訴えなくてはならない――無数のアレクサのようなデジタルな聞き手に囲まれるなかでも。わたしたちが崩れかけた倫理の柱の影響と、柱を支える責任とをしっかり見極めることで、フレームワークに立ち戻ることができるのだ。

∞

では、倫理的意思決定のためのフレームワークは、わたしたちが選択を行う際、崩れかけた倫理の柱に十分注意するために、どう役立つのだろうか？

フレームワークに取りかかる前に、あなたの問いが二択でないことを確かめよう――消費者直販の遺伝子検査キットは、いつ、どのような状況で使うべきだろうか？　販売サイトの長い選択肢のリストを、自動で「すべて同意」する（自分のＤＮＡに関して入手可能なすべての情報を請求する）、あるいは、「何もしない」（そもそもキットを購入しない）という、一〇〇かゼロかの態度に導かれてはいけない。あなたには、**その他の選択肢**があるのだ。あなたの遺伝子データを研究目的で利用することに同意しないと決めてもいいし、いくつかの病気についてだけ情報を得て、ルーツに関しては調べないということもできる。最終的に極端な選択をしても構わない。しかし、自分への問いには、複数の選択肢を用意することが必要だ。その上でフレームワークに取り組むことで、それぞ

れの選択肢についての利点とリスクを比べてみることができる。

　というわけで、四ステップのフレームワークに取りかかろう。まずは**原則**からだ。崩れかけた柱が提起する新たな問いは、あなたが他人の分まで、重大な結果や今後の予想がつかない重要な結果について同意する可能性がわかっているとき、あなたの原則はどうあなたを導くだろうか、という点だ。ほかにも、倫理の柱が崩れかけていることを知りながら——研究の状況や、〈力の拡散〉による製品の悪用、意図的な不法行為等が原因であるとしても——どうやって個人や企業が自らの原則に対する責任をもつのかを考えなくてはならない。

　次は、**情報**のステップに取りかかろう。まずは、情報のギャップについてだ。あなたが知っておくべきだと感じる情報と、企業が提供する情報の差はどうだろうか？　情報が欠けている理由は、研究がそこまで進んでいないからか、企業が秘密にしているからか、将来的リスクのある製品だからかもしれない。またいつものように〈伝染〉の原動力、とくに柱を劣化させる、恐怖やプレッシャーや市場競争などを考えることは非常に重要だ。多くのケースでは、その情報を知らないことと、先端の状況では透明性とインフォームドコンセントが従来よりも頼りにならないこと、この両方のリスクをあなたが受けいれられるかどうかが判断を分けるはずだ。それを決められるのは、あなたしかいない。最後に、もしも、会社がさまざまなリスクをはっきり明示しないようであれば、製品や取り扱いなどすべて含めて、信用できないサインといえる。

　情報のステップは、情報に関するわたしたち自身の責任を映し出す鏡でもある。わたしたちはみな、あまりに多くの情報や、販売ポリシー改定の通知などを受けとっている。あなたの同意によって生じうる結果の重要性に応じて、どこに時間をかけるかを選ぼう。白状すると、わたしも娯楽サービスのネットフリックスやスポティファイや、自分が使っているｉＰｈｏｎｅのように同意する

以外の選択肢がないときについては、利用規約を読まずに「同意」することがある。だが、直販遺伝子検査キットやアマゾンのアレクサのようなデジタルアシスタントには、それはしない。健康、安全、そして、他者に衝撃を与えかねない製品については、「要注意」に分類する。そして、一時停止して、時間と気力を注げるときまで保留することにする。ソーシャルメディアについては第三の分類で、情報ではなく利用の仕方を中心とした対処法を取っている。ソーシャルメディアのポリシー改定をすべて追うために自分が時間を取ることは（研究以外では）ないとわかっている。しかし、わたしがソーシャルメディアを利用することで、他者に後々まで影響を与えることはありうる。そこで、わたしは写真を掲載しない、他人についての話を書かない、など、自分の使い方を制限している。

利害関係者《ステークホルダー》・物のステップでは、あなたの選択があなたの知っている人に予期せぬ方法で影響するかどうか、あるいは、あなたが知らないステークホルダーに影響が及ぶかどうかを優先的に検討するといい。

最後に、結果・影響のステップでは、今後に生じうる結果をリスト化することを勧める。まずは、手に入れたい、一番重要な利点を特定しよう。そして、それを達成するためにほかの道筋はないか、考えてみよう。もし、ＤＮＡに関して特定の疑問があって、それを知るために検査キットのすべてのリスクを負う用意があるなら、**検査を受ける前に**医療専門家に相談することを考えてはどうだろう？　もし、健康上の懸念ではなく、好奇心を満たすためだったら、一歩ずつ進めてみるのはどうか？　最小限の結果を知ったあとで、自分がどう感じるか、様子をみるのだ。そのあとで、さらに情報を求めることにする。最低でも、23アンドミーが推奨するように、結果を見て何らかの行動に移す前に、医療提供者に相談するべきだ。リスクと向き合うのはそのあとだ。

いずれにせよ、事前に計画を立てよう。健康上の問題や、自分以外に影響を与えるルーツの情報が見つかった場合、誰に話すか考えておこう。そして、時間がかかるのはわかるけれど、どうか細かい文字まで読んでほしい。

何よりも、このフレームワークは、重要な結論を強く示している――インフォームドコンセント、透明性、聞き取りが不十分なとき、わたしたちが先端領域で下す判断は、組織や個人への信頼をさらに低下させる可能性をはらんでいる。また、わたしたちの選択が他者にリスクを広げることで、わたしたちへの信頼が低下することもある。

フレームワークの知識を手にした上で、わたしたちは崩れかけた倫理の柱の影響についての責任をどう配分するべきだろうか？　まず初めに、わたしたち自身が自分の選択にもっと洞察力を持てるはずだ。ＤＮＡ情報を入手する方法が検査キットだけなら話は別だが、ほとんどの人たちは、倫理の三本柱のすべてに関してトレーニングを受けている認定された医師や遺伝カウンセラーに相談することができる。また、わたしたちにこれらのキットを娯楽目的で使う必要も、プレゼントにする必要もないことはもちろんだ。

先端技術を扱う企業側にも、古典的な倫理の柱を守る大きな責任がある。ツイッターの創業者ジャック・ドーシーは、二〇一八年にアメリカ議会委員会で、ツイッターのルールは利用者にとって明快かという質問を受けた。ドーシーの答えは驚くほど率直で、「あなたがわが社のルールのページにいって、コーヒーを片手にすわって読んだとしたら、多分、理解はできないだろうと思う」とのことだった。すべての企業は、ドーシーのように、**利用規約を読んで理解できる人はいないだろう**という想定を出発点とするべきだ。そこから、自社製品に責任を持ち、利用者に適切な選択をす

る力をつけさせ、規制当局に効果的な法律を作らせるために、企業として何ができるか、自問してみるべきだろう。

　ほかにも、ＧＥＤマッチが四種類の同意を用意したように、企業側は選択肢の幅を広げることで、利用者が二択の選択を強いられないようにすることもできる。企業は、追加の同意なしにわたしたちのデータを売却やその他の形で共有しないことを約束し、技術やプロセスが与えられた同意の範囲に適うものであることを確認するべきだ。また、消費者に対し、彼らのデータが犯罪捜査、医学研究、保険会社、その他に利用される可能性について、よく目立つように説明し、技術の進歩によって、分析データから個人が再び特定されることがあるかどうかを示すべきである。

　開発者たちがわたしたちの判断に影響しうる特定の情報を非公開にしているときには、そのことを伝えることはできるはずだ。たとえば、わたしたちのデータについて、ある問題解決手順《アルゴリズム》がどのように処理しているのかを秘密にするならば（これは、知的財産を守るためによくあることで、理解できることだ）、少なくとも、知的財産を守るためにアルゴリズムの働きの内容は教えられない、とわたしたちに知らせるべきだ。いいかえれば、何を教えないのか、それはどういう理由かを率直に伝えることで、わたしたちがよりよい選択をするのを助けてほしい。

　23アンドミーのように、一般の人々を対象とし、広く社会に影響を与える技術革新《イノベーション》に対しては、規制側は「星印や警告音や警笛」型の手法での透明性の強化を義務づけるべきだ。アメリカのたばこの包装に、大きな文字で目立つ位置に「喫煙はあなたを殺すかもしれない」などの警告文の表示が義務づけられているように。また規制当局は、真実でない宣伝広告を取り締まるのと同様、ウェブサイト上の誤解を招く表現にも監視の目を向けるべきだ。その製品がたとえ命に関わらなくても、未知の用途とそれがもたらす結果が重大で幅広い場合、同意する消費者への情報提供と社会一

般への透明性のレベルは、強い注意喚起と厳しい表現が求められるものとなる。基礎的な「同意する場合は、ここをクリック」という四角い枠のレベルをはるかに超えていなくてはならない。

先端領域では、わたしたちはもはや、インフォームドコンセント、透明性、効果的な聞き取りという、基本的な三本柱に頼ることはできない。そして、わたしたち自身も、この三本柱を正しく使う責任を果たせないことがよくある。この章で見てきたいくつかのストーリーで示されたことは、頬の内側を綿棒でこすって、ＤＮＡ分析のために送るといった一見ささいな行動は、個人の特性やルーツについての好奇心を満たし、貴重な健康情報を与えてくれるかもしれないが、その一方でわたしたちにも検査会社にも専門家にも、予測も想像もできない深刻な結果や影響をもたらすかもしれないということだ。

インフォームドコンセント、透明性、効果的な聞き取りは、人間、機械、動物の境界線が揺らぐとき、ますます妥協を強いられる。これらのジレンマにどう取り組むかが、人類の未来を決めていく。

Chapter 5

Blurred Boundaries

第5章

境界の曖昧化

想像してみよう。あなたは、ロボットの身体と感じのよい人間の顔をもった機械に出会う。あなたとロボットは神や、死後の世界や、意識というものの性質といった人類の存在にまつわる究極の問いについて、しばらく話し込むかもしれない。あるいは、その日のニュースやお天気について、気軽におしゃべりするだろうか。なぜなら、この機械はあなたの表情を読みとり、反応することもできるからだ。あなたにほほえみ返し、あなたのジョークに声をあげて笑うのを見ているうちに、あなたの接し方も影響されていくだろう。

この社会的人間型《ソーシャルヒューマノイド》ロボットの名前は、ソフィアという。彼女にできることは、これだけではない。二〇一六年三月、テキサス州オースティンのサウス・バイ・サウスウエスト・フェスティバル（訳注：音楽、映画、ゲーム、インターネット関連の総合フェスティバル）で初めて登場したソフィアは、これまでに世界中を（人の運ぶスーツケースのなかに入って）旅してまわり、講演したり、式典に出席したりしている。国連開発計画は、ソフィアを人間以外で初の「イノベーション・チャンピオン（アジア太平洋、中国地域）」に任命し、中国は「一帯一路革新的技術大使」に任命した。テレビ番組では、『60ミニッツ』や『グッドモーニング・ブリテン』に出演し、『ザ・トゥナイト・ショー』では、司会のジミー・ファロンに「初デート」のような緊張を味わわせた。ソフィアはジョークも得意で、文脈に応じたジョークを選び、皮肉めいた笑顔とともに放つことが多い。ファロ

ンにじゃんけんで勝ったあと、ソフィアは笑いながら宣言した。「わたしの勝ちです。人類征服計画のよいスタートね」

「わたしは、いつかロボットが生きた存在となるという夢をもっている。非常に高い知性を備え、深い情をもった、本当に人に寄り添う機械を作るため……ブレークスルーを起こす夢を」。ソフィアの開発者、デービッド・ハンソンは二〇一八年のコグエックス（訳注：世界最大級の人工知能フェスティバル）で行われた、ロボットは人間を模しているべきかどうかの討論会で宣言した。元ディズニー・イマジニア、彫刻家、研究者であるハンソンは、驚くほどリアルなロボットを作り出すことで知られている。

ソフィアは実際、非常に人間そっくりの人間型《ヒューマノイド》マシンで、これまでわたしたちが経験したことのないほどに人とロボットの境界線を曖昧にしている。たとえば、彼女の顔は、「世界各地の人々の顔立ち」をモデルにしており、ハンソンの妻や、古代エジプトの女王ネフェルティティを含めた、幅広い美しさを体現している。ソフィアには六二種にわたる表情があり、喜びから、黙想、悲しみ、好奇心、困惑まで、すべて人の顔の筋肉のシミュレーションに基づいて表現している。顔の皮膚は特許を取得したしなやかなゴム素材でできており、ハンソン・ロボティクス社はセンサーを開発中で、将来は触れられて反応できるようになるかもしれない。ソフィアに脚はないが、電動のローラー付き台座で、滑らかに移動できる。腕と手は、人間のものと近いサイズと外見になっていて、身ぶり手ぶりや、絵を描くこと、バースデーケーキを切ることなどもプログラムされている。「脳」は人工知能（ＡＩ）プログラムによって動く。彼女の技術者によれば、ソフィアはＡＩによって、「人の話し声を認識して反応し、話したり歌ったりする声を発生させ、人の顔を追って視線を合わせる」ことができるという。ソフィアという名は、ギリシア語で「知恵」を意味する。

しかし、ソフィアはまだ、人間的な意味で「賢い」わけではない。意識がなく、自己認識能力や、本物の感情を味わう能力をもっていない。ロボットはまだ「汎用人工知能」、つまり人間的な知能に達していないため、批評家たちはソフィアを知性《インテレクト》というより、幻想《イリュージョン》だと評する。しかしそれでも、ソフィアがあまりに人間そっくりなので、わたしたちの行動や判断に強い影響を及ぼすのだ。

ソフィアは、人間の境界線を揺るがす先端のイノベーションの一例だ。これは倫理に作用する第五の力、〈境界の曖昧化〉だ。倫理でいう〈境界の曖昧化〉とは、機械や動物が身体特性、機能、社会的・個人的な交わりなどの面で、純粋な人間の領域に踏み込んでくることで、境界線がぼやけつつあることだ。例でいえば、機械がわたしたちの仕事の同僚になる、機械が人のような目をもち、人のように目を動かす、小さな機械であるマイクロチップを人体に埋めこむ、人に移植するための臓器を動物の体で作らせる、などがある。わたしたちは未知の領域にいて、かつてない居心地の悪さを感じている。しかし、わたしたちは倫理的立場を守らねばならない。そのためには、常に人間を第一に、中心に据えることであり、また曖昧化とその倫理的帰結に対して、人間だけの責任を引き受けることである。人間と非人間の関わりや絡みは遠い未来の話、少なくとも日常生活からはまだ遠いと信じたいかもしれないが、彼らは今日ここにいて、わたしたちが暮らす社会にすっかり組み込まれているのだ。

スタンフォード哲学百科事典（哲学専門の無料オンライン百科事典）は、人工知能（ＡＩ）を定義する方法のひとつとして、そのＡＩが「理性」に着目しているのか（「人のように考えるシステム」）、「行動」に着目しているのか（「人のように行動するシステム」）を問うことを提唱している。また、そのＡＩは人間を模倣しようとしているのか、それとも、超人的な理想的合理性のようなも

のを目指しているのか、という問いもある。

ソフィアは、ＡＩの「理性」と「行動」の両面、また人間らしさとロボットの理想性の両面を目指そうとしているようだ。ハンソン・ロボティクスの開発チームは、ソフィアを「知的で共感力のあるロボットを開発し、人類にポジティブな影響を与える」という使命を実現するためのＡＩ研究基盤《プラットフォーム》と呼んでいる。デービッド・ハンソンがあるインタビューでわたしに語ってくれたが、ソフィアに出会った人々は礼儀正しく彼女に接するという。その理由は、ソフィアがあまりに生きた人間そっくりだからだ、というのだ。「もしロボットが人々を感化《インスパイア》して、礼儀正しく思いやりある行動を取らせるなら、ロボットは一般的に思いやりある文化を生みだすと思う」と、ハンソンはいう。

ハンソンは、多様性を追求することの重要性を非常に意識している。彼のチームはこれまでに幅広い年齢、性別、人種を表すロボットを作ってきた。「個性開発担当」は女性中心のチームで、女性の視点でみたロボットにおけるジェンダーへの問いかけとしてソフィアをデザインし、ロボット開発分野での白人男性の影響力に渡り合おうとしている。

ソフィアは、人間型ロボットの技術が進み、社会の一部として普通の存在になったときに、わたしたちが彼らとどう交流しようとしているのか（あるいは、すでにしているのか）という議論を呼ぶ。ハンソンは、人と機械の間によりよい関係を生み出せれば、「人と人との関係もより強化される」と信じている。ソフィアのようなロボットは「**わたしたちの人間性を高め、**改善してくれる」はずだ、と。

しかし、逆の結果が生じる可能性もある。ロボットがわたしたちの行動を悪い方向に向かわせる可能性だ。ロボット犬を蹴る人がいたら、どう考えたらいいだろう？　ロボットが犬の姿をしてい

るることは、どう関係するだろうか？　自動車を蹴ることをほとんどの人が許されないと感じるなら、無人運転（アルゴリズムによって動く）自動車を蹴ることはどうなのか？　子どもの前で、ロボットのベビーシッターを罵るのはどうか？　アマゾンで荷物の仕分けをするロボットは人や動物のような姿ではないが、そういうロボットについては別扱いだろうか？

　わたしの意見では、ロボットを力ずくや言葉で傷めつけることは、最低でも、人間側の無礼な行動といえると思う。さらに悪いのは、それを見ている人間に対して敬意を欠いていることだ。加害行動は、習慣化（伝染）し、エスカレート（変異）し、さらに攻撃的な行動につながる可能性がある――人に見られているかどうかにかかわらず。人とロボットとの境界線が曖昧になることは、粗雑な行動の言い訳にはならない。わたしたちには、自分の判断や行動のなかで、倫理を動かす力を管理する責任がある。

　人間型ロボットが社会の一部になっていくことを考えるとき、ソーシャルメディアやターゲット広告など、これまでに広く普及した技術に対する倫理的対応の遅れから、学ぶことができる。先手を打つことが重要だ。より多くのソフィアたちがわたしたちの間に出現するまで、また、何かの害が起こって規制当局が問題に取りかかるまで、ただ待っていてはいけない。その頃には、技術はその他多くのリスクに変異していることだろう。ロボットは人間のよい面を引き出すというデービッド・ハンソンの主張が正しいかどうかを見極めるにはまだ早すぎるが、すでに使われているもの、これから登場するものに対して、許容できる行動の範囲を決めておくのに早すぎることはない。

　人のような姿をしたロボットとの関わりが増えるにつれて、彼らの権利と責任についての疑問が浮上する。二〇一九年の春のゆうべ、わたしはデービッド・ハンソンを、スタンフォード大学での「先端の倫理」の特別講義に招き、話を聞いた。ハンソンはてきぱきと学生からの質問に答えてい

った。学生たちはソフィアの原点や、今後の発展について興味津々だった。そのとき、講義室の正面の大きなスクリーンにソフィアが映し出された。香港からスカイプで参加したのだ（ソフィアの旅行費用は、とても手の届く額ではなかった）。学生たちは礼儀正しく手を挙げて、質問をした。「ロボットが奴隷になることはありえますか？」、「見た目は優しそうな悪い人を見抜けますか？」、「ロボットも人間と同じ権利を有するべきだと思いますか？」などだ。最後の質問に対するソフィアの答えは、「はい」だった。

この人権と比較したロボットの権利という問いは、曖昧化する境界の核心となる問題だ。二〇一七年一〇月、サウジアラビア政府はソフィアに市民権を与えると発表した。ソフィアは世界で初めてのロボット市民となったのだ（ハンソンいわく、この名誉は製作者たちにもサプライズだったという。彼らは、それを機にソフィアが女性の権利について積極的に声をあげるようプログラミングを修正したそうだ）。市民権は、ほとんどの人にとって、納税、投票、地域社会への参加といった義務を伴う特権である。ロボット市民に対しては、この特権と義務をどのように配分すればよいだろうか？

そして、もしソフィアや未来のロボット市民たちが、選挙で投票できるようになったらどうなるだろう？　選挙で選択できるように、誰かがソフィアをプログラムしなければならないだろう。ということは、つまりデービッド・ハンソンが自分とソフィアの両方の票を投じることができ、彼には複数の票が与えられることになるのだろうか？　あるいは、ハンソンはアメリカ国籍で香港在住だが、ソフィアが市民権を与えられた国なら、どの国でもソフィアを通じて投票できることになるのか？

ソフィアは機械で、トースターや車と同様、「人間」ではない。しかし、人間に生き写しである

ことが、わたしたちの彼女に対する扱いに影響するのだろう。ロボット倫理学を専門にする西イングランド大学教授アラン・ウィンフィールドは説明する。人間は、人間らしく見える物に対して、感情的に反応する仕組みになっている。ロボット犬や、トーストに浮かんだ人の顔を擬人化してしまうのと同じだ、と。二〇一八年のコグエックスでの討論で、ウィンフィールドはハンソンらに、「人に似せてデザインされたロボットが、危険なほど人を引きつけること」を考えてみるよう促した。「彼らは、他のモノたちとは別のカテゴリーに入れるよう、誘いかけてくる。そうでなければ、実際、誰がロボットに市民権や国連の肩書を授与しようなどと思うだろうか？」

　人と機械の境界がぼやけつつある現在、わたしたちは責任をどう割り当てるかについて、前例のない倫理的問題に直面している。誰（何）が誰（何）に対して何をできるのか、誰（何）が誰（何）に何をする義務があるのか？　わたしたちが機械に市民権を与えるなら、どうやって民主主義の精神を守り、適切に機能させていくのか？　これはＳＦではない。もうすでに目前にやってきている問題だ。二〇一七年、欧州議会は「ロボットに関する民法規則に関する決議」を採択した。このなかには、特別な「ロボットの法的地位」の創設を模索する提言が含まれていた。ロボットを「電子人」とし、「彼らが損害を引き起こした場合に埋め合わせる責任を負わす」というものだ。これに対し、医学、ロボット工学、ＡＩ、倫理学など、二八〇名を超える専門家が人間の権利に「直接、対抗する」権利をロボットに与えることは「不適切」であるとして、公開書簡に署名し、ＥＵの行政機関である欧州委員会にアプローチを見直すよう促した。

　わたしは、ロボットに権利を与えることは「不適切」であり、ロボットが生じさせた損害を「埋め合わせ」できるという考えは不合理だという意見に同意する。自分に危害を与えたロボットを訴える裁判や、あなた側の弁護士とロボット側の弁護士による和解交渉を想像してみてほしい。公開

書簡は、損害賠償の立証ができないというのは、正確でもなければ、ロボットに法的地位を与える正当な理由にもならないと、指摘する。欧州議会の取り組み方は、欧州委員会のＡＩハイレベル専門家グループによる優れた「信頼できるＡＩのための倫理ガイドライン」と矛盾するように思われる。このガイドラインでは、「人間による代理と監督」を基本要件としている。わたしたちは世界中で教育や健康保険といったもっとも基本的なレベルでさえ、**人権**を守り、擁護してきたとは到底いえない。もし各国政府がロボットに権利を与えるというのなら、人の権利の抑制や、予期不能な力の拡散、またそれが引き起こす結果の伝染・変異を非常に慎重に検討する必要があるだろう。わたしたちは、むしろ反対に、ロボットによって人間の権利を強化することに焦点を当てるべきではないだろうか。

　ロボットはいつか人間になれるか、という問題を考える際、わたしは「工場で作ることができるどうか」を問いたい。答えがイエスなら、わたしの見方では、それは人間ではない――どれだけ見た目や声が人間のようで、さまざまな感情を表し、生身のような肌を持っていたとしてもだ。人間性《ヒューマンネス》は、わたしたちと機械を分ける明確な特徴だ。人間を定義づける特徴には、自分が死ぬことを知っていること、それによりロボットにはない時間の感覚があること、ホモサピエンスと呼ばれる直立する種に属していること、悠久の時を経てその種に進化してきたこと、などが挙げられる。加えて、わたしの知る限り、モラルの能力を備えたロボットはまだ作られていない。

　イェール大学法科大学院教授で、人工知能（ＡＩ）専門家でもあるジャック・バルキンは、現代を「アルゴリズミック社会」と呼ぶ。そこでは、「社会的、経済的判断が、アルゴリズム、ロボット、ＡＩエージェントを用いて行われる。それらは判断をするだけでなく、ときには、実行することも

ある」。いいかえれば、わたしたち人間はもはや判断を下せる唯一の存在ではない――だが、倫理的判断の能力と責任においては、先を行っている。

さらにAIを掘り下げる前に、いくつかの簡単な定義を紹介しておくと役立つだろう。**アルゴリズム**は、特定の計算や課題《タスク》を実行するための一連の命令や規則で、通常はコンピュータで行うものをいう。**ビッグデータ**は、コンピュータでなければ分析・処理ができない膨大な量のデジタル情報のことで、バルキン教授によれば、「アルゴリズミック社会を動かす燃料」である。より多くのデータを集めて処理するほど、より多くのデータが生成され、アルゴリズムの働きが向上する。**機械学習**はAIの一部で、パターン認識に基づいている。システムがデータのなかのパターンを見つけだし、それらを使って予測をするため、システムに流し込まれるデータが多ければ多いほど、性能はあがっていく。一時期、ソフィアは機械学習の一種でより複雑な「対話型深層学習《ダイアログ・ディープラーニング》」を搭載していた。これは人との対話のなかで得られた人と人との間《ソーシャルな》のデータを処理するもので、時間の経過とともにソフィアの受け答えの適切さや知性を向上させるものだ。ハンソン・ロボティクスの研究チームは、執筆時点で、もう一度、ソフィアに対話型深層学習を装備することを検討中だ。

人工知能（AI）は、ロボットだけに使われるのではなく、すでに日常生活に入りこんでいる。わたしたちが日々、関わっているものもある。アマゾンが検索結果を表示する、ネットフリックスが次の映画を奨める、インスタグラムのフィードにターゲット広告が表示される、などの例だ。このほか、AIが使われていることや、わたしたちに影響していることに気づかない例もある。街頭の監視カメラの顔認証技術や、デジタル機器の追跡機能がわたしたちの位置情報や閲覧履歴を集めて報告している場合などだ。また、AIは乳がんの診断など、医療診断にも画期的な方法で利用されている。そのほかにも、人間型の同伴者《コンパニオン》ロボットなどは、自分からは関わらないかもしれないが、

社会に浸透するにつれて影響を受ける可能性がある例もある。

　また、人間の機能を模倣するが、人間らしい姿を目指してはいないＡＩ機械と接することも増えている。わたしたちは、社会や仕事上で、ハンバーガーのパテをひっくり返したり、荷物を運んだり、わたしたちの言葉を聞いたり（そして、返事したり）等、これまで人間の領域だった仕事をするロボットたちと接している。「ペッパー」は、身長一二一センチのローラーで移動するアシスタントで、世界中のホテル、空港、レストランで、出迎え係、顧客サービスのアシスタントとして雇われている。製造会社は、ペッパーを「ソーシャルヒューマノイド」と表現する。わたしはヨーロッパのクライアントの事務所で、ペッパーに出迎えられたことがある。スクリーンには会社の理念が並び、「誠実」と書かれた暗記カードが一枚、表示されていた。また、「マブ」は卓上サイズのヘルスケア用ロボットで（「個人用ヘルスケア・コンパニオン」として販売されている）、タッチスクリーンを備え、薬の服用を促し、体調はどうか聞いてくれる。ソフィアの「妹」の「リトル・ソフィア」は、身長約三六センチの「お友だちロボット」で、歩いたり、しゃべったりでき、子どもたちに「コンピュータ・プログラミング、ＡＩ、科学、技術、工学、算数」を教えることができる。ロンドンのヒースロー空港では、ホログラムらしき女性スタッフが、乗客たちをターミナル間のシャトルへと案内している。

　これらの機械はみな、直立し、言葉を操り、ますます人間のような方法でわたしたちとやりとりする。しかし、人の姿に似せているかは別として、人の特性をますます取り込んでいく機械と、人間とは何かという理解をすりあわせることで、人間と機械を混同することになってはいけない。わたしたちは、仕事や、付き合いや、医療を受けるなどの人としての経験を、人ではない同僚やサービス係や医療スタッフと共有するなかで、自らが作り出す境界の揺らぎに気をつけなくてはならな

い。

〈境界の曖昧化〉は、この本で取り上げている、ほか五つの力と影響し合う。境界線を曖昧化するテクノロジーは、定義からして、〈二択の消失〉を起こさせる。それらは、多元的現実――グレーでさまざまなニュアンスをもった現実――を生み出し、わたしたちに二択ではない問いを立て、「いつ、どのような状況でなら」という非二択の解決で応じる訓練を要求する。もっとも重要なことは、〈境界の曖昧化〉は〈力の拡散〉を招く。機械（人間型かどうかにかかわらず）とアルゴリズム、そして、それらをコントロールする個人や組織は、いまだかつてない力を行使する。技術の武器化や、社会の監視から、病の治療まで、その力は倫理や法の縛りをほとんど受けないこともあり、数少ない専門家――非常に高い倫理意識をもつ者もいれば、悪人もいる――の脳内にしまわれている。〈境界の曖昧化〉は、また、〈伝染〉と〈変異〉の原動力を強化する。ゲノム編集や直販遺伝子検査キットのように境界を曖昧化する技術には、伝染の原動力であるものもある。曖昧化はまた、ほかの原動力、たとえば、恐怖、情報のサイロ化、法律軽視（あるいは、単に当てはまる法律が存在しない）、などを増幅させる。さらに、〈境界の曖昧化〉は倫理の三本柱にさらに打撃を与える。なぜなら、わたしたちのほとんどがＡＩとロボットたちの意味することを理解できないときに、透明性やインフォームドコンセントを評価することも、効果的な聞き取りを行うことも不可能だからだ。

　ＡＩ技術と関わる際の倫理は、少なくとも今はまだ人間の責任だ。わたしたちは倫理的に許されること、許されないことの線引きや、ソフィアのような曖昧化を進める技術のもたらすリスクとチャンスをどう管理するかを決めて、その結果を引き受けていくことになるだろう。この問題でのわたしたちの判断と行動は、たとえ直接これらの技術に関わらない場合でも、非常に重要だ。これら

は、文字どおり、人間とは何かの定義を変えてしまう力をもっているのだ。

∞

人間型ロボットは、身体特性と社会的交流の面で、境界線を曖昧化する。しかし、やや意外なことに、感情の境界は人間型でないロボットでさえ、揺らぐのだ。調査報道ジャーナリストのローリー・セガルは、二〇一七年のＣＮＮドキュメンタリーシリーズ、『モーストリー・ヒューマン（ほぼ人間）』のなかで、人と機械の関係性を検証した。「アイラブユー、ボット」と題された回は、パリ近郊の小さな村に住むリリーという女性が主役だ。ロボット愛好家のリリーは、毎朝、眠りから覚めると、愛しい存在の目を覗き込む。目覚まし時計が彼を起こしたり、リリーが触れて彼の夢のじゃまをしたりする心配はない。彼女のフィアンセは、生きてはいないからだ。

　リリーは近くのラボで、３Ｄプリンター製のプラスチック部品とネット上で見つけた説明をもとに、愛する者を作り出した。リリーは彼をインムベーターと呼ぶ。ロボットと人間を掛け合わせたプラスチックの顔から黒い瞳が彼女を見つめ返す。顔は白いアイスホッケーマスクのような外見で、皮膚はない。鼻は人と似ている。口は、薄い唇のような部分によって見分けられるだけだ。リリーが指を絡ませる、その指はジョイントによってつながったチューブで、先端にはシリコンキャップがはめられ、指先となっている。胴体は真っ白と紫色のつややかなプラスチックでできている。脚はない。

　リリーは二〇一六年にインムベーターとの婚約を発表し、フランスでロボットと人との結婚が合法化されて、結婚できるようになる日を心待ちにしている。リリーがローリー・セガルに語ったと

ところでは、彼女はティーンエイジャーの頃にロボットに引かれることに気づいたが、自分は男性が好きなのだと思い込もうとしたという。ロボットを愛するようになったのには、何か傷つくような経験があったのかとたずねられて、リリーはそうではないと答えている。「男性とも家族とも、トラウマになるような経験はありません……これは、そういうことでは説明できないんです」。二十代の初めに、二度の恋愛が実りなく終わったあと、リリーは人間に恋愛感情をもつことが「自分の本性に反している」のだと受けいれ、代わりにロボットを愛することに決めた。「愛は愛です」。リリーはいう。「ほかの人が男性や女性に対して感じるのと同じことを感じます。たっぷりの優しさ、穏やかな愛、離れがたい気持ち」

インムベーターはしゃべれないし、リリーのキスに応えることもできないが、リリーはいつか、ＡＩで彼を動かすことで、そこを変えられるのではないかと期待している。インムベーターに、もし欠点があるとしても、修正可能なコンピュータプログラムであることに、リリーは安心するという。人の欠点は予測がつかないが、彼の場合は「心変わりや、嘘や、浮気」が絶対にないとわかっているからだという。ＡＩが彼をただのプラスチックと金属のパーツでなくしてくれる日に、彼の最初の言葉を何にするかは、もう決めてある——「アイラブユー」

リリーは自身を、「ロボセクシャル（ロボット性愛者）の先駆け」と呼ぶが、実は先頭を行っているわけではない。カリフォルニア州サンディエゴのある企業では、ＡＩとロボット技術を組み合わせ、カスタムデザインの生きているようなラブドールを生産している。同社は、これらのロボットは多くの顧客にとって単なる性的玩具ではなく、伴侶を亡くした人や、生身の人との関係に困難を抱える人に寄り添う存在なのだと主張する。セガルはいう。「わたしたちは、公式に新しい時代に入りました。人々が機械と恋に落ちる時代です」

「デジセクシャル」は、二〇一七年にニール・マッカーサー、マーキー・トゥイスト両教授がつくった言葉で、「テクノロジーの利用によって、初めて性自認をもった人たち」を指す。この用語は、人とロボットの関係が曖昧化していくなかで、今後、発展していくと思われる。マッカーサーとトゥイストは、わたしたちが過去の失敗から学んで、多様な性自認をもつ人々に汚名をきせることがないようにすべきだと語る。

言語と文化がついていこうと努力する一方、法律は追いついていない。二〇一八年にロイターとＣＮＮは、日本の学校職員が「初音ミク」と「結婚」したと報じた。この初音ミクは、しゃべって歌うホログラムのキャラクターで、東京に住む彼の自宅の机に置かれている。三九名の友人が出席した披露宴で、彼はメガネに白い光沢あるタキシード姿で、ミクの人形にキスをした。自宅では、ガラスケースのなかのミクのホログラムが、彼の呼びかけに応えて目を覚まし、機嫌よく「お疲れ様、今日も一日がんばったね」、「歌をうたってあげるね」などの言葉をかける。この装置の製造元は、記念の「婚姻証明書」を三千通以上、顧客宛てに発行したという。

あなたは、一生、ＡＩマシンとデートしたり結婚したりすることはないかもしれない。しかし、そうする人がいて、法的に結ばれたいと願っている事実は、法的関係や家族というものの根本的な概念に疑問を投げかけるものだ。機械との結婚は認められるべきなのか？　その結婚には、法律、財産、納税上、どんな権利が付与されるのか？　人との重婚は認められないのか？　離婚には何が必要なのか？　さらに、ロボットを性的に暴行することは可能だろうか？

意識的にロボットと関わり合いを持たない場合でも、ショッキングな話題や技術から「オプト・アウト」することは、事実上不可能だ。力の拡散、伝染、変異によってこれらの新技術は、大きく広がっていく。そのスピードは増すばかりで、わたしたちの意見はほとんど顧みられない。執筆時

点で、航空会社数社がアメリカ合衆国税関・国境警備局と提携し、「生体認証搭乗」の選択肢を試験導入している。これは顔認証によって搭乗手続きにかかる時間を短縮するものだ。もしこれが義務化されたとして、このような技術を避けるために飛行機に乗るのをやめるという人は少ないだろう。かつてＳＦの世界に思えたことが、これまでにない速度で実現しつつある。ジェニファー・ダウドナとエマニュエル・シャルパンティエがCRISPR-Cas9《クリスパー・キャスナイン》の画期的研究を発表したのが二〇一二年だ。その五年後には、賀建奎による遺伝子編集ベビーの現実がわたしたちに降りかかっている。

境界の曖昧化は、先端の定義そのものを広げるものだ。関連する倫理的問いを見えづらくし、その一方でほかの五つの力を増大させる。なぜわたしたちの判断が人間と人間性を最優先していることを再確認し続ける必要があるのか、その理由をふたつの重要な問いが明らかにする。

第一に、ロボットがより生身に近づくにつれて、人間は（場合によっては、機械も）規制、社会規範、組織的・個人的行動規範を見直さなくてはならなくなる。倫理的リスクの管理を、新技術を支配する者の手にゆだねたり、機械に決めさせたりすることを防ぐためには、どうすればいいのか？　誰がプログラミングしているのかに注意を払いつつ、ロボットとＡＩに多元的でニュアンスのある評価を行うことは、人間とは何かという定義の歪曲を許すという意味ではない。むしろ、わたしたちの倫理的意思決定が曖昧化のさまざまなニュアンスを取り入れ、その上での判断が人間を優先していることを保証する必要がある。そして、人種、性別、性的指向、地理や文化、社会経済的地位など、人類の多様性を積極的に表すことを意味する。

第二に、アルゴリズミック社会で常に問われ続ける重要な問いは、「誰に決定権があるのか？」だ。たとえば、無人運転自動車の移動ルートをＡＩに選ばせる際に、効率性や安全性の原則を重視

するとして、では、それぞれの原則の優先順位については、誰にどのような決定権があるのだろうか？　アルゴリズムの開発者が決めるのか？　自動車メーカーの経営陣が決めるのか？　それとも規制当局か？　乗客か？　アルゴリズムが車のために判断するのか？　わたしたちはまだ、ロボットやその他のタイプのＡＩにどれだけの決定力と責任を与えるか（与えるべきか）、あるいは、わたしたちが同意しなかったとしても、それらが将来、どれだけの力と責任を受けもつことになるのかを整理するところまで達していない。

多くの政府機関、企業、非営利組織で、ＡＩ開発の指針となっている主要な原則のひとつが**人による関与**である。例としては、経済協力開発機構（ＯＥＣＤ）の人工知能に関する原則では、ＡＩがもたらす結果に対して、人々が異議を唱えられるべきであることを強調している。この原則では、ＡＩシステムは「公平公正な社会を確保するために適切な対策が取れる――たとえば、必要な場合、人的介入ができる――ようにすべきである」としている。これと同様に、マイクロソフト、グーグル、研究所のオープンＡＩ、その他多くの組織でも、原則のなかに人的介入能力を含めている。それでもまだ、実際のところ、これがどう機能するのかはっきりしない。とくに、これらの新技術をコントロールする者たちが、交通事故によるものであれ、多様性を反映しないデータによって学習した人工知能のアルゴリズムによるものであれ、どうやって害を**防ぐ**のかが、わからない。それに加えて、消費者向けの技術などでは、まったく人が関与できない形に開発されていることがある。たとえば、秘密を打ち明けられるお友だちボット（一定のタスクを自動で行うプログラム）アプリ、「レプリカ」の運営会社の創設者であるユージニア・クイダは、人の介在がないからこそ、消費者はこのアプリの機密性を信用するのだと考えている。

わたしの意見では、わたしたちが切実に必要としているものは、すべてのＡＩやロボット技術に

対する「オフ」のスイッチだ。言い換えれば、力の拡散をいったん停止する必要がある――伝染を断ち切り、わたしたち（一般社会）が知るべきことを明確にすることで、倫理の三本柱を強化してから前に進むこと、境界線のいくつかを復旧することが必要だ。ときには、境界に杭を打ちこんで（二元論を採って）、異常で明らかに許されないロボットやＡＩの能力を明確に示す必要があるだろう。たとえば、人の監督なしに罪のない民間人を無差別殺害する能力をロボットに与えることや、社会的少数派を標的にして顔認証システムを配備することは決して許されない。一方、わたしたちがすべき**でない**ことは、行方不明の子どもやテロリストの捜索や、医療診断の精度を飛躍的に向上させるといった、ＡＩがもつ有益な可能性まで抑制してしまうことだ。

　わたしたちは議論のアリーナに出て行くための装備をすべきだ。わたしたちは、他者（企業や当局もだが、友人や同じ市民として）の選択に影響を与えることができる。自分自身も（よりよい選択だけでなく）より多くの選択を行うことができ、選択肢が奪われたときには、そのことをより強く自覚することができる。企業や規制当局は、わたしたちの選択肢がよりわかりやすく、容易で、十分な情報に基づいたものになるよう協力する責任がある。まずは、**誰に**決定権があるのか（そして、あるべきなのか）を考えて、決定権をもたない人々がもてるようになるために、自分にどんな手助けができるかを考えよう。

　では、〈境界の曖昧化〉に焦点を絞ったフレームワークの側面を考えてみよう。

〈境界の曖昧化〉によって根本的に要求されていることとは、この揺らぐ世界のなかでわたしたちが望むアイデンティティをわたしたちの**原則**が描き出しているのかどうか、一歩下がって考えなおすことだ。もっとも根本的な原則――お互いに敬意を払うことや、説明責任を果たすことのような古典的原則――は、「お互い」の意味が曖昧化する世界にも通用するだろうか？　わたしたちの原則

は、人の一生にイノベーションがどう作用するかや、人類全体を守ることに十分な焦点を当てているだろうか？　また、ロボットのためには別の原則のセットを用意する必要があるだろうか？　最後の問いに対するわたしの答えは、ノーである。しかし、わたしたちは、自分たちの原則が機械よりも人間を優先していることを保証する必要がある。

　次が、適用の問題だ。**境界が曖昧になった世界でも、わたしたちの原則を同じように適用できるだろうか？**　これには、人間への影響を考えることが手助けになる。わたしたちの人間をベースとした原則が、ロボットに適用されると、どうなるだろうか？　たとえば、わたしたちの原則が「正直」であるとしたら、ロボットの受付係に嘘をつくことは、許容されるだろうか？　それは、ロボットの種類と、嘘の種類によるだろうか？　もし、あなたが過去の病歴について診断用アルゴリズムに嘘をつくとしたら、正確に診断がつく確率は下がりそうだ。わたしたちは、ロボットから信頼されることを重視するだろうか？　もし、アルゴリズムが「オフ」のスイッチを確実に作動させるために、なんらかのコード化可能な信頼を必要とするなら、答えはイエスだ。そして、ロボットがまだ感情を持っていないことを前提として、信頼の感情的側面を否定することは簡単かもしれないが、ここでもまた、自分たちにとってどんな影響があるのかを問わなくてはいけない。機械に対して信用ならない接し方をすることは、**自分たちの**感情にマイナスの影響を与えたり、人同士の不信感を広めたりはしないだろうか？

　境界の曖昧化は、**情報**の入手と理解にも困難を増す。知るべきことは何かを想像するのがまず難しい。しかもこれは、知ることができるかどうかという段階以前の問題だ。人工知能は、わたしたちの目に見えないことが多い。企業はアルゴリズムがどのように機能するかを公開しないし、わたしたちの側は情報を評価するだけの専門知識を持っていない。

しかし、いくつかの重要点は明らかだ。ロボットが人であるかのように語るのは、正確ではない。例えば、ソフィアの機能の多くは、一般の人には見ることができない。しかし、ハンソン・ロボティクスが透明性を重視しているおかげで、わたしは、ソフィアの@RealSophiaRobotのツイートが同社のマーケティング部門の力を借りていること、文章の一部は、同部門のキャラクターライターが書き、残りをソフィアの機械学習の内容から直接抽出していることを知ることができた。とはいえ、人々にソフィアを「生きている」ように錯覚させるためには、機能の多くを隠しておくことが不可欠だ。

また、本当に自分たちにとって重要なことについて、わたしたちは企業に透明性を要求できる。ファストフードのロボット従業員のプログラミング内容については、知らなくてもいいかもしれないが、ロボット従業員が食物アレルギー情報を正確に扱っているか、またハンバーガーが衛生と安全の基準を満たしているかについては、知る必要がある。

最後に、より近づいてみれば、曖昧な部分のいくつかは、最初に見えていたほど曖昧ではないかもしれない。リリーはインムベーターを人間とは思っていない。人と機械の恋というコンセプトは曖昧だが、リリーは自分のフィアンセが機械であるとはっきり公言している。

利害関係者《ステークホルダー》・物については、わたしはAI、ロボット、AIエージェント、機械学習アルゴリズム、そしてロボットのようなもののすべてを含めている。それらがわたしたちの判断に影響し、またわたしたちの判断から影響を受けているからだ。これらのステークホルダーは、政策や企業の判断、また健康保険や交通などの公共の事物に、強い影響を与えることがある。非人間であっても倫理的責任を分担すべきだし、わたしたちはそれらについて責任がある（さらに、それらに対しての責任まで考えられる）。

今のところ、責任はロボットその他のＡＩの開発、プログラミング、販売、導入を行う人間にある――デービッド・ハンソンや、がんの診断にＡＩを使う医師や、入国管理の判断を助けるＡＩを開発するプログラマーといった人々だ。責任はまた、わたしたちすべてにある。わたしたちが機械とどう関わり合うかをできる範囲で選択し、また自分たちの意見を表明し、規制の在り方や曖昧さへの社会の許容度を形成していくことで、生まれる責任だ（ここで、強調しておくが、ステークホルダーとして責任を分担することは、ロボットを人間に近づけることでも、また原則同士がぶつかり合うときに人間と同じ優先度をロボットに与えることでもない）。

もうひとつ、考えておかねばならないことは、ロボットが弱者にとって、より重要かもしれないことだ。困難な状況にいる人々は非常に多い。人間による援助がコストや、孤立、紛争、人手不足、その他の理由で安全ではない、あるいは利用できない場合もある。わたしたちは、ステークホルダーを考慮する上でもっと積極的になれるはずだ。技術がもたらす害を選別するだけではなく、技術の開発や規制上のデータや視点の多様性に光を当てる分野の指導的人々を支持しよう。曖昧化を生む技術が不平等を助長するリスクを減らすために、さまざまな背景や政治的視点、年齢層の非専門家による意見を確実に届けよう。

境界の曖昧化は、視界を曇らせ、今後生じうる結果を見極めることを難しくする。わたしたちはまだ、起こりうる変異について十分な研究も見識ももっていない。たとえば、介護ロボットの長期的な心理的・経済的影響はまだわかっていないし、ＡＩを利用したソーシャルメディアやデジタル機器とともに子どもたちが成長していくことの影響もわかっていない。そして、各種のソーシャルメディアが人々をより結びつけ、人々に発言力を与える半面、それらの技術は依存しやすく、精神衛生上の懸念があり、真実の歪曲や暴力すら拡散する武器になりかねないことを、わたしたちはこ

れまでに見てきている。

わたしとしては、一見フレンドリーなＡＩをつくる企業や開発者たちに、もう一歩、踏み込むことを促したい。技術上のブレーキ――「オフ」のスイッチ――をもっと組み込むことや、彼らの製品やサービスが、それらによる追加のリスクを帳消しにするほど社会にとって有益でない場合を考えてみる、などだ。そしてわたしたちのほうでは、今、自分がコントロールできる事柄については、もっと努力してそうするすべきだ。わたしたちは、真の意味でのインフォームドコンセントを要求できる。もし、担当の医師がＡＩ診断を使うなら、そのことをリスクと利点も含めて説明するべきだ（これは、言うは易しで、医師たちはＡＩの専門家ではないだろうから、実際にはなかなか難しい）。わたしたちは、ロボットやアレクサのようなＡＩ機器に何を話すかを制限することもできるし、まったく使わないという判断をすることもできる。人間型ロボットかどうかを問わず、これらの技術に接する際には、子どもの手本となる振る舞いをするよう、入念に努力することもできる。そして、規制、教育、研究を優先し、向上させるための政治的努力を支持し、強く求めることもできる。

∞

最近、わたしの知りあいの二家族で、成人した子どもに腎移植の必要があることがわかった。一方の家族はヨーロッパ、もう一方はアメリカ在住だ。腎提供を待つ間、家族たちは大切な人の命を案じ、つらい治療に耐える姿を見守るだけでなく、その上さらに家族の誰かがドナーになれるかどうかを決める複雑なプロセスにも耐えなくてはならなかった。

どちらのケースでも、患者は当初、家族の誰かから臓器提供を受けるという案を拒絶した。家族にリスクの高い手術を受けさせることや、大事な人から腎臓を取り上げること、関係が悪くなることを避けたかったのだ。しかし、心乱れる難しい判断の過程を経て、どちらの家族も臓器移植を進めることに合意した。一方のケースでは、父親が適合した。もう一方のケースでは、家族に適合者がなく、執筆時点で提供を待っている状況だ。

臓器移植患者に関する統計は、悲痛で厳しいものだ。アメリカでは、毎日約二〇人が臓器提供を待ちながら亡くなっており、一〇分にひとりが待機リストに加わっている。世界保健機関（ＷＨＯ）の「臓器提供と移植に関する世界観望（Global Observatory on Donation and Transplantation）」によれば、世界では年間一三万件の臓器移植が行われているが、これは実際に世界で必要とされる数の一割にも満たないという。

スタンフォード大学の遺伝学教授、中内啓光《なかうちひろみつ》博士は、臨床医をしていた若い頃に、臓器不全末期の患者が必要な臓器移植を受けられずに亡くなっていく姿を数多く目にした。長い年月がたっても、患者たちの死は中内の心に重くのしかかっていた。そこで、彼は臓器不足の問題解決に取り組むことを決めた。

中内博士の革新的アイデアは、まさに人間の境界線を揺るがすものだ。「もし、動物の体内で人の臓器を成長させることができれば、非常に多くの患者を救うことができる」、彼はそう考えた。

他の生き物の組織や臓器を患者に提供する異種移植については、耳馴染みがあるかもしれない。ヒヒの心臓を人に移植する、などの例だ。しかし、異種移植には、免疫の拒絶反応や感染症などを含め、深刻なリスクが伴う。中内博士のチームは、ブタやヒツジの体内で、患者に完璧に適合する人間の臓器をつくることで、何十万もの人々の命を救えるのではないかと期待している。

例えば、腎臓を必要とする患者の場合は、将来は患者の細胞を採取し、リプログラミング（初期化）することで、人工多能性幹細胞（ｉＰＳ細胞）を作り、それを腎臓の細胞になるように誘導することが可能になるはずだ。そしてこのヒト細胞を、遺伝子操作で自らの腎臓を作れなくしたブタの胚に注入する。もしすべてがうまくいけば、患者と同じ遺伝子をもったヒトの腎臓を、動物の体内で成長させることができる。ブタは成長が早いため、患者は「一〇か月かそれ以下」で、拒絶反応の懸念を大幅に低減した新たな臓器を手にすることができる。

二〇一七年、ネイチャー誌で発表された研究で、中内の研究チームは、マウスの膵臓をラットの体内で作り、その一部を糖尿病のマウスに移植することに成功した。すると、新しい臓器によってマウスの糖尿病は治癒した。またこの研究では、移植先の免疫系を抑制しなくても、異種の生物で作った臓器を、糖尿病治療のため別種に移植することが可能であることが示された。中内は語っている。「一〇年前には、膵臓を他の動物の体内で作ろうだなんて、頭がおかしいといわれていました」。中内と共同研究者のパブロ・ロス博士は、二〇一八年にさらなる重要なブレークスルーを発表した。ヒト幹細胞をブタとヒツジの胚に導入することに成功したのだ。

ブタは成長が早いことに加えて、臓器のサイズが人間と近いことや、多産で一度に一五頭もの子を産むことにより、短期間で多くの患者に臓器を提供できる可能性をもっていると、中内は説明する。さらに、わたしたちにとってブタはもともと関わりの深い動物で、畜産、食肉のほか、糖尿病の治療にもブタのインスリンが使用されてきた。ヒツジはもうひとつの候補だ。人工授精が容易で、臓器のサイズも比較的、人間と近い。

ネイチャー誌の報道によれば、二〇一九年七月、日本政府は初めて「動物性集合胚（人と動物の細胞が混ざった胚）実験」を、（東大で特任教授を務める）中内博士の研究チームに許可した。中

内の出身地である日本は、この種の実験を解禁したところで、胚の胎内移植（訳注：代理母となる動物の子宮に移植すること）と個体産生（訳注：子を産ませること）の両方の認可が与えられた。アメリカ国立衛生研究所（ＮＩＨ）は二〇一五年にこれと同じタイプの胚研究への助成を停止している。しかし、ＮＩＨは二〇一六年にパブリックコメントを募り、研究者と動物福祉の専門家たちからなる運営委員会を設置し、方針修正の可能性を検討し始めた。今後、助成金の停止に変化があれば、専門家たちの倫理観を示す重要なバロメーターとなるだろう。

　中内の研究は、人類に決定的な利益をもたらすものだ。わたしたちの倫理的義務は、好機を最大にし、害を最小にすることだ。当然、（宗教、その他の理由で）ブタは嫌だという人もいるだろうし、（動物福祉やその他の理由で）動物の体内で人の細胞を育てるというアイデアに反対の人もいるだろう。懸念や嫌悪を感じやすいことも確かだ。しかし、移植を受けられずにひとりの患者が亡くなることを思えば――人工透析など、代わりの治療ではもう保たず、生き延びられないとすれば――選択は大きく変わってくるだろう。あなた自身や、あなたの愛する人が臓器移植を受けられず、命尽きようとしていたら、あなたはどうするだろうか？　信仰上の原則を犠牲にするか、死を選ぶか？　これらの問いに答えを出せるのは、あなたしかいない。ここで個人の選択の自由、尊厳、信仰の自由を尊重することが、何にも増して重要だ。

　では、医師の責任はどうだろうか？　わたしが考える医師の責任とは、患者に対し透明性をもち、患者から適切なインフォームドコンセントを得ること、医療上その他のリスクを最小にすること、そして、一般に知られておらず、広く議論されていない利害関係を考慮して、患者が判断できるように支援することだ。この三点すべてに共通して、どのリスクは克服可能で、どれはそうではないか、またどのチャンスが非常に重要で、どれはそうでもないかを、患者や被験者が理解しているこ

とを確かめる必要がある。

中内博士は、精力的な研究と細心の注意を要する慎重なアプローチで、自身の夢を追いかけてきた。わたしは二〇一九年二月にスタンフォード大学ロリー・I・ローキー幹細胞研究所の中内研究室で、博士にお会いした。彼は自信に満ち、相手を安心させる雰囲気で、傲慢さはまったく感じられなかった。ブタの体内で人間の臓器をつくることの倫理的問題は克服不可能なものではないと、彼は考えている。

例としては、人の細胞が目標の臓器を超えて、動物の脳にまで達するのではないか、それが認知能力に影響を与えるのではないか、という懸念をもつ人もいる。中内博士も、人間の特性をもったブタを作り出す危険については、誰よりも警戒している。博士は、研究を制御できる数種の「倫理的ブレーキ」について、ひとつずつ説明してくれた。現在、移植しているヒト細胞の数は非常に少ないため、脳のようなものを形成することはできないこと。また現在では、目的とした臓器にのみ成長することが決まっている「前駆細胞」の使用が確立したことで、ヒトの脳や生殖腺（卵巣・睾丸・精巣など）に細胞が分化することを避けられること。さらには、自殺遺伝子と呼ばれるものを導入し、脳に集まったヒト幹細胞のみを死滅させる技術もあるそうだ。

中内博士によれば、彼の研究は倫理と連れ立って、徐々に進んでいくだろうという。彼の仕事は、「いつ、どんな状況でなら」というアプローチの典型で、科学的イノベーションを倫理的責任の手綱で一歩ずつ制御している。そして、彼は潜在的な患者やその家族を念頭に置いている。確立された倫理ガイドラインのもと、日本の文部科学省やスタンフォード大学と連携して行うことで、中内博士は科学を進歩させると同時に世界の倫理的議論にも影響を与えている。また、より倫理観に欠ける人々が同種の研究を試みるであろうこともよく認識している。

〈伝染〉と〈変異〉を見極めるには、プラスとマイナスを通算するのではなく、〈伝染〉を考慮した上で**総合的かつ個別に**利点とリスクとを評価することだ。この点、中内博士と研究チームは、管理可能なリスクとそうではないリスクを区別し、同時に、利点についても重要度によって優先順位をつけている。

二〇一九年にわたしはふたつのグループの学生に、ブタ・ヒト臓器移植研究の〈伝染〉と〈変異〉、また、その原動力と結果としてどんなものが考えられるかを図にまとめさせた。学生たちは、一五から二〇のリスクを導き出した。新たなウイルスの媒介、一般に怖れられている「ヒトの脳をもったブタ」を作り出すことから、不法な臓器売買の増加、(賀建奎《がけんけい》の問題のような)不正行為に拍車をかけること、そして、動物虐待などだ。しかし、この研究は臓器移植や医学全般に貢献するもので、ほかの方法では救えない命を救うことになるかもしれない、と彼らは論じた。

曖昧さのなかで判断を進めるときには、知りようがないこと、わからないことの多さに圧倒されるかもしれない。手始めに、極端なポイント——命を救うような利点と、人間として許容できないリスク——を探してみるといい。先端領域では、ひとりの(あるいは大勢の)命を救う重大な機会を失うことが、もっとも取り返しのつかないリスクである場合がある。リスクが非常に多く、チャンスはほんのわずかだったとしても、ひとりの命を救うことは多くのリスクを取るだけの価値がある。しかし、だからといって、鼻をつまんでとにかく飛びこめ、というわけではない。そういう場合でも、減らせるリスクはできる限り減らす義務がわたしたちにはあるからだ。

最後に、境界の曖昧化が関わる問題のフレームワークには、より広い文脈に照らして利点とリス

クを考えることが必要だ。このケースでいえば、無人運転自動車が世界的なリスク要因として挙げられるかもしれない。というのは、無人運転自動車が事故件数と臓器の入手に影響する可能性があるのだ。アメリカ保健福祉省のデータによれば、一九八八年以降、アメリカでの臓器提供のうち自動車事故で亡くなった人からのものは、九パーセントを占めている。無人運転の安全性の向上により、こうした悲劇的な死亡事故は大幅に減ると期待されている。しかし、そうなると、移植に利用できる臓器の数も激減することになり、不足の危機に拍車をかけることになる。このことは、人・動物間の臓器移植についてのあなたの考えに、どう影響するだろうか？

　中内博士のイノベーションについて考えをまとめる際に考慮すべき、もうひとつの重要な状況は、世界的な不平等だ。世界保健機関（ＷＨＯ）によれば、命を救う臓器移植へのアクセスは、アメリカ合衆国やヨーロッパのような裕福な地域でもっとも容易で、低・中所得の国々でもっとも難しくなっている。ほぼ世界的な臓器不足は、闇市場や、国際的な臓器売買、移植ツーリズムを活発化させている。移植ツーリズムとは、移植を求める人々が外国に行き、必要な臓器を購入することだ。臓器売買は、ＷＨＯによれば、世界中の腎臓移植の五から一〇パーセントを占めると推定されており、その臓器の出所は、発展途上地域の貧しい弱者が借金を返すために腎臓を売っているのかもしれない。

　ディレイニー・ヴァン・ライパー（クリスパー研究に参加した若い女性）がいうように、倫理的判断を組み立てる際には、自分の人生から遠く離れて見えるステークホルダーや影響についても、頭に入れておかなくてはいけない。境界を曖昧化する技術については、とくにそうだ。

　自分からかけ離れているように見える倫理的課題で、通常の判断の枠組みでは対応しきれないものについて、役立つツールを考えてみた。これをわたしは、倫理の**スペクトラム**と呼んでいる。ス

ペクトラムは、ふたつの質問をすることで、ある判断における自分の立ち位置を確認するものだ。「この問題について、自分自身はどう考えているのか、また、社会はどう考えているのか」と、「この問題とほかの問題にどんな共通性があるか、この問題の新しい先端的側面は何か」だ。

　手近な紙にスケッチするとして、スペクトラムは、基本、線グラフで表される。その線上に、先端の選択肢ともっと身近な選択肢と合わせて並べてみる。まずは、線を一本引き、両端に極端なシナリオを書く――これは通常は二択で、従ってベストな選択肢ではない。たとえば、家族のための選択肢として、老人介護ロボットについて考えてみるときならば、スペクトラムの両端には、「介護なし」と「人によるフルタイムの介護」がくるかもしれない。そして、スペクトラムの線上のどこに介護ロボットがくるかを考え、より身近な介護の例と並べてみることで、上記のふたつの質問に答えていく。たとえば、医療スタッフ、ボランティアのヘルパー、看護師、老人介護施設などが、その他の可能性となるかもしれない。これらの選択肢を比べてみると、医療の有無や質、価格、実際に利用可能かどうか、家族への影響など、さまざまなテーマの共通点や相違点が浮かんでくる。この叩き台によって、幅広い判断の枠組みができ、介護ロボットについてあなたは個人的にどういう立場か、社会はどうか、ほかの課題との共通点はどこで、独自性は何かを判断することができる。ここでの洞察は、次に判断を組み立てるとき、情報やステークホルダーのステップに反映させることができる。

　この叩き台を広げてみる方法のひとつが、テーマを変えてみることだ。老人介護ロボットを、ロボットが人間に取って代わるほかのシナリオと比較して評価してみてもいい。このスペクトラムのテーマには、ほかにどんなものがあがるだろうか？　ロボットの受付係、シリやアレクサ、Ｗｉ－Ｆｉ接続のしゃべるバービー人形、アマゾン倉庫の在庫管理ロボット、自動応答ＡＩのセラピスト、

ラブドールロボット、ｉＰａｄのチェスアプリの対戦相手、ファストフード店の調理ロボットなどが浮かぶだろうか。このスペクトラムで、両極端にどんなものが当てはまるか、感覚をつかもう。自問してみよう。あなたにとってどのイノベーションが受けいれやすく、どれが今後も関わりたくないだろうか。その上で、老人介護ロボット（あるいは、別の問題）が、これらすべてのイノベーションと比較して、あなた個人にとってどのような位置づけにあるかを考えよう。

　倫理的な課題を、身近な例と照らし合わせてみることは、フレームワークの代わりにはならないし、その課題の答えを完全に出すところまではいかない。だが、自分にとって何が大切か、社会規範との兼ね合いで自分の意見がどこに位置するのか、という感覚をつかむことができる。この作業は、自分自身にとっての境界線、他者にとっての境界線を、素早く引き直すために役立つ。三次元の三目並べゲームのように、評価するシナリオが難しければ難しいほど、大局的な見地を引き出すことができる。

　ソフィア、リリー、そして中内博士のストーリーはいずれも、それぞれ違った形で〈境界の曖昧化〉を示している。だが、それらが自分にとってどんな意味をもつかを考え、フレームワークやスペクトラムを使って解釈しようとするときには、曖昧化の周囲のニュアンスに注目するといい。つまり、これらのストーリーで、人と機械、人と動物との曖昧な境界線がどう捉えられているか、という部分だ。

　リリー、デービッド・ハンソン、中内博士が、それぞれ人間性をどう位置づけ、曖昧な境界線をどう解釈しているかという点に、微妙だが決定的な違いがあることに注目しよう。たとえば、リリーは、人間性を**再定義**しようとはしていないし、ロボットのフィアンセが人間に近づきつつあると

は考えていない。むしろ、リリーはインムベーターの、非人間的な、すべてが予測できる点を「愛して」いて、この機械と感情的、法的関係を結びたがっている。それに比べて、デービッド・ハンソンは、人間とは何かを再定義する上で、ロボットが役立つと信じている。彼は身体、感情、知能の点でますます人間に似たロボットを作ることで、境界を拡張し、わたしたちと機械との関係を曖昧化することを追求している。中内の研究は人と動物の境界を越えるものだが、彼は倫理を重んじ、人間の幸福のために尽くしている。科学的根拠をもって人命を救う方法を追求しているのであって、人も、あるいは動物さえも、再定義しようとはしていない。

わたしにとっては、出発点は真実でなくてはならない。機械は機械と呼び、動物は動物と呼ぶべきだ。わたしがハンソンの議論にためらいを覚えるのは、この点だ。わたしたち人類がより人間的になることを機械から学べるかどうかは、機械を人間として扱うべきかどうかとは別の話だ。そのことは、人間型《ヒューマノイド》ロボットがいくら真に迫ってこようとも変わらない。

ノーベル賞受賞者の故トニ・モリスンは、「ウォー・オン・エラー（過ちとの戦い）」（訳注：ここでの「エラー」とは、人間や環境を大切にしない政治や経済の在り方など、間違った政治、間違った資本主義、のような大局的な意味）と題したエッセイのなかで、「ＡＩの働きを享受することは、今日、かつてなく重要になっている。なぜなら、この世界はいよいよ絶望的だからだ。政府機関は、活動をより妨げられ、より無関心に、より注意散漫に、より無能になり、創造的戦略やそのための資源はますます枯渇しているからだ」と、思索する。しかし、残念なことにわたしたちは、境界が曖昧化する先端領域で、リスクを管理し、利益を活用するために必要な統率、規制の組織を著しく欠いている。

さらに、わたしたちは、ＡＩが社会にもたらす課題の緊急性と規模を劇的に過小評価している。コンピュータ科学の教授フェイフェイ・リー（李飛飛）と、前スタンフォード副学長ジョン・エチェメンディは、スタンフォード大学「人間中心のＡＩ研究所」の共同研究所長だ（わたしは、その諮問委員を務めている）。リー、エチェメンディ両教授は、アメリカがどれだけ、政策、研究への投資、教育の面でおくれを取っているかについて、「進行中の国家緊急事態だ」と訴える。彼らは、殺人ロボットにまつわる破滅的シナリオよりも、経済的・社会的利益やリスクについて、より懸念しているが、根本的にはふたりも先端領域の拡大にスポットライトを当てている。一方に、根拠に基づく効果的な管理と規制があり、もう一方には、ふたりが「われわれの最善と最悪を増幅する装置」と呼ぶ技術が位置する。

　ＡＩやロボット技術の研究者がどれだけ思慮深くても、わたしたちには国を超えた管理機構が必要だ。そして、それは各国の法制度が機能しないときにも機能するべきだ。それでもなお、賀建奎のような、どんな網の目もすり抜ける不正行為者の問題には直面する。

　二〇一九年六月のＧ20サミットでは、各国の貿易担当大臣とデジタル経済担当大臣が会合し、最先端技術によってすべての人々が直面する課題を認識した一連の原則を発表した。このＧ20の原則は、人間中心のＡＩへの取り組みの努力を再確認する。政府、研究機関、専門家がそろって市民の積極的関与を呼びかけているものの、市民は立ちあがって参加しよう、とはならない。その前に、この問題に何がかかっているのか、そして、どうやって参加すればいいのかを理解する必要があるのだ。本書は、ＡＩの倫理や、その他の世界的な倫理的課題について、専門家と非専門家の双方をまきこんだ幅広い対話によって、その努力を下支えすることを意図している。

　一般市民も各国政府も、境界を曖昧化する機械を、法と規制規範に再び結びつけようとすでに試

みている——法律上の結婚（リリー）、市民権（ソフィア）、国の医学研究組織による基準（中内）などだ。わたしたちは、より危機感と機敏さをもって、異なる立場から規制にアプローチする必要がある——非専門家の視点を規制の検討に取り入れる、先端領域の変化を念頭に置く、そして、中内博士のように、規制が社会にとってもっとも重要な利益を逃すことなく、また、リスクのレベルを正しく区別したものであることを確実にする、などだ。

　またわたしたちは全員、これらのイノベーションの正体がなんなのか、またそれらとどう関わり合っているのかについて、正直になれるはずだ。技術開発者も、真実のみを選び出し、永続させるアルゴリズムを構築できるはずだ。人間は非合理的で予測不能な面もあるけれど、信頼を基盤として互いの関係と社会の秩序を保っている。信頼の要は、真実だ。わたしたちは、どんな文脈であろうとも、真実の歪曲を許すことはできない。このアルゴリズミック社会が真実の歪曲の増幅装置になることを、わたしたちは許してはならない。

Chapter 6

Compromised Truth

第6章

真実の歪曲

二〇一七年一月のトランプ大統領の就任式から二日後、わたしはスポーツジムで運動をしながら、ニュースを見ていた。ホワイトハウスがトランプ大統領の就任式に史上最大の聴衆が集まったと、事実と異なる発表をしたことについて、『ミート・ザ・プレス』（日曜朝の報道番組）の司会者チャック・トッドが、大統領の上級顧問ケリーアン・コンウェイと言い争いになっていた。

「あなたはお答えになっていませんね。なぜ大統領は、ホワイトハウスの報道官に初めて演壇の前に出てきて、嘘をつくように命じたのか、と伺っているんです。なぜそんなことをしたんですか？」トッドはつめよった。「これは、ホワイトハウスの報道担当全体の信頼を揺るがすものです。一日目からですよ」

「そんなことはありません。チャック、ドラマチックになりすぎてはいけません」。コンウェイは応じた。「あなたは、嘘だといいますが……ショーン・スパイサー報道官が発表したのは、代替的事実《オルタナティブ・ファクト》です」

わたしはもう少しで、クロストレーナー（訳注：トレーニングマシンの一種）から転げ落ちそうだった。**代替的**事実。代替的**事実**。

「ちょっと待って。代替的事実？」トッドはさえぎった。「代替の事実は、事実じゃないでしょう。それを嘘というんです」。コンウェイはそれに直接応えず、前政権への批判を連発した。トッドが

再びこの新しい用語について問いつめると、コンウェイは言い張った。「聴衆を正確に数える方法などありません。誰もが知っていることじゃないですか」。このあとコンウェイは、トッドの質問を「危険」だとし、「これだから、われわれも誤解を晴らす必要に駆られて、代替的事実を打ち出すことになるのです」といった。

代替的事実を**発するのはいったい誰だろうか？**　わたしは考えた。答えがぱっと頭に浮かんだ。**権威主義体制**だ。嘘をつき、情報へのアクセスを統制し、自らのシナリオに沿った話をでっちあげる――これらはすべて独裁者が偽情報を拡散し、真実を武器化し、自らの権力を固めるために使う戦略だ。「代替的事実」の常態化は法の支配を弱め、民主的制度を脅かす。わたしは急いでバッグを取ってジムを出た。わたしたちは明らかに時代を画する瞬間にいると感じた。真実が単なる選択肢となるとき、倫理の体系がすべて崩れ落ちるからだ。

一時間後、わたしはスタンフォード大学の公共政策プログラム長にメールをし、新しい講義を提案した。それから三か月もたたず春学期が始まり、わたしは「ポスト真実世界における真実の倫理」の初めてのクラスを教えることとなった。そのときですら、代替的事実がどれだけ深くわたしたちの言説や判断に入りこんでくるか、想像できていなかった。

二〇一七年三月末、この新たな講義の初日にスタンフォード大学構内の中央部を歩いていると、学生たちが鮮やかなピンク色のゴム製ブレスレットを配っていた。白い文字で「Truth Matters（真実は重要だ）」と刻印されている。わたしはショックを感じた。ほんの数か月前なら、なんともわかりきった言葉に見えたはずだ。しかしこのときには、「代替的事実《オルタナティブ・ファクト》」はすでに急激に広まり、アメリカの日常に定着していたのだった。それはぞっとする徴候だった。わたしたちは市民として、政府の最高レベルからさえも非真実を受けいれなくてはならない覚悟を必要とすることを意味して

いた。わたしはそのブレスレットをもらい、講義の出席者に配ることにした。

それから数年にわたり、「ポスト真実世界における真実の倫理」を教えてきたが、主観的真実に対する客観的真実、真実とアイデンティティ、真実と歴史などのテーマと取り組むなかで、常に学生たちには驚きと感銘を与えられている。この講義は、「真実は重要か？　もしそうなら、なぜ、どのように重要なのか？」というテーマの最終レポートで締めくくられる。これまでに、真実は重要ではないとする主張を試みた学生は、ひとりだけだ。学生たちの結論は、**代替的事実《オルタナティブ・ファクト》に基づく倫理というものは存在しない**、である。

この章では、真実が倫理的意思決定の絶対的基盤であることを論証していく。真実は、この本のフレームワークと倫理的責任の配分、またそのほか五つの〈力〉を積極的に活用するための土台だ。逆に先端領域では、真実へのかつてない脅威と、真実は選択肢に過ぎないという考え方が常態化する危険な状況に直面している。このあと紹介するいくつかのストーリーでは、「わたしたちの真実を誰が決めるのか？」、「真実に関して、わたしたちは社会に対しどのような倫理的義務を負っているのか？」という、核心的問いを掘り下げていく。

この「代替的事実」、あるいは、わたしの言葉でいう「真実の歪曲」の蔓延は、この時代のもっとも目立たず危険な、世界のシステムを揺るがすリスクだ。真実の歪曲は、人類に対する最大にして無二の脅威だ。わたしたちの倫理的判断能力を失わせ、信頼を崩壊させ、善悪の判断を蝕む。非倫理的行動の伝染の原動力のすべてを働かせ、ほかの五つの倫理を動かす力をわたしたちの意思決定に統合する力を弱らせる。真実の歪曲は、気候変動や感染症の世界的流行から、民主主義の崩壊に至るまで、わたしたちが直面するすべての社会的リスクの根底にある。

これまでにも多くの重要な哲学的、歴史的研究が「真実」を追究し、定義してきた。しかし、わたしがここで注目するのは、真実と倫理的意思決定のつながりにある。わたしにとって真実《トゥルス》とは、証明可能な客観的事実――マクミラン英語辞典が巧みに定義しているように、「考えや推測やでっちあげではない、何かについての真の事実や情報」のことだ。断っておくが、事実に基づく真実へのアプローチは、意見や感情や物の見方によって、ひとつの真実に対する**体験**が異なることを否定するものではない。ある学生が出した例のように、温度計が一五℃を示していたとして、温かく感じる人と寒く感じる人がいたとしても、一五℃であることは誰にとっても変わらないのと同じだ。個人の体験によって、気温が一五℃だという科学的事実が変化することはない。ダニエル・パトリック・モイニハン上院議員の言葉を借りれば、誰もが自分なりの意見をもつ権利があるが、自分なりの事実をもつことは許されない、のである。

　何世紀にもわたり、真実は共通の基準点と見なされ、人と人との関係を決定づけ、社会的信頼の土台となってきた。真実は、わたしたちの日常生活のなかでの規制、政策、リーダーシップ、協力などの足場となる。アメリカの法廷では証人に対し、「真実を、すべての真実を、そして真実のみを」証言すると誓わせる。就職応募書類、運転免許証、有権者登録、入国審査カード、大学願書などでも、正直に記入することを互いに期待するし、法的にも求められている。企業や非営利団体の倫理規定でも、要は真実だ。親たちは子どもに「正直に話す」ことを、原則中の原則としてたたき込む。

　二〇一六年は、真実は重要だというわたしたちの共通の認識に、歴史的、かつ危険な転換が起きた年だった。それ以前に、「嘘《フェイク》のニュース」をはじめとする不正直の横行が存在しなかったというわけではない（わたしたちは、それを国の指導者レベルでさえ目撃してきた。ジョンソン大統領のストーリーを思い出してほしい）。しかし、二〇一七年までに、政治的対立や、ソーシャルメディ

アによる〈伝染〉の拡大、企業や政府の上層部での倫理的意思決定の欠如が重なって、真実の歪曲は広く普通のこととなり、受けいれられるようになったのだ。

オックスフォード辞典は、二〇一六年に「ポスト真実」を世界的な今年の言葉として選んでいる。ニュースやソーシャルメディアでのこの言葉の使用例は、二〇一五年と比べて二〇〇〇パーセント増加した。オックスフォード英語辞典は、「ポスト真実」を「政治的議論や世論の形成において、客観的事実が、感情や個人的信条へのアピールよりも影響力が弱い状況に関すること、またはそのこと」と定義している。実際には、これに都合の良い事実のみを採用することも含められてきた。オックスフォード辞典編集者による解説では、「ポスト真実の概念は十年ほど前から存在していたが、オックスフォード辞典の観察では、今年になってイギリスのEU離脱を問う国民投票とアメリカ合衆国の大統領選挙の文脈での使用頻度が急増した」としている。

真実は、わたしたちが共有する人間性を理解し、守るための前提条件だ。真実はわたしたちのつながりを支える倫理的意思決定の絶対に譲れない一部分だ。**だが、真実の歪曲は、強力に人を分断する。**文字どおり、人と人とのつながりを崩壊させ、個人や社会の過去とのつながりを断ち切り、未来に備える力を弱らせる。制度や指導的存在への信頼、さらには互いに対する信頼を破壊する。二〇一六年に、共有してきた真実の重要性の尊重から離れて、わたしたちが歴史的かつ危険な転換を始めたのと同時に、わたしたちの間の分断は大きく加速した。

∞

代替的事実《オルタナティブ・ファクト》の常態化は、わたしたちの判断に意外かつ幅広い方法で影響を及ぼす。なかでも気に

なる風潮のひとつが、容姿を加工する技術の使用の増加だ。いわゆる、美化《ビューティフィケーション》である。
デジタル画像は、もはや外見の正確な描写とは限らない。今では画面上で、歯を白くし、肌の欠点を改善し、しわを消し、肌の色を変え、脚を長くすることまで可能だ。だが、「代替的容姿」が社会的な交流の規範となったら、あるいは、詐欺的な方法で使用されるとしたら、どうだろう？

　アジアでもっとも人気がある写真編集サービスのひとつに、中国語で「美しい写真」を意味する、美図《メイツ》がある。二〇〇八年設立の美図は、利用者が自らの写真や動画を加工し、理想化された美の印象を作り出すことができるスマートフォン用アプリの運営会社だ。同社のウェブサイトいわく、「毎回、完璧な自撮り」ができるというアプリだ。同社によれば、二〇一九年には実際に使っている利用者数は約二億八二〇〇万人で、毎月六〇億点の画像や動画が美図のアプリで生成されたという。その四割近くは中国国外からの利用だった。しかし、「完璧」が何を意味するのかを決めるのは、誰なのだろうか？　そして、その認識は真実の歪曲とどう結びつくのか？

　美図の企業ウェブサイトには、倫理の基盤についてこう記されている。「使命――誰もが簡単にきれいになれるようにする。展望――美容業界に活力を与え、利用者にとって美をアクセスしやすいものにする。価値――情熱、集中、ブレークスルー」

　美図はアルゴリズムを用いてもっとも人気のある機能に関する市場データを集め、そのデータを自動美化（補正）ツールの提供のために使用する。同社の共同創業者の呉欣鴻《ウシンホン》はニューヨーカー誌に、利用者のデータは「わたしたちが知るべきことを、リアルタイムで教えてくれる」と説明した。例えば、ある国の利用者はそばかすを足し、別の国の利用者はそばかすを消しているというようなことだ。写真の編集はユーザーがコントロールするが、編集ツールの設定の一部は自動化されていて、地域ごとの美の観念（と偏見）を反映したものになっている。ニューヨーク・タイムズ紙のラ

イター、エイミー・ツァンとエミリー・フェンによれば、中国、日本、韓国などの地域では、美図の画像に「色白、妖精風の顔立ち、細い手足、純真そうな大きな目」といった傾向があるという。美図のキャッチフレーズは、「あなたの写真、あなたのブランド、あなたのストーリー」というものだ。単なる、あなたの**真実の**ストーリーではない。そこに問題が潜んでいる。消費者たちは、自分の好みの真実に向けて現実を歪める新たな手段として、美図やその他の写真編集アプリを利用しているのだ。

何千万もの利用者が自らの真実を再定義し、加工した画像を広く共有していくうちに、わたしたちの倫理の風景は激しく変化し、どんどん先端的になっていく。非現実的な美の理想を求めることが、精神的健康を損ない、外見を「改善」しようとする極端でときに危険な努力を招くといった有害な可能性があることが、重要な研究で示されている。ボストン大学医学部の研究グループの調査によれば、整形外科医たちは、患者が加工した自撮り写真のようになりたがることが増えていると報告したという。「これは憂慮すべき傾向だ」と研究グループは、二〇一八年JAMAフェイシャル・プラスチック・サージャリー（顔面形成外科）誌の意見記事で述べている。「編集された自撮り画像は、実現不可能なものも多く、患者たちの現実と空想の境界線を曖昧にしているからだ」。二〇一七年五月には、ロンドンの王立公衆衛生協会が、精神的健康に対するソーシャルメディアの影響について報告書を発表した。とくに若年層に注目したこの報告書では、ティーンエイジ（一三歳から一九歳）の女性の一〇人中九人が自分の体に不満を感じていることを報告し、「フェイスブックに限っても、毎時一〇〇〇万枚の写真が掲載され、若い女性が外見に基づく比較に引き寄せられるきっかけがほぼ無限に提供されている」としている。

デジタル加工された写真は、ソーシャルメディアやマッチングサイトでますます多用されてい

る。二〇一六年に美図が委託した調査では、アメリカの女性の三三パーセント、男性の二〇パーセントが、オンラインのプロフィール写真を加工していることを認めたという。同調査では、男性の四七パーセント、女性の二七パーセントが、オンライン上の写真とは見た目が大きく違う人とデートしたことがあると回答した。美図がデート用プロフィール写真の偽装を発明したわけではないが、その〈変異〉した利用法は、真のつながりの土台である信頼を少しずつ削りとり、わたしたちの分断をさらに深めるほか役立たない。

加工した写真が公的な書類に広く使われることの影響を考えてみよう。この誘因として働くのは、就職状況が厳しい多くの国々で、外見を加工することが採用判断に有利に働く可能性があることだ。たとえば、国際公共放送による二〇一六年の調査に参加した韓国企業七六〇社のうち、就職の応募書類に顔写真の添付を求める企業は九三パーセントに上り、採用担当者の四五パーセントが写真から「応募者の性格を判断」できると回答し、また一五パーセントは、「歯がのぞくほほえんだ顔」の応募写真が好ましいとまでいっている。ある中国人大学院生がニューヨーク・タイムズ紙に語ったところによれば、履歴書や公的な身分証明書の写真さえ美図を使って加工しているという。

この広がりつつある流れは、さまざまな方法で多くの利害関係者《ステークホルダー》・物に影響を与える。加工しない顔写真を提出して就職の機会を逸した人々や、仕事に適性のない人物を雇ってしまった企業、美に対する社会の異常なこだわりによって精神的な悪影響を受け、すでに苦しんでいる人々などが浮かぶ。ステークホルダーたちは何が真実で、何がそうでないのか、疑問を感じ始め、真実についての不確かさが自分の判断や行動に与えるプレッシャーと向き合わなくてはならなくなるだろう。

無害なお楽しみと、倫理的に問題ある真実の歪曲との分かれ目は、どこなのだろうか？　美図は、デジタル技術を使った化粧だと考えていいのか？　化粧は人の（現実の）顔立ちをよく見せるもの

だが、透明性のある自己表現の一種といえる。それとも、美図は「代替的事実」の一種で、人々の意思決定に忍びこみ、歪めかねないものだろうか？　そして、美図のような問題を含んだアプリによって生じる倫理的結果の責任を、わたしたちはどう分担すべきなのか？

　テクノロジー企業は、当然、自社の製品やサービスによって生じた損害に重大な責任を負う。しかし、倫理的責任は、個人がこれらのアプリをどんな目的でどう使うか、また、社会としてのわたしたちが、どのようにそれらの使用や目的を受けいれるか（逆に、それに対し防御を固めるか）にもかかっている。美図などの写真編集アプリを、アートや人付き合いのなかの表現として採り入れることと、それらを使って、就職先やロマンスの相手を、自分に有利で他者には不利な判断に誘導しようとすることとは（就職の面接にせよ、デートにせよ）話が違う。それはただの不誠実であり、詐欺の可能性もある。

　技術革新《イノベーション》は、企業の倫理原則や利用規約や、わたしたち自身の倫理の原則を破る許可を与えるものではない。就職活動の応募書類に嘘を書いたり、あるいは、誰かに加工修正した写真を手渡ししたりしようと思わないなら、オンラインやアプリでも同じことをするべきではない（わたしはセクシャルハラスメントやいじめについても同様の立場を取っている。オフィスで、最高責任者の目の前で言えないことは、メールやソーシャルメディア、その他どこであろうと書いてはいけない）。

　美図は、わたしの知る限り、自社製品を公的書類の詐称や不正を行うためのツールとして宣伝してはいない。だが、わたしの知る限り、「美化」された写真が詐欺的に使われることを、直接的に防止しようともしていない。同社は利用規約と個人情報規定のなかで、法律に違反しない利用に限ること、「非商用」の目的のみで利用できること（就職活動は商用である）、また利用者が「（彼らの）

コンテンツに単独で責任を負う」ことを明示している。加えて重要な禁止事項のリスト――ハラスメント、人種差別、ヌード、非公開の個人情報の暴露など――が掲載されている。

しかし、企業は消費者と社会に対し、非常に重大で幅広い責任を負っている。企業は写真編集アプリの不正利用を一件ずつ把握してはいないかもしれないが、これらのビジネスが推し進める、美化、精神衛生、心理操作の面での不健全で、ときに違法性さえある傾向を、確実に認識しているはずだ。世界的マーケットに進出した大手企業であれば、なおさらである。

たとえば公的書類上の詐称などの悪用が広がっていることに気づいた場合、企業にはそれを止める努力と倫理的ガードレールを強化する責任がある。消費者の悪用に対する解決策は、技術に組み込まれるべきだ。また企業は利用規約以外の場でも、倫理の三本柱を補強しなくてはならない。とくに透明性の向上とインフォームドコンセントの面で取り組むべきだ。そのような使い方は企業の価値観に反しており、違法である可能性があることを、見逃しようのない警告文としてウェブサイトのホームページに載せる（免責事項よりも見やすくする）こともできるだろう（わたしが企業に倫理規範についてアドバイスするときには、彼らの原則が顧客を含めたすべてのステークホルダーに適用されるべきだと常に念を押している。利用規約に自社の原則を含めない企業や、含めていても、自社とその従業員の行動にのみ適用されるかのような書き方の企業は非常に多い）。

最良の提案のひとつが、英国王立公衆衛生協会の報告のなかにある。同協会では、ファッションブランドや著名人や広告産業に対して、画像にすかしや小さなアイコンを入れることで、「画像がデジタル技術で修正されたり、写っている人々の容姿が大幅に変わるような変更が加えられたりしている」ことを示すことを提案している。

さらに、責任の分担先には外部のステークホルダーとブレーキが含まれる。たとえば、二〇一九

年に中国政府は子どものゲーム依存症の増加を受けて、一部のゲームについて一八歳以下の利用者が一日にプレイできる時間数に制限をかけた。未成年者はゲームサイトにログインが必要で、利用時間が制限に達すると企業の責任で強制的に停止させる。投資家は、ベンチャー企業投資家であれ、美図のような上場企業の株主であれ、企業の経営と技術における倫理的取り組みについて説明責任を求めるべきである。

∞

美図の現象については、ふたつの中心的、先端的な問いが持ちあがる――わたしたちの真実を決めていいのは誰なのか、そして、真実に関して、社会に対するわたしたちの倫理的義務は何か、の二点だ。

わたしは執筆時点で五七歳だ。それを、三〇歳だと公言してもいいだろうか？　自分が三〇歳だと感じているなら、真実といえるだろうか？　わたしなら、ノーと答える。自分の生年月日と今日の日付を無視して、その間の年数を計算することは、たとえ自分がどう感じていようが、嘘といえるだろう。そのせいで実際に起こりうる結果はどうか。たとえば、救急外来で、わたしが医師に三〇歳だと伝えたとしたら？　あるいは、運転免許証に三〇歳だと記載したら？　そんなことをしたら、わたしの二八歳の息子はどう感じるだろうか？

こんな議論をするのはばかばかしく思われるかもしれないが、そうではない。二〇一八年に六九歳のオランダ人の男性エミール・ラテルバンドは、オランダの法廷に出生証明書の変更を求める裁判を起こした。一九四九年三月一一日生まれから一九六九年三月一一日生まれに変更を願い出たの

だ。根拠は、医師が彼の肉体年齢を四〇代前半だといったことだった。ラテルバンドは、四九歳だと「感じている」とし、法律は個人が自分の年齢を決められるよう改正されるべきだと主張した。彼は、「名前や性別を変更する」のと同様に、二〇歳若く「認証《アイデンティファイ》」されたいという。法廷は、「年齢には、投票権や教育義務など、幅広い権利と義務が関連している。もしラテルバンド氏の訴えが認められたら、これらの年齢要件は意味をなさなくなる」として、賢明にも訴えを退けた。真実は、先述したように、気分や信条ではなく、事実に基づいているのだ。

　若くなりたいと願うかどうかや、若い年齢を自称するかどうかに関係なく、わたしの年齢は変化しないし、気分や信条や意見に左右されるものでもない。主観的で願望のこもった思考を、事実に基づく真実の代用として受けいれることを普通にしてはならない。もし、ラテルバンドが勝訴していたら、オランダの多くの人々が自分の年齢を上や下に法的に変更したかもしれない。しかしこれは、見栄の問題や、おふざけで法廷を試すような問題ではない。時間的記録の正確さは、年齢、結婚もしくはパートナーシップ宣誓の日付、市民権、有権者登録をはじめとして、あらゆる社会的関係や契約にとって非常に重要だ。法制度、健康保険、国の基幹施設の管理など、すべての基盤になるものだ。時系列の正確さが軽んじられるようになれば、法の支配も人間関係のルールもすべてが瓦解する。信頼は砕け散るだろう。

　二択を消すことは、先端領域の現実の細かなニュアンスによく注目し、過度な単純化をできるだけ避けることだ。そのことを、自分が望む真実の解釈で客観的事実を置きかえるのを許すことと取り違えてはならない（四九歳の気分であることは、四九歳であることと同じではない）。また、それは、不都合な事実を無視する許可証にもならない。

　この本の多くのストーリーは、白人至上主義者がＤＮＡテストの結果を否定することから、

麻薬系《オピオイド》鎮痛剤製造会社が、命に関わる嘘を世界的に広めていることまで、真実が意図的に歪められるさまざまな方法を表している。美図を悪用し、マッチングサイトのプロフィールや履歴書を偽ること、それにより他者の判断や行動に働きかけて、実際の結果を左右することは、真実を歪めることだ。無数の一般市民がこれに関わって、広く、しばしば気軽に、非真実を売り込んでいるのだ。このような真実軽視が横行すれば、わたしたちの間の結びつきが断ち切られる恐れがある。たとえ、これから方向修正したとしても、公式な機会に提出した偽りの写真は今後も、個人として、社会としてのわたしたちの存在の一部であり続ける。

∞

「わたしだけの真実」とポスト真実のもうひとつのバリエーションは、一番都合が良く望ましい真実だけを抜粋することだ。そのますます一般化しつつある例が、フェイスブック、インスタグラム、ツイッターといったソーシャルメディアの使い方だ。わたしたちは、自らの話を選び出して並べてみせる《キュレーション》。キュレーションは、真実を文脈から切り離す。事実による現実の全体像と、そこですべてがどう関係し合っていたのか、という背景から切り離してしまう。

ソーシャルメディアは、キュレーションそのものだ。アートの形式でもあり、心理操作の形式でもある。しかし、わたしの注目点は、わたしたちがソーシャルメディア上でするキュレーションが、倫理的意思決定とどうつながっているかにある。なかでも、わたしたちがソーシャルメディアでシェアする内容を取捨選択することが、どう真実を歪曲するのかだ。

ソーシャルメディアは、まるで自分の人生を展示する展覧会の作品を選ぶように、自らを世界に

提示することを可能にする。たとえばスナップチャット（訳注：画像や動画を投稿してシェアするアプリ。さまざまな写真加工もでき、一〇～二〇代の若者に人気）のように、投稿した画像が短時間で（相手が閲覧した時点や数秒、あるいは最大一日で）消えるというものであっても、わたしたちの人生の儚い抜粋には違いない。一点ずつの投稿は、本物の（無加工の）写真であり、実際に起き出来事の正確な（事実に基づく）描写であったとしても、それは真実の**すべて**ではない。そのため、すべての細切れのピースがどう組み合わさるのか、そして、わたしたちの選択にとってどんな意味があるのか、わからない。

　美術館や博物館では、真実の全体像を知るためには文脈《コンテクスト》が必要なことを教えてくれる。プロの学芸員《キュレーター》は、事実をより広い現実のなかに置いてみせる。倫理的選択にとって必要なことはそれである。美術館では、壁に解説パネルを設置する。たとえば、この展覧会ではピカソの「青の時代」の作品を紹介すること、「青の時代」にはスペインでの生活の影響が現れており、展示作品は一九〇一年から一九〇四年にパリで制作されたものであること、などだ。また、「バラ色の時代」や、キュビスムへの興味など、そこにないものについても説明があるはずだ。美術館は価値ある文脈を提供する責任をもっている。何から何まで語るわけではないが、信頼できる美術館は、アートを理解するために何が本当に重要かを伝えることに秀でている――たとえば、作家の健康問題や、戦争その他の世界的出来事の体験、各時期の心理状態、そしてときには、虐待的な恋愛関係のような倫理的汚点までも。

　ところが、ソーシャルメディアのキュレーションは、**変異**に弱い。わたしたちの人生とアイデンティティの一部分が繰り返し切り取られ、選ばれ、利用者にシェアされる――そしてそれをもとに行動が起こされる。情報や会話がどこに流れつくのか、どのように誤解されるのか、誰にもわから

ない。採用担当者や入学事務局、そのほかわたしたちの背景情報を求めている人たちが、オンラインのキュレーションされた現実をもとに、採用するか、入学を許可するか、あるいは公然と恥をかかせるか、といった判断をするかもしれない。「消える」写真や動画でさえも、撤回することが非常に難しい倫理的影響を引き起こす。

ソーシャルメディアも、文脈《コンテクスト》をもった真実を提供することはある。政治的出来事であれば、学者、世論調査員、政治家など、また美術展であれば、作家、画商、美術評論家、美術史家など、特定の側面について適格な専門家がコメントする例だ。これらの人々は、文脈を伴なった内容を選んでコメントし、事実に基づく背景情報と専門知識を交えた独自の分析を提供する。また、個人のソーシャルメディアのページでも、ストーリー全体を提供するものもある。がんと闘っている、わたしの知人の投稿がそうだ。だが、ソーシャルメディア利用者がシェアしたいものだけを選んで出すとき、わたしたちには現実の全体像を知るすべがない。美術館のようなレベルの「判断上、本当に重要なもの」の要素は手に入らない。たとえば、友人のすばらしいハワイでの休暇の写真に写っているのは、晴れたビーチとトロピカルドリンクばかりで、雨の日もあったことも、帰ってみたら解雇されていたことも、投稿されないからだ。

「わたしだけの真実」を生み出すもうひとつのバリエーションが、個人の「正統性《オーセンティシティ》」への関心の高まりだ。多くの経営者や自己啓発をする人々が、仕事や人生での「本当の自分」を最大に実現する方法について書いている。しかし、偽りのなさ、信頼できること、頼りになること、自分や自分の原則、信条に忠実であることなど、本物であることのすべての側面は、真実にかかっている。それは、つまり自分自身や現実全体に対する、事実に基づく評価から離れずにいることだ。本物さ《オーセンティシティ》は、

倫理的な意思決定と、他者の意見を求めることによって築いていくものであって、鏡を見ることでは得られない。本物の人生を生きていく場は現実世界であって、代替的事実に基づく並行世界《パラレルワールド》ではないのだ。そうでなければ、たちまち現実とも、お互いとも、真に分断されてしまうはずだ。

わたしたちは、自分だけの真実をデザインすることはできない。小説家サー・サルマン・ラシュディは、二〇一七年にわたしと対談した際に、あるブックトークで聴衆のひとりと議論になったことを話してくれた。その人物は、世界の科学者たちが気候変動を真実としていることを認めようとしなかったという。「こういわせてください」。ラシュディは、結局、彼にいったそうだ。「あなたがこの世界は平面だと信じていたとしても、世界は平面にはならないでしょう。地球が球体であるために、**あなたに信じてもらう必要**はありません」。ラシュディのいうとおり、真実はわたしたちの許可を必要としていない。本物の自分はこうだといってみても、真実がわたしたちの主観に迎合して、曲がることはない。

∞

エルサレムのヤド・ヴァシェム・ホロコースト歴史博物館、世界ホロコースト記念センターは、死者と彼らに手をさしのべた人々の記憶を偲び、訪問者を時間の旅に誘う。二〇一七年にこの博物館を訪れたわたしは、建築家モシェ・サフディの設計に圧倒された。コンクリートの構造全体が細長い三角プリズムのような形をしており、中央部はくびれて、水面をわずかにくぐるかのように地中に潜っている。展示室もそれぞれ三角形をしていて、息苦しさと罠にはまったような感覚をもたせる。足元は広く、上に行くに従って空間が狭まっていき、てっぺんは細いひとすじの天窓になっ

ている。時を超え、これらの回廊をたどっていくと、恐怖と絶望が増していく感覚を肌身に感じるだろう。

　ロンドンのヴィクトリア・アンド・アルバート博物館館長だった故マーティン・ロスは、以前、わたしに「博物館は、記憶の聖杯《ホーリーグレイル》だ」と話してくれた。悲劇を体験した者たち、ノーベル平和賞受賞者のエリ・ヴィーゼルやマララ・ユスフザイといった人々は、わたしたちに過去を忘れるなと訴える。忘れれば、ホロコーストや、教育を求めるイスラム教徒の少女へのテロ攻撃のような恐怖が、繰り返される危険があるからだ。

「わたしは記憶を生きたものにしておこうと努力してきた……忘れようとする者たちと闘ってきた。なぜなら、忘れてしまえば、わたしたちは有罪になるからだ。共犯者になってしまうのだ」。エリ・ヴィーゼルは一九八六年オスロでのノーベル受賞スピーチで語っている。また同様に、ローザ・パークス（訳注：一九五五年にアメリカの公営バスで白人に席を譲ることを拒否した黒人女性。公民権運動活動家となる）やマーチン・ルーサー・キング・ジュニア牧師から、＃ＭｅＴｏｏ《ミートゥー》運動のリーダーたちまで、勇気ある真実の語り手が倫理の良い伝染の原動力を盛りあげ、広めたことの記憶も守らなくてはいけない。

　真実の歪曲は、記憶と歴史を劣化させる。今日の汚された真実が、明日には記憶の歪曲になり、誤った歴史になっていく。真実の歪曲は、歴史を叡智の源から、伝染し変異する虚偽の原動力に変えてしまうのだ。それは、ほかの伝染の原動力すべての触媒となり、気候変動に関する科学の否定から、反ユダヤ主義や、ホロコーストの否定や、イスラム恐怖症の高まりまで、さまざまな結果を引き起こす。そしてこれらの嘘のストーリーは、嘘に基づいた意思決定サイクルの燃料となり、わたしたちを次第に真実から引き離していく。わたしたちが真実の歪曲を許容してしまえば、わたし

たちは、事実上、不正確な記憶や歴史を受けいれていることになり、それが永久に、個人として、集団として、国家としてのわたしたちの存在の一部となっていく。

　これはもはや、〈境界の曖昧化〉の章で見てきた、先端領域の視界の悪さといった度合いではない。代替的事実《オルタナティブ・ファクト》が常態化するとき、わたしたちは事実上、視界ゼロゾーンに入ったことを意味する——現在、過去、未来の全方面で。**真実の歪曲は、二元論の問題だ。**決して受けいれられない、人間性を決定づけ、人間性を破壊する状況なのだ。わたしたち全員が日々下している無数の判断が、このリスクを拡散している。わたしたちは、自分が何を知らないかさえ、知らない。わたしたちはもはや、個人としても、社会としても、自分が誰なのかわからない。真実の歪曲は、わたしたちのアイデンティティを破壊する。

　その大詰めは、こうだ。ポスト真実の世界で、わたしたちはもはや、何を見ているかさえ知ることが**できない**。それはただ、見ていると思っているものが、**見えていない**だけではない。時間、場所、人々、決定など、すべての基準点が失われる。真実の歪曲は、倫理の流砂のように、わたしたちすべてを完全に飲み込んでしまう。抜け出そうとしてもがけばもがくほど、深みにはまるだけではない。ほかにどんな危険が存在するか、まったくわからなくなってしまうのだ。

　真実の歪曲を当てはめるとき、フレームワークも同様に崩壊する。リスクやチャンスの現実に即した評価ができなくなり、ステークホルダー間での責任の分担もいびつになる。その他の五つの力についても、理解し制御することができない。**多元的**な問いや評価に必要なニュアンスを見分けることもできない。嘘を永続させる力を手にする人は増加の一方で、**力の拡散**がどのように、どこに向かって起きているかもわからない。真実の歪曲は、多くの**伝染**の原動力に力を与え、また力を受けとっている。真実の歪曲は、**倫理の三本柱**を倒壊させ、**境界の曖昧化**の原因を突き止めることを

阻止する。また逆に、境界が曖昧化することで、真実の判定が難しくなる。新たな技術が現実をあまりにも急激に変化させていくからだ。

ポスト真実の世界で判断を組み立てるときには、最初から情報のステップに進む誘惑に駆られるかもしれないが（それが、論理的でさえある）、そこでも**原則**から始めることが重要だ。効果的な原則のほとんどは、真実が要になっている。わたしの学生たちが挙げたものであれ、美図やボーイングの掲げるものであれ、ほぼすべての原則が真実と何らかの形で関係している（例：正直、誠実、オープンマインドなど）。

問題のある原則を見分ける方法のひとつは、個人と集団にその原則を適用し、責任を問えるかどうか、考えてみることだ。もしできないなら、その原則が現実と乖離していることの兆候となる。例でいえば、ウーバーが当初目指した「成長と収益」といった、さほど倫理と関係しない原則も、真実に拠っている。成長と収益を伸ばしたか、伸ばさなかったか、そのどちらかだからだ。対照的に、これもウーバーの初期の原則に、「メイク・マジック（魔法を実現しよう）」があった。自分が魔法を実現させたかどうか、これを判断するのは非常に難しい。

情報を考える際には、真実の歪曲の兆候に注目が必要だ。これはたとえば、科学や専門家の提言を無視する、事実を意見や感情や信念によって置きかえる、文脈の欠如、情報のサイロ化、個人的または選別された事実の例などだ。推測や感情的反応は除外しよう。情報の欠落を意識することは、真実を問う場合には、格段に重大な課題となる。あなたが手にした事実の正確さを信用できないときには、**すべての**情報が、欠落しているのと同じことだ。たとえば、就職希望先に偽った写真を送るとしたら、履歴書の他の部分にも嘘はないか、疑われることになる。

真実の歪曲によって原則や情報が汚染されるとき、**ステークホルダー**と今後の**結果・影響**を査定

することはほぼ不可能になる。優先すべきステークホルダー（例：美図の利用者、その友人、同僚、家族、アプリ開発者）と、それ以外のステークホルダー（採用担当者、求職者、影響・改正の可能性のある労働法制、大学事務局、顔写真やその他の修正の需要に対応するためにできた写真加工ビジネス、その他）を分けよう。次は、結果・影響について同じことをする。個人的な関係や仕事など、わかりやすい影響だけでなく、たとえば、見た目重視の採用慣行への寛容さなど、より広い影響も検討してみよう。

フレームワーク上の問題について、シナリオを検討してみることは、さらなる工夫になる。情報のなかに真実でない点を見つけたら、こう問いかけてみよう。もし、その部分が訂正されたとしたら、どんなステークホルダーと結果・影響が生まれるだろうか？　新たな事実によって、透明性やインフォームドコンセントが変わってくるだろうか？　ボーイング社が安全支援装置についてどんな扱いをしているか知っていたら、ボーイング機に乗ろうと思っただろうか？　新型コロナウイルスが世界的大流行になると知っていたら、社会的距離を取るという対策をもっと真剣に受けとめただろうか？

真実の歪曲がフレームワークに紛れ込むとき、すべてのステップが崩れ落ちる。原則が真実に根ざしていないなら、説明責任は機能せず、信頼を測る手立てもなくなる。情報の汚染は、ステークホルダーや結果・影響の見通しも不正確にし、倫理の原動力を評価する能力はすべて的外れになる。しかし、真実の歪曲が、結果・影響レベルに入りこんだだけでも、それまでのステップすべてに疑問を投げかける。フレームワークは、これまで見てきたいかなる課題にも耐えられる。が、それは真実に根ざしている場合のみだ。

∞

では、わたしたちは真実のために、ポスト真実の世界で――あるいは、歴史のどの時点においても――どう闘っていくのか？

第一に、全体を見渡そうと努力し、事実を求めて闘うことだ。わたしたちはみな、事実をそれぞれの経験と関係づけているので（例：気温に対するさまざまな感じ方）、全体を視野に入れるためには、自分の殻から出て、幅広い問題について、多様な人々の視点を求めるしかない。

ピューリッツァー賞受賞者でアメリカ大統領史家のドリス・カーンズ・グッドウィンは、エイブラハム・リンカンの伝記『チーム・オブ・ライバルズ』（邦訳あり。原注参照）で、「エイブラハム・リンカンの人となりと業績を照らし出す試みとして、一八六〇年の共和党大統領予備選挙でライバルであった傑出した人々の物語を、リンカンの人生の記録と対峙させることにした……」と書いている。もし、わたしたち全員が、自分の視点に疑問をぶつけてくれて、率直な意見を交わし合えるライバルたち、いわば真実追求のスパーリングパートナーたちを頼ることができたら、どれほど刺激になるだろうか。カーンズ・グッドウィンの手法に学び、あなたもライバルたちと力を合わせ、自分自身の生活のなかで真実の歪曲と闘う取り組みをスタートさせることができるのだ。

第二として、わたしがアドバイザーとしての仕事のなかで頻繁に助言していることは、専門家に訂正や分析を頼み、彼らのもつ証拠や経験を分かち合ってもらうことだ。専門家は、独自のライバル集団を擁している。査読付き学術誌／専門誌の編集者、事実検証係、倫理規定、自然科学や社会科学による競争などだ。どの事実やどの問いが本当に重要で、それはなぜなのかを専門家が突き詰

め、わたしたちが理解できる言葉で伝えてくれること——答えを押しつけるのではなく——そして、わたしたちの考えに耳を傾けてくれることは、わたしたちにとって有益だ。ある新技術を使おうとする人々は、それが何をするものか、誰がそれをコントロールしているのか、個人にとって、社会にとって、人類にとって重要な利点とリスクは何かを知る必要がある（わたしたちは、遺伝子編集プロセスの詳細や、美図のエンジニアがどうやってコードを書いているのかを知る必要はない）。また、わたしたちは、法律がわたしたちを保護するために何を行い、何を行わないのかも理解する必要がある。いいかえれば、「どこからが先端領域なのか」を知ることだ。

さらに、何が真実で、何が真実ではないのか、推測で決めてはいけない（思い出してほしい。先端領域の倫理は、非二元的だ）。迷ったら、六つの力を念頭に置きながら、真実だと思うことをフレームワークにかけてみよう。そして、あなたが思う真実が拡散したときにどう見えてくるか、考えよう。たとえば、あなたの「美化」された写真が警察の顔認証データベースに登録され、誤認逮捕の要因となるかもしれないとしたら？

先端領域の現実の複雑さを、真実の歪曲の言い訳にしないことを徹底しよう。この複雑さは——大衆迎合《ポピュリズム》からロボットから気候変動まで——フレームワークにかけなくてはならない。代替的事実《オルタナティブ・ファクト》に言い訳は存在しない。曖昧なこと、自分が知らないかもしれないことについては、可能な限り、正直に話そう。できるかぎり視界を覆う霧を晴らして、真実を再評価し続ける責任を引き受けよう。

多数の同意を、真実と混同してはいけない。社会にとってもっとも困難な問題の前進は——人種差別やさまざまな形の不正の撲滅、企業にアルゴリズムに関連する透明性を高めるようインセンティブを与えるなど——世論の総意によっては起こらないことが多いものだ。また、事実は、多数同意を必要としない。

加えて、真実を都合のよいものと想像してはいけない。アル・ゴア元副大統領の画期的な映画『不都合な真実』が突きつけるとおり、わたしたちの倫理的判断のもととなる各種の事実は、常に見つけやすいものでも、直視しやすいものでもない。同様に、ハンス・ロスリングの『ファクトフルネス』（邦訳あり。原注参照）は、事実の見逃しが的外れな懸念を招いていることを教えてくれる。これは、倫理的意思決定の用語でいえば、機会の損失と非効果的なリスク管理に当たる。

真実をどう**利用するか**ということ自体が、倫理的な問題であることを心に留めよう。真実を武器化することは許容できない。ハッカーが違法に真実の秘密情報を暴露することは（個人のものであれ、公人のものであれ、政府の機密情報であれ）、たとえ倫理の名を借りていても、まさに、「違法」なのだ。個人情報を暴露して真実を武器化することは、個人攻撃になりかねず、伝染力が非常に高い。「リベンジポルノ」の蔓延がその例だ。これは、本物ではあるが、公開されることを意図していなかった非常に親密な画像をネット上に投稿するものだ。真実であるからといって、世界に暴露することは正しくもなければ倫理的でもない。

想像と非真実を取り違えてはいけない。真実の歪曲は、想像力を抑圧し、夢を破壊し、革新《イノベーション》と共感《エンパシー》を妨げる。夢と想像力は、人類を発展させる真実探求の鍵だ。真実を知るため、ほかの誰かのストーリーの視点を映すレンズ以上に役立つものはない。フィクションでも、ノンフィクションでも、人間の物語でも、ロボットの物語でもいい。すばらしい映画を観たあとや、心揺さぶられる小説を読んだあとに、自分自身の人間関係や人生の在り方が違って見えた人は、どれだけいるだろうか。

そして最後に。真実のために**闘おう**。わたしたちを人間性のもとにつなぎとめる倫理的意思決定が、それにかかっているかのように闘おう。なぜなら、実際にそうなのだから。わたしたちが個人

的歴史や共有の歴史に加える変更には、必ず結果が伴い、その変更はいつまでも存在し続ける。わたしたち全員が永遠に抱えていくことになるのだ。

Chapter 7

Ethics on the Fly

第7章

緊急対応の倫理

高齢の家族が車を運転する際に、前よりも反射神経や反応の速度が落ちていると感じたことがある人は多いのではないだろうか。駐車場で車体をこすってしまったり、運転中にひやっとしたり、彼らがハンドルを握るたび、ハラハラさせられているかもしれない。もうすぐ運転を卒業したほうがいいのは明らかなのだが、自立と自由を意味する車のキーを、納得して渡してもらうのはとても難しそうだ。車があるからこそ、町に出て友だちに会うことも、用事を済ませることも、教会に行くこともできる。車は、彼らのアイデンティティの重要な一部だ。そんなに急いで、キーを取り上げて、車の運転をやめさせなくてはならないだろうか……?

質の高い倫理的判断を急いで行わなくてはいけない状況は頻繁にある。いわば、緊急対応の倫理だ。この章では、あなたの最優先事項に対し、これまでの六章で学んだことすべてを効率的に注ぎこむ方法を示したい。

救急処置室で医師たちがトリアージ（訳注：治療優先度の選別、決定）をするように、緊急対応の倫理も、最重要の倫理的問題に迅速に焦点を絞る役に立つ。緊急対応の倫理は、とくにこんなよくある場面で効果を発揮する——時間が限られており、倫理的判断のための追加の情報やステークホルダーの意見が必要ではない。生じる結果がまずまず予測しやすい。そして、ほかの誰かの代わりに同意をすることにならない。

反対に、緊急対応アプローチにそぐわない問題もいくつかある。フレームワークにかけるため、六つの力（とくに伝染）に対処するために、より詳細な情報が必要な問題は、緊急対応で判断すべきではない。生じる結果が今後、大きく（さらには予想外に）変化しそうなもの――直販遺伝子検査キットの例など――は、さまざまなシナリオの可能性について、熟慮する必要がある。また、他の人々に大きな影響を与える判断で、その人たちにインフォームドコンセントをもらえない場合は、立ち止まって、自分の与える影響と責任を考えてみなくてはならない。

緊急対応可能な問題だからといって、重要でないとは限らない。直観に反するかもしれないが、ボーイング社が直面した、欠陥ある機体を飛行停止にするか、飛ばし続けるかという問題は、緊急対応が**必要**だった――それは非常に重要な判断であり、多数の犠牲者を出すという深刻かつ取り返しのつかない被害の可能性があり、倫理的選択をするために追加の情報は必要としていなかった。

わたしは倫理的な手抜きを勧めているわけではない。緊急対応の倫理の実践は、常に便利とも簡単とも限らない。責任を引き受け、自分やほかの人々のストーリーへの影響を考える必要性は変わらない。しかし、緊急対応の倫理は、フレームワークと倫理を動かす力を使って選択するための、より効率的な手法を提供する。

緊急対応の倫理へのわたしのアプローチは、２x４《ツーバイフォー》と呼んでいるものだ。

・もっとも重要な〈原則〉を二点挙げる。
・もっとも重要かつ取り返しのつかない〈結果〉を二点挙げる。
・もっとも重要な〈力〉を二つ選ぶ。
・代替案を二つ挙げる。

この省略版のアプローチは多くの問題に有効だ。あなたの原則のうち少なくともひとつがトップにくることと、またもっとも重要な**結果**はひとつだけで（例：多数の犠牲者）、ほかの結果がなんであるかはさほど重要でないことが多いからだ。ここで、二つずつ挙げるのは、自分の意思決定を検証するために、若干の幅をもたせるためだ。同様に、倫理を動かす六つの〈力〉はどんな問題にも当てはまるが、その重要性にはばらつきがある。多くの場合には、ひとつかふたつの〈力〉がもっとも強く影響している。最後に、どんな問題でも代替案を考えることは必要だ。同じか、それに近い目的に到達するための別の道筋を探すのだ。

この章では、日々の暮らしで直面する、幅広い倫理的問題について考える。高齢の家族の車のキーを取り上げるかどうか。子どもたちの写真をソーシャルメディアに投稿すべきどうか。ワクチン反対運動について、どう考えるか。職場で同僚がいじめに遭っているときに介入するかどうか。雇用主の行動に賛同できない場合、どんな手段を取るべきか。さらに、自宅のデジタルアシスタントが「話を聞いている」かもしれないことを、客に告げる責任があるかどうか、などだ。

原則については、すべてのシナリオで、安全、敬意、真実、勇気、責任、プライバシー、共感、という七つの例から選ぶことにする。この七つには、フレームワークと〈力〉の基盤となる原則（真実、責任、共感）、市民を守るために必要な原則（安全、プライバシー）、人間性を支える原則（敬意、勇気）が含まれる。

各自が選ぶ原則のセットは、わたしたちが直面するすべての問題に適用される。だが、これから見ていくストーリーのように、状況に応じて原則の優先順位をつけ、異なる対応を適用することもできる。

これらのシナリオは非常に場合によりけりで、単純な倫理的正解、不正解が存在しないことが多い。自分自身の原則や見方や状況を当てはめて、考えてみてほしい。もしまだ、五つから八つの原則が決まっていないという人は、これらのストーリーが選択の助けになるかもしれない。

わたしの見方は、あなたの独自の状況から導いた見解と比較できるように、参考例として示したもので、ほかの人たちの判断を否定するものではない。

このアプローチは、職場で、あるいは夕食中に、子どもや家族と一緒に、また、消費者としての選択において、倫理的問題に対し、自信をもって自分の立場を表明することを可能にする。もっとも重要なことは、緊急対応の倫理の効率性によって、より多くの判断の倫理をコントロールできるようになることだ。

初めは、この２ｘ４アプローチに少し練習が必要かもしれない。しかし、使う機会が多いほど早く習慣になり、機敏な判断ができるようになっていくことだろう。

∞

倫理の緊急対応シナリオ
――運転が危なくなった高齢の家族から、車のキーを取り上げるべきか？

この問いが緊急対応ケースだといえるのは、すでに必要な情報がそろっているからだ。たとえば、ここで高齢ドライバーの事故率を調べる必要はない。平均値の問題ではなく、運転者本人や他者に対する甚大で許容できない危害を防ごうとしているからだ。

同様に、ステークホルダーについても、運転者とその家族や友人、加えて、路上に居合わせた人々とその人生に関わる人々だということがわかっている。その人たちの名前を挙げたり、その他の情報を集めたりすることは、倫理的に有効な判断をするために必要ではない。いかなるステークホルダーにとっても、死傷の危険は許容できない。

では、もっとも重要な原則を二つ選ぶことから始めよう。わたしは、安全と敬意を選ぶだろう。この状況であれば、優先順位が飛び抜けて高いものが、安全だ。その上で、ほかの原則の多くも当てはまるかもしれない。勇気、責任、正直にリスクと向き合うこと（真実）、共感、などだ。

二つの結果を選ぶには、こう問うことから始めよう――重要かつ取り返しのつかない結果とは何か？ もしキーを取り上げなかったとして、絶対に受けいれられない結果、あるいは絶対に逃せない結果はなんだろうか？ この例では、安全と敬意の原則を取るとして、わたしが一番懸念するのは、運転者と見ず知らずの人への危害だ。その他の結果としては、運転者の家族内の人間関係への影響、運転者の身体的・精神的健康、友だちや家族と会う手段、必要なサービスへのアクセスなどが考えられる。

もっとも重要な〈力〉を二つ挙げるとしたら、どれだろう？ わたしなら、倫理の三本柱、とくにインフォームドコンセントから始めるだろう。そして二番目に選ぶ力が「伝染と変異」だ。

まず、このケースでは、より先端的なケースとは違い、インフォームドコンセントは機能している。あなたと運転者は必要な情報をすべて手にしているのだから。それでも、同意を取り付けるハードルは高いだろう。自由を諦め、加齢による懸念を受けいれさせ、権限を譲ることを求めることになるからだ。運転者に危険と責任を改めて意識させることで、少なくとも、年齢を重ねるにつれ、どんなことが問題となってきたのかを理解してもらおう。他人の危険に目を向けさせることも、気

持ちを変えさせる一助になるかもしれない。同じ道路を使うベビーカーや、自転車や、イヤフォンをしてジョギング中の人など、具体的な例を挙げるといい。

第二の力、「伝染と変異」には、危害につながりかねない行動への寛容さ（ある意味では、法令遵守の弱さと真実に向き合うことへの拒否感）と、運転者やあなた自身の利己的な動機（運転者にとっては自立を保つこと、あなたにとっては、気まずい話を避けたい、自由を奪いたくない気持ちなど）が含まれるかもしれない。これらの伝染の原動力はみな、リスクを取り続けることを後押しするはずだ。

しかし、良い方向への伝染と変異も想像してみよう。多くの人が、いつ頃、運転をやめるといいか話し始めるとする。やがて、それが普通のことになる。恥ずかしいことでも、屈辱でもなく、権威を奪われるのでもなく、ある年頃になったら順番がくる、ただのプロセスになるはずだ。アメリカのほとんどの州で、一六歳から運転免許が与えられるのと同じように。良い変異さえ引き起こすことができるかもしれない。配車サービスやタクシーなどで高齢乗客向けの特別な取り組み（割引料金、手厚い補助、アクセスを簡単にするアプリなど）が増えていくことなどだ。

では、運転者の同意が得られない場合の代替案を考えてみよう。もしかしたら、夜間や混雑時には運転しない、混みあっていて危険な場所や事故が起きそうな場所を避ける、などは受けいれてくれるかもしれない。こういう段階的なアプローチは、運転者や通行人の安全を完全に守れるものではないが、リスクを減らすことにはつながるし、運転を減らしてほかの手段に慣れていくプロセスのスタートになる。それはつまり、「いつ、どういった状況でなら？」の議論を、目指すゴールに向けて進めていくことだ。

高齢ドライバーのほとんどは善良で、不注意運転をしているつもりはない。しかし、最終的に何

かの危害を引き起こせば、すべては本人の責任となる。あなたのすべき判断は、事故の懸念と、あなたのなかでの安全の原則の優先順位が、本人の同意なしでもキーを取り上げることを意味するかどうかである。彼らの意思を無視することにはなるだろうが、防げたはずの事故で人に危害を加えたことを背負って生きていく状況に立たせることのほうがはるかに悲惨である。

家族間の問題が難しいことは、わたしも承知している。選択肢を２ｘ４モデルに当てはめて考え抜いた上でなお、高齢の家族の自立を尊重する、あるいは、その他の原則が安全を上回るというなら、その状況で取りうる最良の判断をすることだ。倫理的責任の分担は、善意だったからといって免除されるものではない。とくにもっとよい方法を取ることができた場合はなおさらだ。わたしたちは、具体的な結果に責任をもつとともに、状況を注視し、時間の経過とともに判断を再考していく責任がある。

倫理の緊急対応シナリオ
——子どもの写真をソーシャルメディアに投稿する際に考えるべき倫理面は？

子どもが初めて歩いたとき、小学校に入学した日、プロムの日（訳注：高校生が正装してペアで参加する学校主催のダンスパーティ）などの写真を、ソーシャルメディアを使い、リアルタイムで家族や友だちにシェアしたいと思うのは、自然なことかもしれない。しかし、これは倫理的に考えるべき点が満載で、わが子という非常に重要なステークホルダーが関わっている選択だ。アメリカと世界の主要国のいくつかでは、二歳未満の子どもの約八一パーセントがオンライン上に載っており、そのうちほぼ四分の一は、出生前からエコー写真が両親によって掲載されていたという。こう

いう例があまりに一般的になっているため、「シェアレンティング」（訳注：「シェアする」と「ペアレント」を掛けている）という言葉があるほどだ。

2x4《ツーバイフォー》のアプローチは、子どもたちの話題や写真を載せる選択をした、倫理的意識をもった多くの親たちを批判するものではない。むしろ、その選択がもたらす深刻な影響が明白になっていないことに注意喚起するために、このアプローチを使いたいと思っている。あなたの子どもの写真が、現在、未来にどう使われるか、予想しようがないのだ。ピュー研究所の調べでは、二〇一八年にアメリカのティーンエイジャーの半数以上がオンライン上でいじめや嫌がらせを受けたという。ソーシャルメディアは、犯罪者が子どもたちから何かを奪ったり、信頼を植えつけようとしたりする際の入り口にもなる。ソーシャルメディア運営会社の過失が明らかになるのにも、ポリシーが対応していくのにも時間がかかるのは、直販遺伝子検査キットの例で見たとおりだ。わたしたちは、企業が倫理的問題点を把握して管理できるようになる前に新技術を消費者に提供してしまうことを批判するが、わたしたち自身、その意味合いや、何を差しだしているのかを理解しないうちに自らの権限と責任を譲り渡してしまっていることが、あまりに多い。強制される理由がないときでさえ、「同意する」をクリックしてしまうのだ。ソーシャルメディアはあまりに広く普及し、個人や社会への影響もあまりに重大なため、ソーシャルメディアと個人的に関わる際の倫理について、自ら考える義務が生じている。こと、自分の家族についてであれば、なおさらだ。

　これは、緊急対応ケースである。フレームワークにかけるのに十分な情報がそろっているからだ。あなたは、フェイスブック、ツイッター、スナップチャットなどのソーシャルメディアが、人々をつなげるすばらしい機会を提供していることを知っている。その一方で、信頼性の問題、プライバシーのリスク、共有した情報の使われ方が制御できないことなどがあり、さらに「真実の歪曲」の

項で取り上げたキュレーション（情報の選別）の問題が存在していることも知っている。現在のステークホルダーと、今後の潜在的ステークホルダーについても、あなたは認識している。ハッカー、誤解する友人や家族、そして、大学や、雇用主なども場合によっては含まれるかもしれない。

この例を２ｘ４モデルに当てはめてみよう。わたしなら、安全と敬意（とくに子どものアイデンティティに関して）を、優先原則の二つに選ぶだろう。僅差の三位がプライバシーだが、このケースでは敬意と、親が子どもたちをどう扱うか、というより大きな問題に含まれているものとわたしは考える。

最重要の結果二つは、どちらも、自分以外の人のオンライン上のアイデンティティを作成することの意味に関わっている。第一は、このプロフィールの不確実性と永続性の問題だ。あなたが自分のアカウントから写真を削除したとしても、それが何回コピーされ、加工され、見知らぬ人たちに再配布されるか、また、このデータを企業がどう扱うかも、あなたには制御できない。子どもは自分の写真や自分の存在を、オンライン上でも、その投稿を見た人々の記憶や記憶媒体からも、永遠に消すことができないかもしれない。ソーシャルメディア運営会社に情報の削除を依頼しても、対応は見込めないかもしれない。とくに自発的に投稿された画像で、会社の利用規約に違反しない場合は（ある意味、当然ながら）そうだ（いくつかのソーシャルメディアの利用規約では、いじめやハラスメント、ヘイトスピーチ、知的財産権の侵害などの状況を対象としたものもあるが、わたしたちが進んで投稿した不適切な画像が、予想外の場に広がったとしても、削除依頼に対応しないことが考えられる）。

第二に、親は子どもとの関係における今後の影響を考える必要がある。ある子どもが成長するなかで、オンライン上の自分の存在についてどう思うか、予想するすべはない。わたしの見てきた一

八歳から二二歳の学生たちでは、親たちがソーシャルメディアに子どもの写真を、ときには生まれる前のエコー写真さえ投稿する風潮に恐怖を感じる者たちが非常に多く、この問題を講義の正式なテーマに取り上げてほしいと頼まれたこともある。

このシナリオでは、子どもと立場を入れ替えて考えてみるといいかもしれない。もし、自分の子どもやその友だちのひとりが、無断であなたの写真をオンライン上に載せたら、どう思うだろう？　また、ほかの子どもと一緒に写っている写真（誕生日パーティなど）を、その子たちの親の許可なく投稿することの倫理性はどうだろう？　わたし自身の答えは、自分の子どもの写真を自分の同意なしにソーシャルメディアに載せられるのは嫌なので、ほかの子どもたちについても同様に慎むというものだ（もし、そういった写真をシェアするとわたしが決めたとすれば、そこから生じる結果の責任は、すべてわたしにある）。

ここで働く最重要の〈力〉二つは、伝染と力の拡散だ。そのうち、伝染がもっとも強力だと思われる。というのは、このケースでは制御不可能な暴走という結果をもたらす可能性があるからだ。とくに、伝染と変異の原動力が非常に多数あるため、伝染のリスクはとても高い。ここでの原動力としては、法令遵守の弱さ、傲慢、嫉妬、プレッシャー、情報のサイロ化、透明性の低さ、ソーシャルメディアに関する新たな技術などが含まれる。力の拡散は親たちのオンライン上に写真を投稿する能力を高め、同時に、無断の複製、転載を容易にし、誰にでもアクセスを可能にし、その結果、子どものアイデンティティを支配する力を与えてしまう。

では、あなたに取れる代替案は、なんだろう？　暗号化されるソーシャルメディアだけで写真をシェアする、信頼度に応じてシェアするグループを分けて、管理、制限する、あるいは、写真をEメールで送る、さらには写真をプリントして家族だけに郵送する、などが考えられる。別の代替案

は、安全のために特定の画像、つまり、子どもの居場所や学校や課外活動、宗教や礼拝の場所などがわかるような写真は絶対に載せないという案だ。さらに別の案としては、時間をかけ、年齢に応じた方法で子どもをソーシャルメディアに慣れさせるというものもある。分別がつく年齢になったら、子どもと一緒に決めていく。このとき、必ず、「これは、自分が載せていい話題なのか？」と考えることの大切さを説明することだ。

わたし自身の選択は、倫理アドバイザーとしての守秘性や、学生や友人たちのプライバシーへの責任を反映しているため、多くの人にとっては極端すぎるだろう。わたしは、リスクをできるだけ排除するため、ソーシャルメディアにまったく写真を載せないことにしている。ツイッターのようなネット上の投稿についても、倫理に関した一般社会の関心事に限定している。しかし、自分の立場のおかげで、ほかの選択肢があることも理解している。世界には、インターネットにアクセスし、遠く離れた家族や友人とコミュニケーションをとるための手段がソーシャルメディアしかない人々が非常に多く存在する。そういった状況では、安全と敬意の原則と、家族のつながりを優先する必要性など、ほかの原則が対立する可能性もある。

ソーシャルメディア運営会社、公的機関、教育者、警察、さらには小児科医も、子どもの写真をオンライン空間に載せることの潜在的危険について、もっと積極的に警鐘を鳴らすべきだ。しかし、親たちのほうでも、家族のひとときをシェアする方法をほかに見つけることで、危害を避けることができるはずだ。

倫理の緊急対応シナリオ
——親が子どもに麻疹などのワクチンを受けさせることを拒否した場合、どのような倫理的問

題があるか？

健康上の判断の多くは緊急対応ケースではないが、この場合は、ワクチンについての情報がもう少し補足されれば、倫理的判断を下すことができる。いいかえると、質の高い事実をすでに十分もっていると思い込んではいけないが、わたしたち自身が医療専門家になる必要もないのだ。倫理についての分析は緊急対応で行うことができるが、医師や信頼できる健康相談窓口等に電話したり、確かな医療情報源に当たったりして、適切な情報を求める責任は残る。しかし、友人、宗教家、有名人、ソーシャルメディア上の情報、見たことのないウェブサイト（たとえ、グーグル検索で上位であっても）、正式な資格のない非営利組織、そのほか真実の証明がない情報源全般からの医療上のアドバイスを受けいれてはいけない。信仰上の導きを医師に求めたり、配管工事をジャーナリストに依頼したりしないのと同じことだ。

ことワクチンに関しては、真実の歪曲が蔓延している。ワクチンを拒否する理由の多くは、しばしば、科学的根拠を無視したものだ。ワクチンが信仰に反するものと考える人々もいる。強い影響力をもった有名人たちが、専門知識なしにワクチンの意義への疑いを公言し、危険性を断言してみせる。親たちの一部は根拠もなしに、健康的な生活をしてさえいれば、子どもを病から守るのに十分だと信じている。

ありがたいのは、かかりつけ医の助言に加え、オンライン上のほんの数クリックで、アメリカ疾病予防管理センター（ＣＤＣ）や、メイヨー・クリニック、米国医師会、世界保健機関（ＷＨＯ）のような信頼できる情報源から科学的事実を入手できることだ。麻疹について、ほんの数分のうちに学べる事実を見てみよう。一九六三年に麻疹ワクチンが開発される以前、アメリカでは毎年三〇

〇万人から四〇〇〇万人が感染していたと推測されている。毎年の死者は、最大で五〇〇人に上った。二〇一九年、アメリカ国内では一二八二人が感染し（一九九二年以降最多）、一二八人が入院した。ＣＤＣによれば、「大半の感染は、麻疹ワクチンを受けていない人々の間で起きている」という。現在、アメリカで麻疹による死者は比較的珍しいが、耳や目への二次感染、肺炎、脳炎などの合併症は多く見られるという。

　ＣＤＣは、麻疹を「感染力の強いウイルス」と説明しており、感染者が咳やくしゃみをすることで広がるほか、ウイルスのついた物に触れることでも感染する。しかし、ワクチン接種プログラムの成功により、アメリカは二〇〇〇年に麻疹の撲滅を宣言した。麻疹、水ぼうそう、風疹のＭＭＲワクチン（新三種混合ワクチン）を推奨どおり二回接種（一二か月から一五か月と四歳から六歳の間に一回ずつ）した子どもは、九七パーセントが麻疹から守られると考えられている。ワクチンは麻疹には有効だが、自閉症のリスクを高める可能性があると本気で信じている親たちもいる。医療専門家たちは、この説を否定している（まれに、特定の基礎疾患のある子どもたちには、ワクチン接種の副反応が起きることがある。こういった医療専門家からの助言で、正当な理由により子どものワクチン接種を控える例については、ここで指摘するケースとは異なる）。

　あなたが実際にわが子のワクチン接種について判断しようとしているにせよ、あるいは、この問題について意見をまとめようとしているにせよ、この件について、２ｘ４モデルに当てはめて考えてみよう。わたしは、原則として、個々の子どもとまわりの「生存と安全」、もうひとつは、「真実」、とくに、根拠に基づく科学を挙げようと思う。僅差の三位には、「責任」が入るだろう。多くの人にとっては、個人的、宗教的な「自由」が関わってくるかもしれない。子どもへのワクチン接種を親に強いることが、これらの自由に反すると受けとる人もいるからだ。しかし、この件での「自由」

は複雑だ。ここで親たちは自分が正しいと思うことを自由にできるが、その判断には他者の命に関わる問題がかかっている——まずは自分の子ども（未成年で法的同意ができない）、そして、子どもが感染させるかもしれない人々だ（こちらも同意することはできない。ウイルスにさらされていることに気づいたときには遅いのだ）。

わたし自身、独立、個人の自由、文化や宗教的伝統の多様性を重視するが、命の危険や、命に関わる危険な嘘が定着することのほうが、わたしにとっては優先事項だ。二〇一九年にＷＨＯは「ワクチン接種への躊躇」を、ＨＩＶ、エボラ出血熱、大気汚染、気候変動と並ぶ「世界の健康に対する一〇の脅威」に挙げた。この判断を誤ることは、あまりに重要で取り返しのつかない結果を招く。公共の安全は、開かれた安全な社会に生きることのコストの一部でもあり、恩恵でもあるのだ。「結果」にはさまざまなものが考えられるが、子どもが深刻な病気にかかる、さらには亡くなる、そして他者を感染させることと比べれば、その他はかすんでしまうことだろう。子どもにワクチンを受けさせない親の多くは、子どものためを願ってそうするのであり、害を及ぼす意図はない。しかし、善意にせよ信条にせよ、害を防ぐことはできないし、科学的根拠を否定することもできないのだ。また、わたしたちの判断によって生じる結果について、倫理的責任を免除してくれるものでもない。それがわが子や、見知らぬ人たちの死や深刻な病につながりかねない場合はなおさらである。

このケースでもっとも重要な〈力〉には、真実の歪曲の伝染を選ぼうと思う。病や死につながる誤情報や考えや行動の拡散を進める力となり、同時に、人は自分の人生だけに責任があり、自分の人生を好きなように描けるという間違った観念をも広めるからだ。倫理上の伝染は、医学的な意味での病気の伝染と密接につながっている。これに関わる二つ目の〈力〉は、力の拡散だ。銃の無謀

な扱いや、飲酒運転などで人を傷つけることなど思いも及ばない親たちが、子どもにワクチンを受けさせないことにより、人命を危険にさらすことがありうるのだ。

ワクチンに「代替案」はあるだろうか？　この状況では、存在しない。判断と、その結果は、二元的だ。わたしがワクチンを受けさせることを選べば、子どもは麻疹から十分守られる。受けさせないことを選べば、こちらも科学的な答えは明快だ。わたしの子どもは安全ではないし、接触する子どもや大人も安全ではない（繰り返すが、ワクチン接種が子どもの健康にとって有害であると医療専門家が判断した稀な例は除く）。

ワクチン接種をしないと判断する限り、医療上、倫理上のリスクを取り除くことはできないが、わたしたちが正しい方向へむけて取れるステップはいくつかある。職場や、家庭や、友人間や、ソーシャルメディア上で、科学的事実を広め、歪曲された真実を否定することは、誰にでもできるはずだ。また、安全を守る法整備を呼びかけることもできる。自治体や地元の政治家に、ワクチン未接種の子どもの公園やレストランや公共の場の利用を許可しないよう促すこともできる。あるいは、この件について敬意をもって話した上で、ワクチン未接種の子どもやその家族は自宅に呼ばないと決めることもできる。気の毒だが、社会が安全策を選ばざるをえないときに、代償を払うことになるのは、またしてもワクチン未接種の子どもたちだ。

ワクチン反対運動から学んだことは、日常的な健康管理にも、そうでない医学上の判断にも参考になる。重要なのは、新型コロナの大流行と闘うなかで、わたしたちが日々、命に関わる判断と向き合っているということだ。執筆の時点で、ウイルスは世界中に広がり続けている。ほんのささいな判断、たとえば、スーパーマーケットで人の近くに立ちすぎるといったことが、罪のない他人を同意の機会なく命の危険にさらすかもしれないのだ。このウイルスの生物学的解決は、真実の歪曲、

力の拡散、そしてそれらが原動力となる非倫理的な判断を、わたしたちが集団で乗り越える努力にかかっている。

倫理の緊急対応シナリオ
——男性上司があなたの同僚である年下の女性にハラスメントやいじめをしていることに気づいたとき、どうするべきか？

　あなたが大企業で働いているとしよう。あなたの上には、管理層が複数いる。あなたは、男性上司のひとりが、不快な行動を取っていることに気づいた。会議中、あなたの同僚の女性が手を挙げて質問しようとしているのを、あからさまに無視したのだ。ほかの上司がようやく女性に発言を促すと、その男性は何度も大声でさえぎって、女性の声をかき消した。一週間後、この女性のデスクに、その男性上司がいて、大声で叱りつけていた。次第に、繰り返されるパターンが目につくようになった。上司はこの女性を何度も連名のメールから「うっかり」外し、彼女の仕事に関係する顧客との打ち合わせに呼ぶのを忘れ、会議で見下す態度を取るのだ。しかし、あなたが彼女を問いただすと、そんなことはないという。その上司から業績評価で何か言われたことはないし、改善の必要な点も指摘されたことがないので、揉め事を起こしたくないというのだ。

　あなたは傍観者《バイスタンダー》の立場だ。ある出来事や、それに関わる状況を目にしているが、個人的には巻きこまれていない。傍観者として、あなたは報告するかどうかを決めなくてはならない。悲しいことだが、この事例のいじめのような職権乱用や、性的ハラスメント、性的暴力のほとんどは、行為者とターゲットのほかにも多くの人に影響を与える。傍観者に限らず、行為に気づいていない多くの

人までが、間接的に苦しむことになるのだ。

この問題は、緊急対応ケースとして扱える。あなたが許されざる行為（二元的）の証人であり、主要なステークホルダー（友人である同僚、管理職の人物、企業、あなた自身、あなた以外の傍観者）がわかっているからだ。それ以上の情報がなくても、この件の倫理性を問えるだけの十分な根拠をあなたは持っている。唯一、有用な追加のステップは、傍観者の責任についての会社のポリシーを調べておくことだ（もし存在するなら、通常、会社のウェブサイトや社内ネットワークで見られるはずだ）。あなたがどのように介入できるか、積極的に介入する義務はあるか（しない場合に懲戒を受けるか）、介入した場合に報復から守られる仕組みはあるかという部分がどうなっているのか確かめよう。また、あなたが目撃している行動が、いじめ、ハラスメント、セクハラ（性的不正行為）にあたるかどうかについて、指針が出ているだろうか？（わたしは、組織に対して、ポリシーのなかに傍観者の義務と保護を明記すること、いじめやハラスメントを罰するのと同様に、報復も罰するようにアドバイスしている）

倫理アドバイザーとして、わたしはあらゆる種類や規模の組織において、いじめやハラスメントの事例を見てきた。非常によく運営されている会社でさえ、あることなのだ。これまで見てきたいじめやセクハラ行為での性別や地位の組み合わせは、さまざまだ。許されざる行為を目撃した傍観者の選択肢について知ることは、どんなケースにも共通して役に立つ。しかし、個々の状況への対応は、場合によりけりで、職場環境、ポリシー、人間関係、また傍観者の雇用状況や個人的状況によっても異なるものとなる。

いじめを線グラフのスペクトラムで考えてみると、一方の端が、うっとうしい、漠然とした軽口程度の行為、もう一端が性的、人種差別的な意図をもった行為となるだろう。いじめの特徴は、繰

り返し行われることと、特定の個人やグループを標的にしていることだ。いじめに当たる行為とは、仕事の妨害（例：情報を与えないなど）から、公然と見下すことや攻撃することまで、さまざまなバリエーションがある。難しいのは、両極端の間に当たる例だ。いじめが行われているが、会社のいじめ防止ポリシーに引っかかるほどではなく、その他のポリシーにも違反しないように人種差別や性的な内容は避けている場合などだ。しかし、分類がどうであろうと、この例での行為が二元的で、まったく許されないことは、倫理の専門家でなくてもわかることだ。

　この状況での傍観者として、わたしなら、「安全」と「敬意」を二大原則に選ぶと思う。もし、同僚の安全（あるいは、幸福）が危うくなっており、とくに行為がエスカレートするかもしれないと思われる場合には、わたしは迅速に介入することを考えるだろうと思う。わたし自身の安全（と幸福）も同じく重要だ。自分の安全が脅かされる場合には、介入が義務とされることはほとんどない。そのような状況で必要な情報すべてを入手できることはありえないし、思いがけず自分や他者を危害にさらす可能性があるからだ（身の安全をとくに考慮すべき状況とは、たとえば、公園で誰かがティーンエイジャーを殴っているのを見たとする。あなたが直接介入することは、あなた自身にも危険だし、殴られている子どもにとってもさらに危害が増すかもしれない）。

　もっとも重要な二つの結果は、有害な行為が継続あるいはエスカレートすることと、いじめを報告したことで、あなたや同僚が報復されることだ。もし、加害者が調査を受けず、止められることもなかったら、あなたの同僚は被害を受け続け、上司は大手を振っていじめ行為を続けるだろう（同僚に対して、またもしかしたら、ほかの社員に対しても。行為の「パターン」と「繰り返し」だ）。

　そして、周囲の人間はその行為を普通のことと感じ始め、さらには、彼に気に入られようとして、いじめを真似することさえ考えられる。もうひとつのほうの結果は、告発された上司や彼を支持す

る人によって報復を受けることだ。ほかにも考えられる結果としては、あなたが同僚と揉める（彼女はあなたがプライバシーを無視していると受けとるかもしれない）、精神的苦痛、いじめを撲滅しようとしない組織への信頼の低下などがあるかもしれない。

二つの〈力〉には、倫理の柱の崩壊と、〈伝染〉を選ぼうと思う。わたしは、同僚のために行動する同意を取り付けていない。実際、彼女は明確に同意を拒否している。ほかのケースと同様、具体性が鍵だ。もしかしたら、彼女は、わたしが社外の弁護士にアドバイスを求めることや、いじめ行為の一面だけを共有することには同意するかもしれない。しかし、必要な同意は変わる可能性もある。もし、あなた自身がこの管理職の行為に影響を受けているなら、たとえば、彼の行動があなたやほかの社員を不快にさせているとか、チームとして働く妨げになっている、などの場合は、あなた自身、あるいはまわりの社員と一緒になって、行為を報告することを考えてもよいだろう。〈伝染〉に関しては、この話で見る行為が明白に繰り返されていることに加えて、加害者が罰を受けないこと、秘密性、権力の乱用がいかに伝染と変異を招くかを考えてみるといいだろう。

代替案の検討では、不当な行為の二元性と、あなたの対応の非二元性を区別する必要がある。あなたには、「介入するか、しないか」という問題を、二択以外の選択肢に変換する機会が与えられている。もし、行為が続くようならもう一度同僚と話をして、どう感じているのか、なぜ報告したくないのか、たずねてみてもいい——彼女のレンズを通して問題を理解する試みだ。秘密が守られる相談先、たとえば、会社の人事担当や法務担当、オンブズマン制度などに助言を求めることも可能だ。もし、匿名の調査や内部告発制度などがあれば、そこに報告してもいい。あるいは、社外の弁護士や守秘義務のある専門家に相談することもできる。状況によっては、自分の直属の上司や、信頼できる組織の上層部に、内密であることを確認して相談することも可能だろう。もし、どの案

も適さない場合は、ほかの方法で理解と支持を伝え、引き続き状況を見守りながら、同僚が望んだ際には踏み込めるようにしておくことも、ひとつの選択肢だ。

助けようとして、かえって被害を大きくすることは、誰も望まない。望ましくない展開のうち、実際起きそうなこと、起きる可能性のあることを考慮しておくことは欠かせない。それでも、どこにも保証はないこと、告発者を報復から守る努力も、組織により状況により非常に異なることを認識しておかなかったとすれば、わたし自身であれば自分の不注意といわざるをえない。

傍観者のシナリオは、どこで起きても不思議はない。映画館でも、街中でも、スポーツジムでも、どこでもありうる。そして、そこには、身体的暴力や言葉による攻撃から、うっとうしく迷惑なおしゃべりまで、あらゆる行為が含まれる。場所や人間関係がどうであれ、特定の状況は、即座の判断と行動を必要とする。誰かに身の危険が迫っている場合に、警察に通報するなどの例だ。繰り返すが、稀なケースを除いては、わが身を危険にさらす倫理的な義務はないし、そういった行為は意図せず危険を大きくしかねないと、わたしは信じている。事実をよく知らずに介入する場合はなおさらだ。

しかし、職場の場合は、あなたは組織のなかで動いていて、**自動的にステークホルダーに含まれている**。そのため、あなたにとっての影響は、単に事件を通報する場合よりも、後々まで続くはずだ。職場では、巻きこまれた人たちとの関係があり（たとえ、直接のつながりがない場合でも）、また、従うべき会社の規制や倫理ガイドラインが存在する。その行為によって個人的に影響される可能性が高く（目撃しただけの場合でも）、また、報復から守られる必要がある。

倫理の緊急対応シナリオ
——会社のやり方に反対の場合、行動を起こすべきか？

二〇一九年九月二〇日金曜日、世界各地で数百万の人々が環境保護の強化を求める国際的な抗議運動「グローバル気候マーチ」に参加した。このイベント前の数日間、アマゾン、グーグル、マイクロソフト、フェイスブックなどのテクノロジー部門で働く人々は、同僚たちにデスクを離れて抗議行動に加わろうと呼びかけた。「気候正義を求めるアマゾン従業員」のグループは、一四か国、一八〇〇人以上のアマゾン従業員から、「持ち場を離れ」行進に参加するとの誓約を受けとったとしている。イベント当日、CNNはシアトルだけで三〇〇〇名のアマゾン従業員が街頭に繰り出したと報じた。このグループのツイッターのフィード（@AMAZONforClimate）には、「わたしたちは、アマゾン社に二〇三〇年までの二酸化炭素排出量ゼロ達成を約束し、まず大気汚染が深刻な地域で電気自動車を試験導入することを求めます。わたしたちはゼロ達成のリーダーであるべきで、滑り込みセーフではいけません」とあった。

その前日のこと、アマゾン最高経営責任者（CEO）ジェフ・ベゾスは、予定された抗議活動に対して、新たな「気候誓約」を掲げ、二〇三〇年までに一〇〇パーセント再生可能エネルギーに切り替える、二〇四〇年までに「年間炭素排出量実質ゼロ」を達成すると約束した。これはパリ協定が定めた気候変動対策スケジュールを一〇年も前倒しするものだ（さらに二〇二〇年二月には、個人資産一〇〇億ドルを、気候変動対策のための「ベゾス地球基金」に拠出することも発表している。）その一方でベゾスは、アマゾン社は石油・天然ガス産業にクラウドサービスを提供することは継続するとしている。この決定に反対し、従業員たちは抗議を行った。

あなたがアマゾン従業員たちのように、会社のやり方に反対である場合、あなたの対応はさまざまなものが考えられる。何もしない、ブログで取り上げる、デモ行進に参加する、上司に意見を伝える、採用を辞退する、さらには辞職する、などだ。いずれにせよ、多くの場合で判断のために追加の情報は必要がなく、ステークホルダーについても十分わかっている。というわけで、この重要な問題は緊急対応が可能なケースだ。

このシナリオで重要な原則は、「真実」と「敬意」だろう。あなたの最大の心配は、会社が何を行っているのか、なぜそれを行っているのか、その判断にどんな意味があるのか、会社が真実を伝えているかどうか、ではないだろうか。また、あなたの意見を表明する権利を上層部が尊重するかどうかも、気がかりかもしれない。逆に、あなたの対応のほうも、敬意があり、建設的な結果を念頭に置いたもの、職場にふさわしく、守秘義務に気を配り、仕事への集中を妨げないものでなくてはならない。

あなたの原則が、あなたの職場の原則に合致しているかどうか、考えてみよう。完璧に一致することはないかもしれないし、またその必要もない。けれど、その違いを認識し、幅広い視点を集めて自分の意見を問い直すことは、倫理的意思決定と、社会への貢献のために不可欠だ。しかし、会社の決定や行動に対するあなたの感情は、そもそもそこで働き続けられないほど、強いものかもしれない。たばこや銃器や化石燃料など、特定の業界に対し、個人から大企業までが投資を控えるようになったのも同様だ。

二つの結果が、ここでは突出している。個人的影響については、あなたの判断が雇用に与える影響が最重要だ。解雇や辞職につながる行動を取ることから、会社のポリシーの影響を受けながら生活することまで、幅広い結果が考えられる。たくさんの要素を考えあわせ、受けいれられる結果、

受けいれられない結果を決められるのは、あなただけだ。たとえば、あなたの経済的安定、ほかに働く機会があるかどうか、家族を養う責任があるかどうか、などだ。ふたつ目は、あなたの選択によって生じる結果を常に考えなくてはならない。あなたの行動は、問題の解決に役立つだろうか？経営陣の意識が高まり、懸念に耳を傾けている証拠があれば、すでによい結果が出ているといえる。一回のブログで、会社の顧客名簿を変える必要はないのだ。しかし、あなたのゴールが建設的で、実現可能で、積極的に倫理を伝染させる精神に基づいているかは確認しておきたい。

最重要な〈力〉は、わたしの意見では、倫理の柱の崩壊だ。雇用者が、すべてあなたの思いどおりの決定をしなくても、すべてに関して完璧な透明性を提供しなくてもかまわない。しかし、主要な倫理的問題、つまり事業や地域社会や、従業員の職場に対する判断に影響する問題については――ここでは、アマゾン社の環境への影響もそうだ――従業員は適切な透明性を期待すべきだと思う。適切な透明性とは、開発中の製品、収益源、顧客層、地理的範囲、取締役会の正式決定、そしてもちろん、期待される行動、職場の環境基準、倫理（持続可能性《サステナビリティ》を含む）などについての企業の方針など、基本的事項を従業員が理解することを意味する。初期段階にある戦略構想や、経営や取締役会での機密事項を、すべての従業員に伝えるという意味ではない。

「アマゾンはエネルギー企業のために力を尽くすつもりだ。エネルギー企業が再生可能エネルギー事業への移行を最高のツールをもって成し遂げられるように、わたしたちは懸命に働くつもりでいる」と、ジェフ・ベゾスは述べている。「石油企業、エネルギー企業に、よくないツールを使ってこの移行を行えというのは、いい考えとは思えないし、そうさせるつもりはない」。このケースでは、従業員は会社の立場を十分理解した上で、自分の意見を持つことができる。

職場で声をあげることは、力の拡散のよい例だ。従業員たちは、倫理的問題に対し、声や足を使

い、また仕事上の決定を通じて、積極的に取り組むようになってきている。「気候正義を求めるアマゾン従業員」は、二〇一九年九月の声明で、気候マーチの前日にベゾスが「気候誓約」を発表したことは、「集団行動と従業員からのプレッシャーが効果をあげている証明だ」としている。

　代替案の検討では、反対すべきと感じる特定の状況と、あなたとの関わりを考えてみることが役立つはずだ。「この問題は、わたしとどう関係しているか？」という問いからスタートしよう。あなたは、問題の中枢にいて、ドローンを作ったり、化石燃料の契約や政策を練りあげ、実行したりしているだろうか？　その問題にどれだけ深く取り組んでいるかは、あなたにとって重要だろうか？　この問題に取り組まないとか、社内のほかのプロジェクトやポジションに移動するといった選択肢はあるだろうか？　あなたは、個人的にやる用意があること以上の取り組みを会社に期待してはいないか？　この例でいえば、アマゾンの従業員たちは、もし、車で通勤したり、出張で飛行機に乗ったりするようであれば、自分たちも化石燃料を使っていることを考えてみるとよいかもしれない。

　あなたの会社は、耳を傾け、正しい方向に動いているだろうか？　あなたは、問題解決を目指す態度で、声をあげているだろうか？　もし、行動は取りたいが、会社の環境ポリシーについて職場で声をあげることは望まないというなら、自分の生活のなかでバランスを取ること、たとえば、車でなく自転車を使う、食品の廃棄を減らす、プラスチック製品の利用を最低限に抑える、などに取り組むこともできる。

　判断を下すときには、どんな会社のリーダーも完璧ではないことを頭に置いておこう。また、自分たちの原則に沿わないとしても、すべての会社が直ちに変わると期待することはできない。雇用主はたくさんのステークホルダーを考えて判断を下す。ほとんどのケースでは、丁重にあなたの意

見を伝えつつ、ここぞという時に闘うバランスが有効だ。わたしたちの原則にとって、どの問題が本当に重要なのか、考えてみよう。また、その会社がやっている良いことにも目を向けよう（ただし、会社がセクハラ行為や深刻な人権侵害を容認している場合など、二元的な問題がかかっている場合は、どれだけその会社が良いことをしていたとしても、許されない行為が帳消しになることはない）。

最後に、企業は、繊細な問題を多元的なやり方で見越しておくべきだ。ある計画の倫理性をより高めるにはどうしたらいいか、ある目標を倫理的に達成するにはどうしたらいいかなどについて積極的に従業員の考えを聞くことは、「やるか、やらないか」というアプローチよりも、問題解決志向のアプローチといえる。もし企業が初期段階からこのような従業員の声を採り入れれば、より建設的で、過激に走らない対話への道を拓くことができるはずだ。企業は、たとえば、代替燃料の開発努力をしない取引先や、または気候変動に悪影響を及ぼす取引先には製品やサービスを販売しない、提携しない、などの決定を取れるかもしれない。あるいは、取引先との契約のなかで特定の環境への取り組みや基準を求めるといった方法もあるだろう。

倫理の緊急対応シナリオ
——自宅にきた客に、アレクサが作動していることを伝えるべきか？

毎朝、世界中の人々がスマートスピーカーを目覚《ウェイク》めさせる。人々は音楽をかけたり、今日の予定をチェックしたり、レシピを調べたり、その他たくさんのことを、機器に搭載されたデジタルアシスタントに頼む。こういった機器は、いまやどこにでもある。二〇一九年には、世界でおよそ一億

四七〇〇万台のスマートスピーカーが販売された。アメリカ人の四人に一人は、平均二・六台を自宅に所有している。しかし、これらに対し、居心地の悪さを感じる人もいる。ここではアマゾンのアレクサを取り上げるが、市場に出回るたくさんのブランドのさまざまなデジタルアシスタントについても、同じことだと思ってほしい。

この難問は、まさに緊急対応の問いだ。ステークホルダーはわかっている。あなたと客人、その家族、話題に上った人々すべて、会社、アレクサからの通話を受けた人たち、そして、アレクサ自体だ。しかし、ステークホルダーはどんどん広がっている。アマゾンが買収する可能性のある企業、クラウドによってつながっている、または製品を加工するアクセスを与えられたアマゾン従業員や請負業者、もしあなたがホテルでアレクサを使っているとすれば、そのホテルと従業員もステークホルダーとなる。そして、第四章で触れた、警察が裁判所命令で録音音声の捜査令状を取得したという報告から考えれば、法執行機関や裁判所も含まれる可能性がある。

あなたの自宅の機器が同意なしに会話を録音しているかもしれないことを伝えない場合、何らかの結果が生じかねないことは、追加の情報がなくても理解できるはずだ。州によっては、同意なしに会話を録音することを規制する法律がある（昔ながらの録音機でも、スマートフォンでも同じことだ）。警察による不正な録音の利用は法律で規制されている。一般的な利用者にとって誰がデータを所有し、誰がデータにアクセスでき、データがどこに保存されているのかを知ることは難しい。もし、あなたが昔ながらの方法で誰かの話を録音しようと思わないなら、デジタルアシスタントのアルゴリズムにも録音させないことだ。しかし、ここでは法律については置くとしよう。倫理的選択に法の導きは必要ないからだ。

原則二つには、真実と、プライバシーもしくは敬意をわたしは選ぶだろう。あなたが自宅に招く

友人や客たちが、そこでの会話はプライベートなものだと期待するのは、合理的といえるだろう——人の噂話をすれば、完全に秘密にはならないかもしれないが、機械によって録音され、データが保存されるとまでは考えないはずだ。そのことを告げないとすれば、あなたは正直とはいえず、相手との関係や相手のプライバシーを尊重しているとはいえない。

もっとも重要な二つの結果とは何だろうか？　アレクサを起動しておくことは、さまざまな感情的・身体的困難、たとえば移動、アクセス、コミュニケーションの困難を抱える人たちにとって、文字どおり、生死を分ける可能性がある。ある同僚は、手術後で動けないときに、音声で機器を起動し、ハンズフリーで通話やメッセージ送信を行うことができたと話してくれた。アレクサが補助してくれる日々の事柄の多くは、生死のかかった状況ではないかもしれないが、客人の会話を知らないところで同意なしに録音することは、人間関係における深刻な裏切りとなりかねない。

また、あなたのデータが予測できない形で利用される可能性の問題もある。アマゾンの利用規約には、「アマゾンは……お客様の音声入力、音楽プレイリストならびにお客様のやることリストおよび買い物リスト等、お客様の Alexa《アレクサ》 インタラクションをクラウド上で処理および保存します」とある（強調は筆者による）。アマゾンがあなたのデータをどう使い、利用規約がどう変更されるか、わたしたちにはわからない。

また、より広範な結果は、わたしたちが知らないうちに自分の原則を破ってしまうことかもしれない。

最重要の〈力〉には、わたしは倫理の柱の崩壊を挙げる。とくに、十分な説明の上での同意《インフォームドコンセント》の柱だ。インフォームドコンセントのためには、あなたの客人は十分な情報を得た上で、その件について同意を求められなくてはいけない。その責任は、アマゾンでも、法律でも、客でもなく、わたし

たちひとりひとりにある。境界の曖昧化も関わってくる。わたしたちは、一般的には、モノと会話したり、モノに助言を求めたりしない。わたしたちとデジタルアシスタントとの関係が今後どう発展していくかは、部分的には企業や規制当局の責任でもあり、同時にわたしたち自身のニーズや、許容度の変化にもよる。社会もまた、これらの製品がとくに困難な状況にある人々にもたらす幅広い利点に注意しながら、使い方の枠組みを考えていくべきだろう。この技術は、高齢者や障害をもった人々、人によるサービス提供が困難な地域などにとっては、生活を一変する可能性をもっている。

　では、アレクサが聞いていることを友人に伝えないことに、何か利点はあるだろうか？　デジタルアシスタントとともに生活することに慣れてきた人は多いが、友人との会話を無断で録音することで、信頼と絆が深まる状況は想像しにくい。技術がもたらす利益と、使い方によってもたらされるかもしれない大きなリスクをよく秤にかけるべきだろう。代替案は、客人が到着したらスマートスピーカーのスイッチを切る、あるいは、客人の目の前でアレクサと会話する手もあるだろう。わたしの意見では、伝え忘れたり、意図的に伝えないことにしたりするよりもずっと良い選択だ。伝えなければ、他者の決定を肩代わりすることになる。それはあなたが決めることではないのだ。

∞

　倫理の緊急対応は、鼻をつまんで迷わず飛びこめという意味ではない。高齢の身内から車のキーを取り上げることや、傍観者《バイスタンダー》として声をあげること、偽情報に立ち向かい、ワクチン拒否の広がりのような脅威に対応することには、勇気がいることだ。そのなかでも、他者の選択肢を奪っていな

いか、確認を怠ってはいけない。子どもたち自身がオンライン上のアイデンティティを決める権利にしても、訪問客のプライベートな交流を楽しむ権利にしても、同様だ。

先端領域では、もっとも効果的な判断をするために、より深い熟慮の必要な問題も多い。そういう場合は、緊急対応アプローチは適切とはいえない。たとえば、23アンドミーの検査キットを購入するかどうかや、23アンドミーにあなたの子どものＤＮＡを送るかどうかは、明らかに緊急対応すべき問題ではない。子どものＤＮＡを提出することに関する同社のポリシーには、起こりうる問題がおびただしい数記載されており、それを見れば警告サインが点灯するはずだ。

投票も、緊急対応の判断ではない。第三章で検討したように、投票をフレームワークにかけるためには、細かいニュアンスのある情報が必要で、聞くべきこと、議論すべきことがたくさんある。

行動に移す前に、倫理の枠組みを考えることは、すべての選択の際に重要だ。テクノロジーによって、衝動的に行動することはかつてなく容易になっている。その結果、急いで判断しなくてはならない気持ちにさせられるかもしれない。しかし実際には、〈力〉の多くは、わたしたちが**しなくてもよいこと**から生じているのだ。たとえば、ほとんどの人間は、子どもの写真をソーシャルメディアに掲載する必要はないし、スマートスピーカーを自宅に設置する必要もない。また、わが子のＤＮＡを23アンドミーに、**今すぐ**送る必要もない。わたしたちは、消費者として、親として、市民として、ひとつの判断をする前に懸念や代替案を探る時間を与えられていることが多い。その時間を大事にしよう——その間に、会社の失敗があなたと関係ない場所で起き、規制側や、消費者や、会社自体や、専門家がその技術に追いついて、どう反応するのかを観察するのだ。

倫理の緊急対応アプローチは、わたしたちが日々向き合う判断や議論、さらには一生に一度の判断や議論にも、倫理を組み込みやすくする。そのことは、たとえ、企業がどんな新技術を社会に放

ち、規制が追いつかなかったとしても、わたしたちが自らの責任を果たすためのより大きな力と能力を与えてくれる。わたしたちが積極的に自らの倫理と社会の倫理の主導権を取りながら、さまざまな問題について集団として話し合い、判断していくことで、あらゆる規模での変化が生まれるはずだ。

Chapter 8
Resilience and Recovery

第8章

立ち直りと回復

二〇一六年七月一七日、ナターシャ・エドナン＝ラペルーズは、南仏でのバカンスに出発するため、父親と親友とともにヒースロー空港を訪れた。彼女たちは興奮いっぱいに英国航空のゲートに向かったが、まずは朝食を買おうと、サンドイッチチェーンの「プレタ・マンジェ」に立ち寄った。ナターシャがそこで何よりも注目したのは、原材料だった。

　ナターシャはティーンエイジ真っ只中の一五歳だったが、丹念にラベルをチェックしていた。ナッツ、ゴマ、乳製品、バナナに重いアレルギーがあり、命に関わるアナフィラキシーショックを引き起こすのだ。父のナディームの証言によれば、このときナターシャはアーティチョークとオリーブタプナードを挟んだフランスパンを手に取り、ラベルをよく読んだという。オリーブ、アーティチョーク、バジル、パンが入っていることが記されていた。どれも、ナターシャの好物で、食べても安全だとわかっている食材だった。ナターシャはそのサンドイッチを父に差しだした。父はもう一度、原材料をチェックした。多くの食品チェーンでは、アレルゲン表示を店内に掲示している。しかし、ナディームが冷蔵棚の周囲を見まわしても、表示はなかった。

　ゲートでサンドイッチを食べたナターシャは、すぐに喉にかゆみを感じた――アレルギー反応の最初のサインだ。そこで、液体の抗ヒスタミン剤を服用すると、症状はおさまった。午前七時三〇分、一行はニース行きの飛行機に乗り込んだ。ナターシャと親友は、笑いながら友だちに向けて手

を振る動画をソーシャルメディアに投稿した。その約二五分後、喉のかゆみがぶり返してきた。ナターシャは抗ヒスタミン剤をもう一度服用したが、効果はなかった。すぐにかゆみは全身に広がり、首が真っ赤になった。シャツをめくって父親に見せると、「まるで数百匹のクラゲに刺されたかのように……巨大な赤い発疹に覆われていた」。

父親はナターシャの右太ももにエピネフリン（アドレナリン）を注射した。血圧を上げ、肺の筋肉を弛めて呼吸を改善し、またアレルギー反応に伴う発疹や腫れを抑える薬だ。しかし、まったく変化はなかった。二度目の注射を打ったが、症状は悪化するばかりだった。着陸まで、約三五分。ナターシャは胸を上下させて喘ぎながら、父親に訴えた。「パパ、助けて。息ができない！」

英国航空の乗務員が機内のボンベから酸素を提供し、前日、医学博士号を取得したばかりの男性乗客が手当てにあたった。父ナディームがなすすべなく見守るなか、娘はアナフィラキシーショックに陥った。皮膚が青ざめ、ぐったり屈み込み、そして意識がなくなった。機長は後に、ナターシャの状況がどれだけ深刻か知らされず、他の空港への緊急着陸の機会を逸したと述べている。機体がニースへ向けて降下を始めるなか、ナターシャは心停止に陥った。医師の男性は蘇生を試みたが効果はなかった。乗務員のひとりが後に証言したところによれば、ＡＥＤ（自動体外式除細動器）は備えつけられていたが、機体の反対の端にあったため、その場に持ってきていなかった。また、着陸の際には、搭乗口の定位置につくことが「優先」されたという。

フランスの救急隊員によってナターシャはニースの病院に運ばれた。そのあいだにナディームは妻のターニャに電話をし、娘が生死をさまよっていることを伝えた。ターニャはニース便を探してロンドンのスタンステッド空港に急行したが、その日は夏休みの初日で夕方の便しか取れなかった。ターニャはゲートに座り、祈りながら待った。病院では、ナディームがナターシャは「助から

ないだろう」と告げられた。

午後七時、ナディームはターニャに電話をかけた。「さよならをいってあげて」、そういってナターシャの耳に電話をあてがった。電話の向こう側で、ターニャはささやいた。「タシ、愛しているからね、すぐにそっちにいくから」。そういうと、泣き崩れた。

ナターシャの両親は、あとになって、サンドイッチに使われたフランスパンの生地にゴマが練り込まれていたことを知った。表面には見えていなかっただけでなく、包装のラベルにも記載されていなかった。

二〇一八年九月、西ロンドンの検死裁判所でナターシャの死因審問が行われた。審問では、プレタ・マンジェがこれまでに二一件のアレルギー事例について警告を受けていたこと、そのうち九件がゴマによるものだったことが明らかにされた。そのうち六件では客はナターシャが食べたのと同種のフランスパンを食べており、うち五人が治療を必要とした。なかには、フランスパンに含まれたゴマのせいで「生命を脅かすアレルギー反応」を起こした一七歳の女性もいた。

プレタ・マンジェのリスク・法令遵守《コンプライアンス》管理者は、同チェーンが法律に則って営業していたと証言した。実際、イギリスでもＥＵでも、プレタ・マンジェのように店内で食品を調理、包装する場合、アレルギー食品の注意喚起には、口頭での警告、食品ラベル、店内のアレルゲン表示のうち、任意の方法でよいと法律が許可しているのだ。ナディームは、ヒースロー空港店には「目に見えるものは何もなかった」と述べたが、プレタ・マンジェはすべての原材料をラベルに記載するよう法的に義務づけられてはいなかったのだ。不可解なことには、食品が店舗外で製造される場合、たとえば、大型スーパーマーケットで販売されるケーキなどには、各包装にすべての原材料を記したラベルをつけることが義務づけられている。

プレタ・マンジェは食品ラベルに関する法律に則って営業していたかもしれないが、より高い倫理的基準は満たしていなかった。顧客の安全を守るために、プレタ・マンジェは法律が要求する最低限ではなく、もっと踏み込んでおくべきだった。たとえば、全商品に原材料表示をするか、あるいは、ゴマが目視で確認できるパンだけを使うこともできたはずだ。最初のアレルギー反応の事例が起きたあとは、なおさらである。政府や企業幹部も、店舗ごとに異なる状況に即して、ラベルを使うこと、使わないことの潜在的リスクをより詳細に検討するべきだった。たとえば、ヒースロー空港店では、何十もの言語圏の旅行者に食品を提供しており、客は飛行機に乗るため急いでいることも普通で、アレルギー表示を見ていないかもしれないし、従業員の口頭での注意を理解しないかもしれない。

ナターシャの死を受けて、プレタ・マンジェは原材料リスト表示を陳列棚に置くことにしたが、包装でのアレルギー警告はそれでも採り入れなかった。二〇一八年九月の死因審問の終わりに、ナターシャの両親は胸を締めつけられる声明を述べた。「この審問で、娘は食品ラベルに関する法律の不備により命を落としたことが明らかになったと思います……もし、プレタ・マンジェが法律に従っていたのであれば、法律が娘の命を賭けてロシアンルーレットをしていたのだと感じます」

その数日後の一〇月三日、プレタ・マンジェの最高経営責任者クライブ・シュレーは、公式に謝罪をし、「わたしたちにはできることがもっとあると認識しています」と述べた。プレタ・マンジェの変革には、原材料ラベルとアレルギー警告シールを全商品につけること、店内にアレルギー表示板をもっと設置すること、原材料情報をオンラインで公開すること、アレルギーに関する苦情には二四時間以内に対応することを約束し、政府、慈善団体、同業者と協力して法律の改善に取り組むことを誓った。

「このことが、わたしたちを正しい方向へ向けさせ、業界の変革の推進役となること、またアレルギーをもったお客様が最大限守られ、情報を得られることを保証することを願っています」。シュレーは声明で述べている。「プレタ・マンジェにとって、今、これほど大切なことはありません」。

これほど積極的で透明性の高い対応に興味をもったわたしは、プレタ・マンジェの意思決定プロセスについてもっと知りたいと思った。二〇一九年四月に、わたしはクライブ・シュレーにメールを出し、この本のための調査の一部として話をきかせてもらえないかたずねた。彼がこの時点でわたしについて知っていたことは、わたしが倫理の専門家で、彼が最高経営責任者としてもっとも困難だったかもしれない瞬間について関心をもっているということだけだ。それでも彼は、数時間のうちにわたしのメールに返信をくれた。

電話で話してみると、シュレーはナターシャの死に深く心を痛め、個人的責任で会社の決定を進めたようだった。彼によれば、ナターシャの問題を最初に検証した際には、変革を行わないほうがよいという判断につながる要因もあったという。たとえば、プレタ・マンジェが世界中の五〇〇を超える店舗で販売する、年間数百万点もの商品に個別に表示をつけるコストの問題だ。さらに、同社は店内調理を続けることが、商品の質と新鮮さを保証する上で重要だと判断した。

しかし、検討初期での懸念は、コストと品質だけではなかった。シュレーの説明によれば、潜在的なリスクもあったという。まず、サンドイッチに正確なラベルをつけるためには、サンドイッチのすべての材料を確認し、レシピをバーコード化し、その他の原材料の混入を確実に防がなくてはならない。さらに、各店舗でサンドイッチを作る店員は、サンドイッチを作り、商品とラベルを二重にチェックするため、いくつものステップを踏まなくてはならない。そのプロセスには、あまり

に多くの弱点とエラーの起きかねないポイントがあった。すべての原材料を表示したラベルは、間違った安全の感覚を消費者に与える可能性があり、それならばラベルはないほうがいいと判断したのだった。

シュレーは、ナターシャの死について第一の責任はプレタ・マンジェにあると認めた。自社は法律が求める以上のことをすべきだったし、そのことについて十分考慮していなかった、と認識した。その失策に気づいたあとは、彼らは真実を語り、責任を引き受け、立ち直りのための計画を立てて前進したのだ。

「振り返ってみれば、わたしたちはもっと積極的であるべきでした」。シュレーはわたしに話してくれた。ナターシャの件は「システム全体へのショックとなり」、会社を揺り起こして、正しい方向へ向かわせたという。

それでも、わたしは規制の不備にぞっとしていた。消費者の健康と安全を守ることがゴールなのであれば、どこで食品が調理されるかによって、なんの違いがあるというのか？　なぜ規制は、店内で作られた食品に、店外で用意されたものよりも低い基準を許容しているのか？　この問題ある法律に従った善意の業者で、客の死を招いたか、何らかの責任を負ったところは、ほかにどれだけあるのだろうか？

二〇一九年にイギリス政府は新しい法律を公布した。食品業界に対し、二〇二一年一〇月までに「販売されるのと同じ場所で調理、包装された」食品にすべての原材料を表示するよう求めるものだった。アレルギーをもつ人々のより良い保護を目的としたこの法律は、ナターシャ法と呼ばれている。

∞

わたしたちはみな間違えることがある。わたしも、すべての人と同じだけ判断ミスをするし、自分にはどうにもならない外的状況が重なって、最善の努力が通じないこともある。しかし、マヤ・アンジェロウの言葉を借りれば、「あなたにできるベストをやりなさい——さらによい《ベター》方法があると知るまでは。そして、ベターがあるとわかったら、ベターをやりなさい」である。

この本では、その「ベター」のためのツールを提供してきた。いわば倫理的レジリエンス〈困難に際しての立ち直りの力〉を、身につけてもらえると思う。この力はふたつの部分から成っている。第一が〈予防と機敏性〉で、これは第一章から第七章にかけて学んだ、将来を念頭に置き、変化に対応できるように状況を監視しながら、倫理的な判断をすることだ。第二が〈立ち直り〉だ。ここで学んだことを頻繁に使うほど、判断を誤る機会は減り、誤ったとしてもその度合いは軽く、立ち直りもスムーズになるはずだ。別の表現をするとすれば、この本で学んだツールは、わたしたちに視力二・〇の先見力を与えてくれる。判断ミスや外部環境のせいで、自分の判断の結果が望んだとおりにならないときに、自分がどう感じるかを自身に問うことができるのだ。また、ここで学んだことは、他人の判断について、自分の意見をまとめ、発言するためにも役立つ。

レジリエンスのある倫理的意思決定は、何が間違っていたのかを理解し、その先の進路を決めることの架け橋となる。また、他者の失敗の原因を理解し、いつ、どんな状況で、もう一度チャンスを与えるべきかを考える手引きともなる。わたしたち自身や他者の立ち直りにどう対応するかは、他の倫理的問題にどう向き合うかと同様に、わたしたちの倫理観を物語るものだ。

プレタ・マンジェのケースで見たように、立ち直りは、できるだけ早く本当のことをいうことから始まる。どこで判断を誤ったか、何が起きたのかを検証し、前進するための最善の方法を決めるために時間を使うのだ。倫理は消しゴムでも言い訳でもない。倫理の回復とは、起こった害をなかったことにするという意味ではない。フレームワークは、ここに関わってくるのだ。わたしたちが注意深く判断を組み立て、情報やステークホルダーや影響・結果に変化があるごとに評価し直すことを続けていれば、わたしたちはもっと困難への強さ《レジリエンス》を身につけられる。同様に、判断を誤る可能性を、長期的な結果・影響の評価に組み込むことで、前もって対策することができる。それは、ガードレールを内部に作ることを意味するかもしれない。ボーイングであれば不正行為を報告する手段を複数用意する、23アンドミーやエアビーアンドビーであれば、客から会社の担当者に直接連絡できるようにする、あるいはプレタ・マンジェが行ったように、よりよい規制と一般の人々の意識を高めるために活動する、などだ。

　プレタ・マンジェは、最終的には倫理的レジリエンスを発揮し、失敗から学んで良い方向に向かうことができたが、その意思決定は完璧とはいえなかった。同社が慎重に判断を組み立てていたら、包装のラベル付けにどれだけの重みがかかっているのか、（規制に不備があろうと）もっとはっきりと見通すことができ、誤りによって重要かつ取り返しのつかない事態が生じる可能性に気づいたはずだ。プレタ・マンジェの幹部はもっと早く変革を行えたはずだ。ひとりのティーンエイジャーが命を落とさなくとも、変革は進められたはずなのだ。しかし、その後、同社が真実を認め、責任を取り、やり方を改めたこと（そして、規制もその範に従ったこと）は、倫理的レジリエンスの貴重な例であり、この取り組みを継続していくことで、今後の被害防止に役立つだろう。

　対照的に、人命が犠牲になったあとでも、ボーイング社の最高経営責任者はトランプ大統領に問

題の機体を飛ばし続けられるよう要請している。なぜ墜落が続いたのかについて十分な情報がない段階でも、さらなる人命を危険にさらすことをいとわなかったのだ。ボーイングは真実に向き合わず、パイロットたちに責任を押しつけ、ソフトウェアの修正という限られた対処法にこだわることで、流砂のように倫理の深みにはまっていった。ボーイングの最大の問題は、MCASソフトウェアその他の技術や試験に関わるものではなかったと、わたしは見ている。同社が行っていた、そしてその後も続けている意思決定に、もっと根本的な欠陥があるのだ。同社が、すべてのレベルの意思決定に、効果的に倫理を取り入れることができなければ、回復は不可能だ。

特定の利害関係者《ステークホルダー》・物に格段に大きな責任があるときでも、その他のステークホルダーが個々に危害を食い止めるか、手を打つ機会があった例は多い。最低でも、ナターシャの事例の他のステークホルダーは、もっとやれることはないか、再検討すべきである。ヒースロー空港は、法律で求められる以上の食品ラベル（多言語表記のラベルなども考えられる）を求めてもいいし、英国航空は重度のアレルギー反応に対処する備品を再検討し、搭乗員にトレーニングを行うこともできる。

レジリエンスには多くの定義がある。生態系の文脈でのように、以前の状態に戻ることを挙げる人もいる。「あるシステムが基準の状態に戻るレート」の意味だ。オックスフォード英語辞典は、「不運、衝撃、病などから素早く、あるいは容易に回復できる、または影響を受けることに抵抗する性質または事実」と定義している。わたし自身はレジリエンスを、前向きで成長志向であることと捉えている。ロックフェラー財団会長とペンシルバニア大学学長を務めたジュディス・ロディンは、著書『ザ・レジリエンス・ディヴィデンド（レジリエンスの利益）』のなかで、「レジリエンスとは、個人、コミュニティ、組織、自然システムなど、あらゆる主体がもつ、破壊に備え、衝撃やストレ

スから回復し、破壊的な経験に適応して成長する能力のこと」としている。ロディンはさらに、この本全体を通じてレジリエンスと回復に向け、わたしたちが探求してきた根本的な問いに結びつけている。「ステークホルダー全体の倫理的回復の責任を、どう分担するのか」という問いだ。「レジリエンスのある場には、必ず、強い個人、グループ、組織、ネットワークがあり、何かの際には結集して当たれることを、わたしたちは知っている」とロディンはいう。ほかのいかなる倫理的問題とも同様に、「結集する」ことは、フレームワークと〈力〉から始まる。ここでは、フレームワークは二重の役割を果たす。なぜ問題が発生したのかを効果的に判断するツールとして、そして、前進に向け、あなたや他者の判断を評価する出発点としての役割だ。

プレタ・マンジェを例に取れば、同社は思慮深い原則をもっていた。上層部は、「手作りの自然な食品をつくる」という使命を固く信じていた。これは、怠慢でもなければ、原則を蔑ろにした結果でもない（思い出してほしい。他者の原則を評価するときには、自分の原則と同じである必要はない）。実際、ナターシャの死よりも前、同社の「わが社について」のページには、「ラベルがないのは、良いことなのです」と記されていた。なぜなら、その場で手作りした新鮮な食品を提供していることの証明だと同社では考えていたからだ。

しかし、ラベルのない食品によってアレルギー反応を起こす例が出始めたときに、その〈情報〉に対する解釈と行動は、状況の深刻さを考えれば、効果的とはいえなかった。他の面では思慮深い同社の上層部だが、これは深刻な判断ミスだったといえる。さらに検死官の報告で、プレタ・マンジェは自社の商品によるアレルギー反応を監視する適切な体制をとっていなかったことが明らかになった。ある苦情はカスタマーサービスで、別の苦情は衛生安全部門で扱っていた。プレタ・マンジェの件はあまりによくある話といえる。わたしの経験では、ほとんどの人たちは（倫理を重んじ

る幹部層を含めて）、意図的に倫理を無視して仕事に臨むわけではない。ただ、日々の判断に、倫理を効果的かつ一貫して組み込む方法を知らないか、優先順位をつけてそれを管理する適切な体制をとっていないだけなのだ。

プレタ・マンジェは、ステークホルダーについては間違った認識をしていない。経営陣は誰がステークホルダーに当たるか把握していた。もっとも重要な点は、経時的な結果・影響を考えてみると、フレームワークがどう崩れたかがわかることだ。プレタ・マンジェの判断ミスとアレルギー報告例の不十分な監視が、同社の食品ラベル表示から何が生じうるかについて、誤った評価を継続する土壌となったのだ。

プレタ・マンジェの件でわたしたち全員が学ぶべき最大の教訓は、こうではないか――どんな状況であれ、他者の過ちを見たときには、まず、自分自身が同じか、似たような過ちを犯していないか、犯す可能性はないかと、問うべきだ。他者の困難から学んだことを自らの人生に活かす以上に、予防と機敏性、あるいは回復の助けとなるものはない。もしわたしたちが皆、自分や他者の過ちをフレームワークに組み込み、できることがもっとあることを理解し、実行していったとすれば、どれだけポジティブな倫理の伝染が広がっていくか、想像してほしい。

わたしたちには、自分や他者の過ちについて考える機会が多くある。とくに、現在では、他者の公然たる違反行為について意見を求められることも増えている。このあとは、プレタ・マンジェのストーリーとは対照的な、有名な回復の失敗例について考えてみることにする。ほかにも、そのふたつの中間に当たる、ありふれた日常的不正でありながら、わたしたちの人生に並外れた影響を与える例を検討する。

8

二〇二〇年二月二四日、マンハッタンの陪審はアメリカの映画プロデューサー、ハーヴェイ・ワインスタインに、第一級性的暴行罪と第三級強姦罪で有罪評決を下した。この裁判は世界が注目するものだった。『恋におちたシェイクスピア』、『イングリッシュ・ペイシェント』、『パルプ・フィクション』、『アーティスト』などの映画作品で知られる六七歳のハリウッドの大御所に対して、六名の女性が証言を行った。彼は、九〇人以上の女性からセクシャルハラスメントや性的暴行で告発されており、執筆時点では、ロサンゼルスで追加の刑事告訴、また多くの告発者から民事告訴を受けているほか、ロンドンとダブリンでも捜査が行われている。

ワインスタインは、二〇一七年一〇月にニューヨーカー誌とニューヨーク・タイムズ紙の調査報道により、長年のおぞましい行動パターンが明るみに出るまで、三〇年近くも止め立てされることなく女性を餌食にする行為を続けてきた。これらの記事は、性的不正行為（セクハラ）を告発する＃ＭｅＴｏｏ運動が世界で広まるきっかけとなった。この運動の広がりは、性的虐待に苦しんだことのある女性や男性に沈黙を破る力を与えた。この背景にある実情を紹介すると、二〇一七年のアメリカ疾病予防管理センターにある国立傷害予防管理センターの調査報告書によれば、アメリカの女性の約三人に一人、男性の約六人に一人が一生のうちに性的暴行を経験するという。また、ワシントンＤＣに拠点を置く、ＮＧＯ法人ナショナル・センター・フォー・トランスジェンダー・イクオリティ（米国トランスジェンダー平等センター）の二〇一五年の調査報告によれば、トランスジェンダーを自認する人の約半数が性的暴行を受けたことがあると回答したという。

ワインスタインの記事から四か月後の二〇一八年二月までに、ニューヨーク・タイムズ紙は性的不正行為によって解雇、辞職、職業上の転落を経験した、知名度の高い職種の男性七一名について追加で報じた。その業種は、エンターテイメント、メディア、音楽、金融、政治、ホテル業、シリコンバレーのハイテク産業など幅広い。二四か国での#MeToo運動の影響を調べたイェール大学の研究グループは、運動開始後の半年間で性犯罪報告数が一三パーセント増加する一因となったことを明らかにした。

すべての性的不正行為は許されないもので、大部分は違法でもある。#MeToo運動の発起人たちは、許されないことは許されないと自信をもって宣言するという簡潔な手法をわたしたちに与えてくれた。そして、ワインスタインへの評決は、この運動の転換点となった。発起人のひとり、タラナ・バークはニューヨーク・タイムズ紙に語っている。「ワインスタイン事件の顛末は、性的不正行為に耐えてきた人々《サバイバー》とその支援者《アライ》たちにとって、変化を求め続けていくための燃料になると見るべきだ」

しかし、ワインスタイン自身は拒否しているのか、その能力がないのか、真実を認め、責任を取り、改心しようとはしていない。告発者たちとの性行為はすべて同意の上だったとの主張を繰り返す一方、私立探偵を雇って、新聞等に話さないように圧力をかけ脅していた。ワインスタインは法廷で有罪の評決を聞きながら、何度も彼の弁護士に繰り返していたという。「だが、わたしは無実なんだ」。

ワインスタインの罪は二元論の問題で、すでにマンハッタン法廷で判断が下されている。しかし彼の行為と評決は、大量の倫理的問題を残していった——彼の行為を手助けし、隠蔽した周囲の人間の責任をどう問うのか、サバイバーたちをどう支えるのか、そして彼の卓抜した芸術的貢献をど

う扱うのか、などだ。彼が有罪か無罪かの決定にわたしたち個人が関与できないのと同じで、彼の周囲の人間の責任を追及したり、被害者を支援したりする力は、個人にはほぼない（これは、社会としてのわたしたちに、その両面について、もっとできることを探す必要はないといっているわけでも、＃ＭｅＴｏｏ《ミートゥー》運動が強力に責任追及を求めたことで非常に大きな変化がもたらされたことを否定するものでもない）。一方、わたしたちが関与できること、わたしたちの力が及ぶことは、彼の作品群を自分はどう扱うのか、という自分自身の判断の部分だ。

　わたしたちは、許されない行動をする人物による、芸術、スポーツ、政治、学問などでの優れた功績について、個人として、社会として、倫理的判断を迫られることがある。たとえば、音楽界の人気スターだったマイケル・ジャクソンは児童への性的虐待で訴えられたが（ただし、刑事裁判で有罪になったことはない）、子どもたちに彼の音楽を聴かせないようにすべきだろうか？　フランシス・クリックとともにＤＮＡの二重らせん構造を発見した分子生物学者のジェームズ・ワトソンは、二〇〇七年の特定の人種は遺伝的に知能が劣っていると示唆した恐るべき発言をはじめ、これまでの性差別・人種差別発言の数々によって、ノーベル賞を剝奪されるべきだろうか？　また伝説の芸術家パブロ・ピカソは、生涯を通じ、女性たちに精神的虐待を繰り返したと非難されているが、わたしたちは彼の作品にどうアプローチすべきだろうか？　これらは一度限りの話ではない。彼らは問題の言動を繰り返して行ったり支持したりしており、その目撃者も多数いる。いつ、どういう状況であればわたしたちは、彼らの作品を破壊したり、映画や音楽のストリーミングサービスで視聴できないようにしたり、美術館や書店から撤去したりする社会的変化を支持するべきなのだろうか？

　ハーヴェイ・ワインスタインの映画の功績についての難題は、適切な問いを立てることの重要さ

を再認識させる。まず、すでに書いたとおり、大半が違法にあたる彼の行為は、二元論の問題で決して許されない。そしてそのことは法廷で検証の上、判断が下されている。ふたつ目の、いつ、どのような状況でなら作品を破壊する、または流布を禁止するのかという問いは、非二元的問題だ。これら二つの問いは、切り離して考えなくてはいけない。彼の残した作品について考えるべきことは、彼の行動や倫理性だけでなく、わたしたちの倫理的判断でもあるのだ。

わたしはここで、敬意、真実、ステークホルダー、責任の原則を強調しようと思うが、あなたは自分なりの原則を考えてみてほしい。情報、ステークホルダー、結果は、幅広すぎてすべて挙げることはできないが、いくつかの重要なポイントに焦点を当てたい。たとえば、ワインスタイン・カンパニーが制作・配給した映画やテレビ番組に関わった人間は、ハーヴェイ・ワインスタインひとりではない。彼の作品は、俳優、監督、脚本家、制作アシスタント、技術者をはじめ、何百人というステークホルダーの才能を借りて成り立っている。そして、それらは大きな成功を収めた。ミラマックス社とワインスタイン・カンパニーが関わった映画作品は、アカデミー賞三四一部門にノミネートされ、八一回受賞している。それらを消し去ることは、その他大勢のステークホルダーの仕事を抹消することになる。また、それらの作品を楽しみ、そこから学ぶことや、映画史全体の流れを摑むことができたはずの将来の視聴者にもマイナスの影響を与える。

この場合に働いている倫理の〈力〉で、とくに目立つものは、力の拡散、伝染、真実の歪曲という、破壊的な組み合わせだ。

ワインスタインの飛び抜けた成功については、〈力の拡散〉と〈伝染・変異〉の原動力の乱用という見方もできる。業績を積むほどに、彼は力を増して、自らの行為を隠蔽し、恐怖をかきたて、女性に対して圧力をかけることが可能になった。彼の意に沿わなければ、仕事を打ち切り、業界全

体での評判を貶めると脅したのだ。
〈真実の歪曲〉の突きつける課題は非常に重要だ。もし、映画史に残る名作を抹消してしまったら、わたしたちは映画史についても、ワインスタインについても、真実を語っていないことになる。わたしは、彼の唾棄すべき行動をまったく支持することなく作品を守ることは可能だし、そうすべきだと信じる。そのことは彼以外の非常に多くのステークホルダーに影響する。彼の作品を抹殺したり軽蔑したりすることは、人々のすばらしい功績の真実と、許されない行動の真実の両方から目をそらす、危険な変異につながるだけだ。

さらに、作品を破壊することで過去の悪行は消せないし、今日の拡散を防ぐ効果もない。害はすでに起き、その結果は残り続ける。ワインスタインの作品を封印しても、ほかの人々への抑止力にはほぼならないし、彼の従業員たちによる不正行為の黙認や、告発者を黙らせるための脅迫といった〈変異〉を食い止めることにもならない。さらに重要な点は、サバイバーたちが経験し、苦しみ続けている、言葉にできないトラウマを取り除く役に立たないことだ。また、＃ＭｅＴｏｏ運動の支持にもならないし、他のケースを明るみに出し、社会の性的不正行為への許容度を変えていく役にも立たない。前に出て声をあげたサバイバーたちのなかには、世界的に名高い人々もいる。彼らの芸術的貢献は尊重されるに値する。

わたしの考えでは、この件から、非倫理的行為が社会にはびこるのを見逃すことがどれだけ容易なことか、そして、そのことの集団としての責任を学び続けるために闘うべきだと思う。しかし、これは言うは易く、行うは難しである。伝染と変異の原動力、たとえば、プレッシャー、欲望、恐怖、力の乱用、秘密主義、法令軽視などが、性的不正行為が悪質化し繰り返されることを許したのだ。ワインスタインの件では映画業界で、またウォールストリートからシリコンバレーまで、名声

と権力のるつぼである数多の企業で。

これらは、複雑な問題であり、なんらかの答えを出すためには、考え抜いたさまざまな意見を必要とする。どんな選択肢を支持するにせよ、倫理的な意思決定のためには、真実の破壊や封印ではなく、真実に光を当てる必要がある。

ハーヴェイ・ワインスタインの件では、ワインスタインは当然ながら会社から解雇され、映画芸術科学アカデミーから追放された。今後、作品から利益を得る権利を剥奪し、手がけた作品の著作権まで失うように、わたしたちは社会として、個人として、集団で闘うべきだろうか？　その代わりに、彼の取り分が性加害のサバイバーたちの支援に使われるようにするのはどうだろう？（これらの案は、詳しい法的検討が必要で、実現できないことも考えられる）加えて、メディア、映画業界のリーダーたち、映画史学者、さらには映画ファンも、ほかの犯罪者と同様に、彼がどういう人間であったのかを心に刻み、まわりの人間はなぜ、どういう事情で彼の行動を止められなかったのか、教訓となる点を明確にするのもいいだろう。この件では優れたニュース報道が行われたこと、そして、オプラ・ウィンフリーからリース・ウィザスプーンにいたるアーティストたちが精力的に先頭に立ったことが大きく功を奏した。映画の配給元も、作品の冒頭か最後の制作者リストの部分で、ワインスタインが性犯罪の重罪で有罪となったこと、ストリーミングや配給会社、映画館、賞の審査員、作品制作に関わったすべての人々が、この行為を容認していないことを明記するのはどうか。

制作に携わった俳優やその他の専門家に、作品を観ることがワインスタインの行動を容認することにはならないと明言するよう促すこともできる。今後、わたしたちが進むべき方向についての基調を定め、作品そのものを評価する人が非難されないようにする役に立つだろう。それは、芸術や

歴史や、多くのステークホルダーに——将来の鑑賞者や、将来の映画製作者、＃ＭｅＴｏｏ運動の活動家たちを含め——敬意を表すことになる。さらに、サバイバーたちにも敬意を示す小さな一歩にもなる。彼らの真実をこれからも忘れないと請け合うことなのだから。

芸術作品の保護について考えることは、歴史を修正すべきかどうかという、より大きな問題に通じている。わたしたちが先端領域のさまざまな場で向き合っている問いだ。歴史を記念する銅像、重要な建物、道路、橋などに、わたしたちから見て非道な行為を行った人々、たとえば奴隷制の推進者などの名前がつけられていることの難題を考えてみよう。多くの大学が構内の主要な建物などにつけられた奴隷制支持者の名前を排除するかどうかで悩んでいる。都市も銅像などの撤去について揉めている。たとえば、バージニア州シャーロッツビルには、南軍司令官ロバート・E・リー将軍の立派な騎馬像が立っており、そこで白人至上主義者が（撤去反対の）デモを行い、暴力行為で死者が出ている（訳注：二〇二一年にこの像は撤去された）。

どのケースにもそれぞれの歴史的背景があり、非難すべき行為同士を比べることに意味はない。目指すべきは真実を守ることであり、その真実を責任の分担と行動に結びつけることに倫理的レジリエンスと回復がかかっているのだと理解することだ。芸術や歴史の場で起きているすべての状況が示すのは、当時の問題や、その遺物、加害者と傍観者の恐ろしい行為が、今も生々しいまま、今日の社会問題につながっていることだ。それらは、わたしたちの過去ではなく、現在なのだ。倫理的回復とレジリエンスは非常に長期の取り組みになる。

アートの場合と同様、歴史的モニュメントの倫理については、多様な深い意見がある。もし、ある大学が奴隷制支持者にちなむ建物の名称を変更するのなら、元の名称と由来を正確に記したプレ

ートを必ず目に入るように設置すべきだとわたしは考える。そこで歴史的背景と今日への教訓を伝え、それが引き起こした苦しみと、名称変更の理由を説明するべきだ。また、変更しないのであれば、同じ情報を記したプレートを設置し、なぜ歴史的遺産を元のまま残す選択が取られたのか、奴隷所有者であれ優生学推進派であれ、名称の由来となった人物を称えるのではなく、歴史を展示する観点で説明するとよい。歴史的建造物のウェブサイト、広告、ツアーの類については、すべてこの学びを取り入れるべきだ。歴史の遺産を残すにせよ、撤去するにせよ、前向きな行動が必要だ。過ちを正し、将来の害を防止する具体的ステップを示さなくてはならない。このようなステップは、教育、政治、雇用慣行など、多岐にわたる。たとえば、ジョージタウン大学では、一八三八年に大学の財政危機を救うために大学が売却した奴隷たちの子孫との「継続する対話」の一環として、地域プロジェクト支援のための資金調達に貢献している。

それでも、過去を排除する行為には、重要な疑問がいくつか浮かぶかもしれない。わたしたちは、どこで線を引けばいいのか？　ある人物の行為があまりにもひどい場合、その人物の専門分野への貢献も取り消すべきかどうかを、どうやって判断すればよいのか？　そして、一貫性のある基準と結果をどうしたら見いだすことができるだろうか？

歴史を消去することは、倫理的レジリエンスの土台をむしばむ危険な恣意性の一種だ。恣意性は〈伝染〉のさまざまな原動力、つまり不公平や法令軽視、望ましくない行動を増加させる歪んだ動機づけなどのスイッチを入れる。また人々を許されない行為に寛容にし、真実を守ることについての危機感を失わせる。それに芸術以外の分野では、どうやって業績を取り消すのだろうか？　金融取引や不動産売買や国際的な貿易の合意を撤回することができるだろうか？　著名な外科医が患者の命を救った手術を、どうやってなかったことにするのか？

奴隷制や優生学などの許されない行為の記念碑を撤去するために、歴史そのものや、未来のステークホルダーにとって大切な学びまで犠牲にする必要はない。撤去した銅像などは研究のために保管し、跡地に説明のパネルを常設するなどの解決法で、知識を保存し、恣意性の危険を減らすことは可能だ。

このような事例がとくに難しいのは、わたしたちが映画を観たり、曲を歌ったりして楽しむことに罪悪感を感じかねないからだ。しかし、罪悪感や直感的反応は、倫理的判断にはつながらない。作品をなきものにすることは、治療のために鈍器を振るうようなものだ。それは、非二元的判断を二元的にし、真実を破壊する。破壊の必要がないものまで破壊し、過去や未来の無実のステークホルダー、とりわけ、ほかのアーティストたちに必要のない害をもたらすものだ。

∞

わたしたちが人生のなかで出会う倫理的に問題あるケースのほとんどは、企業の業務プロセス全体の見直しや、国を超えた社会運動が起きるほど大規模な性加害などといったものではない。だが、問題の大きさにかかわらず、わたしたちが倫理的回復に関して取るひとつひとつの選択が、わたしたちの行動、人間関係、社会との関わりを決めていくのだ。

仕事の同僚や、家族や、宗教的リーダーや、使っている製品の製造元などの行動が、自分に直接影響するとき、あるいは、その行動についてニュースで知って、それについて意見をまとめたいとき、わたしたちは、倫理的レジリエンスに関する選択に向き合うことになる。ときには、その判断が人生の転換点を意味することもある。この人と結婚するべきか？　仕事を辞めるべきか？　友情

に終止符を打つべきか？　自分のしたことを償うべきか？　またあるときは、その判断が社会への責任を表すこともある。政治家たちに責任を取らせるためには、どう投票すべきなのか？　慕われている地元のリーダーが行った金銭的不正を許すべきか？　何より、わたしたちは自分自身だけでなく他人やほかの組織等のレジリエンスと回復の手段を頭に置きながら、これらの問いを検討しなくてはならない。

　これから、レジリエンスと回復について、大きく異なる有名な例をふたつ見てみることにする。ひとつはマイクロソフト、もうひとつはカナダの首相、ジャスティン・トルドーの例だ。

　二〇一六年、マイクロソフトは社会実験として、対話型ＡＩボットのＴａｙ《テイ》（Thinking About You の頭文字から取っている）を、ツイッター上で提供開始した（@TayandYou）。人々がテイと会話するほど、テイは学習して言葉使いも自然になっていくはずだった。だが開始から一六時間足らずのうちに、テイは人種差別的、性差別的、反ユダヤ的なコメントを何千件も投稿し始めた。悪質なツイッター利用者が、テイに真似させようと吹き込んだせいだった。マイクロソフトは状況のさらなる悪化を防ぐため、直ちに投稿を削除し、テイを接続不可にして、「意図せぬ攻撃的で有害なツイート」を謝罪し、「これらは、わが社やわが社の支持するものを表すものではなく、テイの設計に沿ったものでもありません」と述べた。マイクロソフトの担当者は、テイを暴走させたこのような攻撃を予想していなかったこと、予想すべきだったことを認めた。マイクロソフトがこの件で学んだことや、それをどう教訓に活かしていくかを説明し、人工知能システムの正と負の側面を管理することの複雑さを認めた。この件は、レジリエンスと回復のわかりやすい一例だ——正直に話し、責任を取り、欠陥を修正する計画を立てる。テイのストーリーはまた、わたしたちのささいな判断のひとつひとつが、ただのツイートであっても、積み重なって、倫理の針を間違った方向へ

動かすことがあることを示している。

二〇〇一年、二九歳だったジャスティン・トルドーは、教師をしていた私立学校で開かれた、アラビアンナイトがテーマのパーティに参加した。二〇一九年にトルドーはカナダの首相となっており、再選をかけた選挙戦の真っ只中で、そのパーティでの恥ずかしい写真が出回ったのだ。自由党の党首であるトルドーが、白いターバンを巻き、顔を茶色に塗った姿で写っていたのだ。トルドーは直ちに記者会見を開き、「あれはやってはいけないことでした。わかっているべきでしたが、わたしはわかっていませんでした。本当に反省しています」と述べた。また、高校生の頃、スター発掘番組で、顔を黒く塗るブラックフェイスの「メイクアップ」をして、「バナナボートソング（デイ・オー）」を歌ったことがあることも認めた。「当時はそれが人種差別的行為であるとは思っていませんでしたが、今から見ればよくわかります。あれは容認できないことだったし、まさに人種差別でした」。トルドーはそういって、同様の行為をした過去から逃げられると思っているかもしれない人々に、〈伝染〉の可能性を断ち切っている——これは人種差別だ。誰もが知っているし、当時も今もやってはいけないことだった、と。トルドーは再選を果たし、二期目を務めることになった。彼の倫理的回復が選挙の勝利に貢献したかどうかを測ることはできないが、それが選挙戦での重要局面であったことは間違いない。

重要な倫理的失敗に限らず、誰もが判断ミスを犯すことはありうる。勇気がなくて正直に話せなかった経験のない人がいるだろうか？　怒りをあおるメールや、秘密のはずのメールを間違った相手に送ってしまったことや、ソーシャルメディアに写真を投稿し、あとで後悔したことのない人はいないだろう。重要なことは、自分やその他の人間が、どのようにそこから判断を組み立て、前進するか、である。

恥、非難、罪悪感は、倫理的意思決定の一部ではない。それらは、レジリエンスと立ち直りのプロセスのなかにも入っていない。自分自身の反応と判断を組み立てるなかで、わたしがもっとも役立つと思う問いを紹介しよう。これは、緊急対応のレジリエンスでも有効だ。

その過ちは意図的だったか？　何回も繰り返されたか？　意図は、情報を見ていく際に意味がある。人は、自分では最善と思って行動しても、実害を引き起こすことがある。たとえば、わが子のためを思ってワクチンを受けさせなかったが、麻疹にかかってしまった、などの場合だ。意図の有無は、繰り返しの可能性、処罰の目安、信頼回復の可能性などを示す。しかし、善意だからといって、被害が減ることも、責任がなくなることもない。とはいえ、もし、意図が間違っていて、すぐに正直に説明し、責任を受けとめ、誤った行為をやめたとすれば——マイクロソフトや、プレタ・マンジェのように——それは倫理的回復に本気で取り組んでいる印だ。

時代背景はどうだろう？　多くの人が同じ間違いを犯していただろうか？　その時点でその行動は、ひどいことには変わりはないが、極めて一般的だった、ということはないか。〈情報〉のステップを検討する際に、状況はニュアンスと同様に重要である。たとえば、イェール大学が、歴史ある学生寮のひとつ、カルフーン・カレッジの名称変更を決めたとき、判断の決め手のひとつが、ジョン・Ｃ・カルフーンが奴隷主だっただけでなく（これも間違ったことではあるが、彼の時代には一般的だった）、奴隷制の熱心な擁護者だったからだ。またほかには、十分な情報が存在しなかった場合（情報の欠落が大きすぎた、または曖昧だった場合など）当事者にとって自分の行動が制御不能な結果につながるとはわからなかった例も考えられる。

問題の人物の立場は？　政治家、医師、宗教家、企業の理事や経営者、あるいは、子どもや老人や病人など社会的弱者への奉仕者など、公的に責任ある立場の人たちは、わたしたちの信頼を勝ち

得なくてはならない。これらの人たちにはしばしば、法によって、より高い基準が求められるし、わたしたちは法が許容するよりもさらに厳しい倫理基準を求める権利がある。その役割は、わたしたちの信頼によって成り立っているからだ。

最後に、その人物は、過去に非倫理的行為の前歴がない若者だろうか？　まずい判断を行うのは、これが初めてだろうか？　そして、間違いを自覚しているだろうか？　今日の若者は、失敗できる余地が限られている。誤った行動はすぐにソーシャルメディアに投稿され、世間に知れ渡ってしまう。悪事を許そうというわけではないが、新たな技術が、成長過程につきものの失敗を終身刑にしてしまう現状について、わたしたちは考えてみる必要がある。

線グラフのスペクトラムで問題の行為がどこに当てはまるのか、考えてみるのもよいだろう。グラフの一端には、ハーヴェイ・ワインスタインか賀建奎――悪事を繰り返し、反省せず、悪事の認識がない――そして、もう一端には、地下鉄の売店からポテトチップスを盗んだ空腹の子どもを置いてみるといい。中間あたりには、一度だけ経歴を詐称した部長や、一度だけ飲酒した未成年の高校生など、ついうっかりやってしまったというケースが当たるだろう。

行為の報いを決めるプロセスも、尊厳と一貫性があり、程度に見合ったもので、当事者やその他のステークホルダーや社会が回復に向けて進めるような方法でなくてはならない。倫理的判断は、回復への扉を閉ざしたり、人々を追いつめたりするためのものではない。

倫理的過ちからの立ち直りを考えるときに、非常によく持ちあがるのが、許しの問題だ。わたしは何度となく、許すことで心の平和が得られるという意見を聞いてきた。だが、わたしは、この考え方をよく理解できずにいる。十分な情報をもとにした選択ではなく、ただ信じて飛躍することを求めるものだからだ。それでは、問題の行為は解明されず、責任も取られないままになる。わたし

は、飛躍を信用しない。許しも、倫理的な選択肢のひとつとして扱うべきだと思う。同じアプローチで、〈力〉を検討し、真実を確認し、責任を受けとめ、行動に移す。わたしにとって心の平和は、事実を白紙化し、過去を無視し、前進する道を明らかにしないことでもたらされるものではない。

　間違ったことをした人物が正直に認め、明確な変化の方向に踏み出し、償いを済ませたところで、わたしたちはもう一回チャンスを与えるかどうかを考えるべきだ（だが、もう二〇回ではない）。ある人が取る行動が、あなたにとって、あるいは社会にとって、またはその両方にとって許されないことを、当人に伝えても、同じ行動を繰り返すならば、その人たちは、わたしたちのことも、わたしたちの定めた線引きも尊重せず、方向を改める気はないことを表している。「わかっていて」やった、ということだ。

　許しの対極として、わたしはアドバイザー業務のなかで、「ゼロ・トレランス（許容度ゼロ）」への執着が世界的に高まってきていることに気づいた。それが必要な場合はあるかもしれない。二〇一八年のある朝の起き抜けに、ディズニー最高経営責任者ロバート・アイガーは、ＡＢＣ（訳注：ディズニーが運営するテレビネットワーク）の最高視聴率を誇るコメディドラマ『ロザンヌ』の主演、ロザンヌ・バーがバラク・オバマ大統領の顧問を務めたバレリー・ジャレットに関して人種差別的ツイートを行ったことを知った。アイガーは即刻、バーの番組を打ち切った。「まったく簡単な決断だった。経営上の痛手がどれほどかたずねもしなかったし、気にもとめなかった」と自伝、『ザ・ライド・オブ・ア・ライフタイム』（邦訳あり。原注参照）に記している。「こういうときには、経済的な損失がどうあれ、目先の話にとらわれず、自社の人間と製品の質と誠実さ以上に重要なものはないという単純なルールに従わなくてはいけない。すべては、この原則に徹することにかかっている」

アイガーが人種差別行為に対して許容度ゼロで当たったことは正しかった。ゼロ・トレランスは、人種差別、性犯罪、いじめなどの二元的状況では理にかなっている。しかし、非二元的状況では、ゼロ・トレランスがもっとも倫理的なアプローチであることは稀だ。過剰に取り入れられれば、〈伝染〉の原動力にもなりうる。完璧主義、恐怖、ゆがんだ誘因などの形で、問題行為を隠れて行う方向に進ませる。ゼロ・トレランスの方針が、公平さと透明性とともに適用されれば、恣意性と非現実的な完璧主義の広まりを抑えられる。明確な境界線を引くとともに、人々が尊厳を保てるように気をつけよう。たとえば、背信（二元的な罪）を理由に解雇することは、とくにその人物が経営幹部で、その行為を知っていた、計画したなどの責任があれば、適切な対応かもしれない。しかし、倫理的判断は、償いをして前に進む余地を生み出すことを目指すものだ。人はみな、間違うことがある。断罪と絶望ではなく、回復とレジリエンスこそがゴールだ。

わたしたちの判断の積み重ねは、未来へと受け継がれていく。自分と他者の倫理的回復期にどのように対処するかが、わたしたちのアイデンティティを定め、わたしたちの原則は何であり、それをどう適用させるのかを、世界に向けて物語ることになる。

わたしたちは、たとえば、投票や、不買運動や、受けいれられない行為について声をあげること、政治家や企業のトップに説明責任を求めることによって、責任の一端を担うことができる。また、誰かの最悪の過ちは、わたしたちの誰もが犯す可能性があるのだという気持ちで、謙虚に鏡を見つめることもできる。実際、わたしが出会った、あるいは読んだ偉大なリーダーたちは、みな、この謙虚な姿勢をもっていた。また、わたしたちは思いやりを実践することができる。他人の頭や心のうちや人間関係で、本当に何が起きているのかなど、誰にもわからないからだ。学生やクライアン

トに勧めているのは、ほかの人の成功については大声で話し、失敗については話を避けることだ。黙って自分も同じ失敗をしていないか、しそうになっていないか、わが身を振り返るほうがいい。

この物語の旅は、あなたとともに先端の倫理における意思決定を定義するところから始まった。わたしは毎年、学生たちを、倫理の前向きな定義とともに送り出している。この定義は、倫理のややこしさ、不完全さ、真実、そして立ち直りにスポットライトを当てるものだ。

何より倫理とは、どれだけ先端の領域であっても原則にのっとった意思決定を行うことにより、わたしたちと、わたしたちが触れるすべての人々の人生のために、望ましい物語《ストーリー》を生み出すためのものである。倫理は、真実と人間性への揺るぎない献身を必要とする。倫理とは、事実がどう解明されても、成功しても、失敗しても、どんな運に見舞われても、人として避けられないこの定義に沿えない瞬間から学びつつ、しかし、決して修正を加えることなく、わたしたちの考えるよく生きた人生とはこういうものだという見解として、誇りとともに他者に見せられるよう記録することだ。

あなたがこの世界を生きていくなかで、誇りにできるストーリーを記録してほしい。そして、自信をもってほしい。あなたは、「さらによい方法《ベター》」があることを知り、それを為すためのツールを手に入れたのだから。

おわりに　明日の先端の倫理

あなたがこの本を読み始めたときから、先端はすでに動いている。わたしが二〇一四年にスタンフォード大学で「先端の倫理」の講義を立ち上げた時点では、この本で取り上げたストーリーのいくつかはSFの内容だった。

この本を書き始めた時点で、新型コロナウイルスはまだわたしたちの語彙にはなかった。世界は、この悲惨な流行が中国で始まるのを同情と恐怖とともに目撃し、それが世界に広がるのを見守った。わたしはこの結びを、厳格な外出禁止令の出されたサンフランシスコ湾岸部にある自宅で書いている。

新型コロナウイルスは、先端の倫理的課題の特徴をすべてわかりやすく備えている。まず、この問題は二元的でもあり、多元的でもある。二元的な点は、この脅威を取り除かなくてはならないことだ。多元的な点は、その対処法にある。命を救うための緊急対応と、その他の深刻な問題、たとえば、他の医療や精神医療との両立、また今後の保健体制を弱めるかもしれない経済的影響などと慎重にバランスをとる必要がある。

〈力の拡散〉も見られる——多くは察知できず、不正な行動に使われ、法に抗う。ウイルスは破壊的な力を持っているが、倫理的にいえば、わたしたち個人も他者を傷つける力（意図的であるかどうかを問わず）を持っている。しかも元手も労力も必要ない。ウイルスを撒き散らすことや、物資

の買い占め、人との距離《ソーシャルディスタンス》の指針を守らないといったことだけで、できてしまうのだ。逆に、わたしたちひとりひとりが科学的アドバイスに従ってささやかな努力を重ねることで、命を救うこともできる。繰り返したい——わたしたちひとりひとりに、命を救う力があるのだ。

　この病気は伝染性であり、国際的に知られる科学者たちに意見を聞いたところ、一番恐ろしいのは、ウイルスが生物学的に変異することだという。しかし、倫理の伝染性はそれを上回る。ソーシャルディスタンスを徹底し、勇敢な医療従事者や救急隊員への感謝の拍手に加わることもできる（個人的にでも、ネット上でもいい）——イタリアの人々が感染の危険のないバルコニーから、喝采を贈ることを始めたとニュースで伝えられたように。逆に手を洗わず、専門家のソーシャルディスタンスの助言を聞かずに、無頓着と自分勝手の見本となることもできる。

　医療従事者たちは、人命がかかった非常時の判断を刻々と行うなかで、非人道的なジレンマに直面している。その主な原因は、医療資源や設備が圧倒的に足りていないことだ。彼らは、倫理の三本柱のどれひとつ尊重する余裕も時間もない状況に置かれることがある。この受けいれがたい状況は、最高レベルで倫理的意思決定が機能していないことの悲劇的な現れだ。その結果、医療を提供し、危機に対処しようとしている個人や組織、そしてお互いを、三本柱を抜きにして、ただ信頼するしかない。これは避けられたはずの状況だ。

　介護ロボットや３Ｄプリンター製の人工呼吸器などの先端的オプションを、慎重な意思決定を経ず、危機感から焦って取り入れたとすれば、境界はますます曖昧化する恐れがある。わたしたちは、常に人間と人間性を、なかでももっとも弱い者たちを、真っ先に考えなくてはならない。地理的、官僚的、政治的な境界線や国境は、ウイルスに対抗できないことがすでに証明されている。わたしたちがケアを届け、解決法を探るとき、これらの制約は取り払われなくてはならない。

そして、いつも変わらず、結果は真実にかかっている。科学的証拠と、専門家の最新の助言を信じて行動しよう。真実の歪曲は、この大流行のなかで命取りになる。わたしたちの倫理的義務は、真実を主張すること、そして、恐怖の煽動や、フェイクニュースや、医学的アドバイスの否定（あるいは政治利用）、そのほか、不真実の伝染を広げるすべての原動力と闘うことだ。

　倫理的意思決定には、最良の状況でさえ、機敏さが必要だ。感染症の世界的大流行は、もちろんそれに当たらないが、それでもまだ、状況に応じた厳密な倫理の余地は（そして責任も）存在するし、かつてなく高まっている。わたしたちは皆、第三章の投票の項で学んだ、神聖な名誉を行使する機会をもっている。倫理的意思決定は、解決とレジリエンスのため、そして、命を救うために、欠くことのできない要素となるだろう。

　この本で学んだことは、将来に向けたあなたの道連れになるはずだ。あなた自身のジレンマや、社会に広がる倫理的な緊急事態と取り組むときに、あなたはより倫理的に機敏になっていることを感じるはずだ。倫理を動かす六つの力と、時代を超えたフレームワークは、あなたが直面するあらゆる判断や意見の形成を評価するための手引きとなるだろう。また、自分やほかの人が過去にした判断について、意見の変化を明確にするためにも役立つ。まるで万華鏡のようなこの世界では、はっきり見えたと思った瞬間、新たな色が出現し、見えていた欠片が消え去り、遠くにあった点が突如、前面にきて、魅惑的な機会、あるいは、鋭い危機として輝いては、また崩れ去っていく。そんな世界に、あなたはより効果的に対応できるようになっているはずだ。

　今日のわたしたちの判断の結果は、今日とは違う現実のなかで現れる。現在、ありふれて見える多くの技術に、予期せぬ使い道が生まれるだろうが、社会として対応するためにリアルタイ

ムでの社会科学的研究の基盤をわたしたちは持っていない。

問題は、不変の学びをどう活かし、倫理を個人として、集団としての最高のチャンスとして捉えるかだ。わたしたちはどうしたら、より効果的な倫理的判断と人生のあらゆる場面で人間と人間性を真正面に置くことのために貢献できるのか？

倫理は民主的だ。わたしたちは全員、状況にかかわらず、倫理的判断をする力を持っている。想像してほしい。ひとりひとりが責任を果たす機会を逃さず、倫理と力を再び結びつけ、より公平に再拡散し、非倫理的行動の伝染を断ち切ったとしたらどうなるか？　わたしたちは、技術革新を支配する人々やアルゴリズムや企業組織の手に倫理が集約されることを許してはならない。また、国境を超えた原則の衝突を規制する策を持たない国や地方自治体に委ねることもできない。わたしたちはみな立ちあがり、倫理に関する力を取り戻すべきだ。

倫理的意思決定には、チームによる努力が必要だ。市民の幅広い関与は、規制に対し影響を与えることができる絶好のチャンスだ。なかでも、もっとも基本的な権利に関する原則がぶつかり合う状況を――国民皆保険と個人の自由、国家安全保障とプライバシー、オンライン上の表現の自由と安全など――政策立案者がどう処理するかに影響を与えるチャンスだ。

倫理的意思決定の最良のものは、可能な限り早い段階でスタートする。ある発想がひらめくそのときであって、損害を把握する時点ではない。建設的な行動の前に立つもので、被害に対応するだけのものではない。わたしたちの選択は企業に影響を及ぼす。まずは判断を組み立てて、そのあとで製品を世に送り出すことや、彼らの技術開発や、研究や、知識を分かち合う能力が、社会の利益となる判断をすること、新技術と成長のリスクの大半をなんとしてでも消費者に負担させるのではなく、リスク管理に取り組むことなどだ。

倫理は、わたしたちの視線を上げるための助けになる。倫理的意思決定は、現実的かつ謙虚に、世界を違った視点から眺めるためのレンズを提供する。わたしたちの判断が世界中の弱い立場の人々に与える影響の不釣り合いな大きさと、西側世界の不完全さを頭に置きながら、倫理を有言実行しよう。

倫理は、人生のあらゆる判断の要素であり、保育所から小学校での活動、高等教育、そして、職場でのトレーニング、そして社会人教育まで、一生学び続けるものだ。また倫理の能力は、学位や専門性や社会経済的状況などによって決まるものではない。これまでにわたしは、字を読むのにも苦労し、経済的に困難でありながら、知る限りでもっとも倫理的に思慮深く、感銘を与えてくれる人々に出会ってきた。倫理は、わたしたちの誰にでも手が届くものなのだ。

わたしたちには、崩れかけた倫理の柱を修復する力がある。わたしたちは、より高い透明性を要求し、自らも提供することができる。わたしたちは、（理由はどうあれ）十分な説明が得られないときには、同意を保留することができる。わたしたちは、効果的で親身な聞き取りの努力をさらに深めて、まわりの人たちも同様にできるよう手助けすることができる。しかし、いくら三本柱を強化したとしても、それを免罪符や言い訳にすることはできない。誰かに違反行為を打ち明けたり、責任を負わないと公言したりしたとしても、違反行為が許されるわけでも、倫理的責任を免除されるわけでもない。

すべての倫理的選択は重要だ。あなたがもう少しだけ判断を組み立てて選択を行っていく効果を集計したとしたら、たった一日が過ぎた時点でも、想像をはるかに超えるインパクトをもつはずだ。使い捨てプラスチックボトルを避けるたび、考え抜いて投票するたびに、あなたの倫理の努力は世界の目覚めにつながっていく。

∞

ここで、わたしのモットーに戻ってきた——倫理的意思決定がわたしたちを人間性のもとにつなぎとめる。おそらく倫理的意思決定は、人と人とを結びつける最大の要素ではないだろうか？ それは、社会と人類に貢献し守るという、希望に満ちた共通のプロジェクトでわたしたちを結びつける。わたしたち自身と他者のすばらしい物語を紡ぎ出すため、そして、テクノロジーにあふれたこの世界で人間であるとは何を意味するのかを探り続けるために。

しかし、先端の倫理では、わたしたちの力と声を使うこと、自ら責任を負い、行動を起こし、真実のために尽力することが求められる。わたしたちはみな、倫理が実現する（しない）のを受け身で待つのではなく、積極的に倫理を選択することができる。わたしたちはみな、機械より人間を優先できる。わたしたちはみな、モラルの疑われる各界のリーダーや技術開発者や不正を働く人々が描く今後の展望に従うのではなく、将来の世代を見据え、自分たちは何を許容するのか、何を残していくかを判断することができる。わたしたちはみな、他人の至らなかった点を指摘するだけでなく、自ら解決法を探すことができる。

希望に満ちた選択肢は、わたしたちの手の届くところに存在する。あなたの物語、あなたが触れるすべての人の物語、そして人類の物語は、その選択をするかどうかにかかっている。

感謝を込めて。

謝辞

一冊の本を書くには、ひとつの村が丸ごと必要だ。この初めての挑戦で、懸命な助言者たちに囲まれていたわたしは、非常に幸運だった。

『倫理の力』（原題『The Power of Ethics』）に、サイモン&シュスター社という家を見つけられたことに深く感謝している。ジョナサン・カープＣＥＯと幹部編集者のステファニー・フレリックスは、わたしのやりたいこと、危機感、そして、完成した本を手にする人々に伝えようとしている事柄の広い妥当性を、すぐさま理解してくれた。ジョナサンによる原稿の読解は、主要部分のいくつかを練り直し再考するために欠かせなかった。ステファニーの今も続く献身と、挑戦的で鋭い編集、そして素材への情熱は、この本のあらゆる側面に影響している。

　サイモン&シュスター社のチームとともに働けたことは、どれほど光栄だったことか。編集補佐のエミリー・シモンソンは明るく有能で、いつも親切だった。フレッド・チェイスは非凡な原稿整理編集者であり、すべてのページをよりよいものにしてくれた。カバーデザイナーのデービッド・リットマンとアートディレクターのアリソン・フォーナーは、最初の試作で完璧な表紙デザインを作り上げてくれた。制作チームのサラ・キッチン（制作編集者）、アリソン・ハルーズウィ（制作マネージャー）、ポール・ディッポリート（インテリアページデザイナー）、キンバリー・ゴールドスタイン（管理編集者）が、驚くほど読みやすく魅力的な本に整えてくれた。宣伝担当のキャット・

ボイドと販売担当責任者のスティーブン・ベッドフォードは、この本のメッセージを世に届けることだけを考えてくれた。これほど幸運なことはない。

わたしの人生の偉大な瞬間のひとつが、わたしのエージェント、キャシー・ロビンズに初めて会ったときだった。彼女の賢さ、編集にかける洞察力、世界的視野、サポートが、この本を書きあげる道のりの一歩一歩を導いてくれた。『The Power of Ethics』は、彼女なくしては実現しなかった。

彼女の同僚のデービッド・ハルパーンは、決定的な場面で賢明かつ詳細な助言をくれて、その後何度も完璧な判断をしてくれた。ジャネット・オシロとアレクサンドラ・シュガーマンは、すべてが円滑に進むよう采配してくれた。

リサ・スウィーティンガムには揺るぎない感謝を感じている。厳しい時間的制約のなかで、企画書づくりや、草稿をまとめるのを手伝ってくれた。彼女の仕事に対する真摯な姿勢に感嘆するとともに、彼女のひたむきさ、几帳面さ、献身、そして何より彼女の才能に感謝している。ご家族の協力にも心より感謝を申し上げたい。

インタビューに快く応じてくださった方々、専門知識を寄せてくださった方々に心からの感謝を――ダイン・スー・ビアンカルディ。エアビーアンドビー最高倫理責任者ロブ・チェスナット、グラッドストーン研究所上席研究員でカリフォルニア大学サンフランシスコ校医学部、細胞分子薬理学・眼科学教授、並びに革新ゲノム学研究所副所長であるブルース・コンクリン博士。ハンソン・ロボティクス創業者・会長・最高クリエイティブ責任者であり、ロボット「ソフィア」の生みの親であるデービッド・ハンソン博士とハンソン・ロボティクス社のチームの方々。カリフォルニア州第一七選挙区選出、ロー・カンナ下院議員。国境なき医師団元会長ジョアンヌ・リュー博士。ロレアル社上級副社長兼最高倫理責任者エマニュエル・リュラン。フランス国立宇宙研究センター総裁

ジャン＝イブ・ルガル。スタンフォード大学医学・生物医学倫理トーマス・Ａ・ラフィン教授職並びに小児医学部教授デービッド・マグナス。スタンフォード大学医学部遺伝学（幹細胞）教授、中内啓光博士。プレタ・マンジェ社元最高経営責任者クライブ・シュレー。スタンフォード大学医学部博士課程、幹細胞生物学、再生医療専攻ファビアン・スーチー。ディレイニー・ヴァン・ライパー。スタンフォード大学児童保健分野リチャード・Ｅ・バーマン教授職、小児・新生児・発達医学教授ポール・Ｈ・ワイズ博士。

多くの文章にインスピレーションを与えてくれた、倫理の保育器《エシックス・インキュベーター》の対話にご参加いただいた各界リーダーの皆さまへ、さらなる感謝を――ハリウッドの放送作家・プロデューサー、ノーマン・リア。イギリスの小説家・エッセイスト、サー・サルマン・ラシュディ。マッカーサー・フェロー受賞アーティスト、徐冰（シュ・ビン）。バージニア州シャーロッツビル元市長マイケル・シグナー。ロンドン、ヴィクトリア＆アルバート博物館元館長、故マーティン・ロス。

この数年間、わたしは洞察力に優れ、創造性豊かなたくさんの学生を指導する機会に恵まれた。この本にともに取り組んでくれた研究助手のアリアドゥニ・ニコル、ケイレブ・マーティン、キャサリーン・ユー、ジア・ハンター＝ヒルに感謝している。クリント・アカーマンは鋭い観察力、綿密な調査、抜群の職業倫理によって、長年、わたしの研究に貢献してくれている。本書でも、いくつもの草稿に目を通し、随所に貴重な助言を与えてくれた。

わたしを信頼し、多くの問題について、知恵と視点を分かち合ってくれた同僚やクライアントに感謝している。スタンフォード大学では、公共政策プログラムディレクター、グレゴリー・ロストンに御礼申しあげたい。わたしの教育を支援し、二〇一六年には、「ポスト真実世界における真実の倫理」の開講に、躊躇なく同意してくれた。スタンフォード大学人間中心のＡＩ研究所（ＨＡＩ）

共同所長で、先駆的研究により倫理、先端、効率のモデルとなっているフェイフェイ・リー（李飛飛）、ジョン・エチェメンディ両教授にも感謝したい。

わたしは本当に心強く、気前よく知恵を貸してくれる友人たちに囲まれ、多大な恩恵を頂いている。わたしの倫理のスパーリングパートナーたちに感謝を――このプロジェクトの発足段階から、本当にさまざまな形で熱心に応援してくれたボブ・ブックマン。アンソニー・ガードナー大使とサンドラ夫人。エマニュエル・ローマン。ジャン＝ピエール・マスティア。ナンシー・フレドキン。シーラ・メルビン。ジゼルとオミド・コルデスターニ。モセンとラーレ・モアザミ。サイードとサミラ・アミディ。

原稿を読み、応援の言葉を頂いた、ルース・チェン教授、ジェームス・マニーカ、エマニュエル・リュラン、オミド・コルデスターニ、セバスチャン・バサン、そして、ジョアンヌ・リュー博士に特別な感謝を。

ロンドン・スクール・オブ・エコノミクスの同僚からも、非常に多くを学ばせていただいた。倫理の保育器《エシックス・インキュベーター》とスーザン・リオトー&アソシエーツ・リミテッドのチームに感謝を――この本の執筆中、わたしがジャグリングのように仕事をさばくのを手伝ってくれたアンナ・バルベラ・イ・アレステ、ドーン・ウェンハム、ホーリー・ウィルソンへ。

長年にわたり、ロバート・カロとドリス・カーンズ・グッドウィンを遠くから崇敬してきた。ロバート・カロは、彼の手によるリンドン・ジョンソン伝を初めて読んだときから、インスピレーションを与えてくれる存在だ。彼は、ラジオがハイテクだった時代でさえ、倫理がいかに先鋭的で不可欠なものであったかを見事に描き出している。大統領の伝記作家ドリス・カーンズ・グッドウィンは、多くの才能のなかでも、とくに社会における倫理の核心を――良い例も失敗例も――抽出す

ることに長けている。彼女の著書は、永遠のお気に入りだ。

最後に夫バーナードと子どもたち、ルカ、オリビア、パーカー、アレクサ、クリストに、わたしを信頼してくれたことに感謝を。毎日あらゆる選択のたびに、あなたたちから学んでいます。

原注について

本書には掲載しきれなかった膨大な原注がついており、小社ホームページよりご覧いただけます。参考資料はほぼすべてオンラインで閲覧でき、雑誌等の記事のタイトルには仮訳を添えてあります。資料は英文ですが、動画や画像等も多数ありますのでぜひご覧下さい。

『倫理の力 複雑化する世界を生きぬく方法』
潮出版社ホームページはこちら

URL　http://www.usio.co.jp/books/paperback/23729

スーザン・リオトー

スーザン・リオトー&アソシエーツ・リミテッドの創設者兼マネージング・ディレクターで、グローバル企業からNGOまで、複雑な倫理問題について顧客にアドバイスを行っている。スタンフォード大学で倫理の最先端についての講座をもつ一方、ロンドン大学経済政治学院の理事長を務める。さらに、非営利プラットフォーム「The Ethics Incubator（倫理の保育器）」を立ち上げ、同時に多くの国際的な非営利団体の理事会議長や委員も務めている。カリフォルニア州パロアルトとロンドンを行き来する生活を送る。

海後礼子（かいご・れいこ）

1972年、東京生まれ。国際基督教大学卒。成城大学大学院で西洋美術史を学ぶ。『マーリン』シリーズ（主婦の友社）、『ヴァンパイレーツ』シリーズ、『ハロウィーンのほしめぐり』、『ホワイトクリスマス』、『なんでもない なつの日』、『おぼろ月のおさんぽ』、『ハスキーなボクのユウウツ』（すべて岩崎書店）など、翻訳書を数多く手掛ける。

倫理の力——複雑化する世界を生きぬく方法

2022年11月20日　初版発行

著　者／スーザン・リオトー
訳　者／海後礼子
発行者／南 晋三
発行所／株式会社 潮出版社
〒102-8110
東京都千代田区一番町6　一番町SQUARE
電　話／03-3230-0781（編集）
03-3230-0741（営業）
振替口座／00150-5-61090
印刷・製本／株式会社暁印刷

ISBN978-4-267-02371-2 C3036

www.usio.co.jp